K线图
核心技术

金　铁◎著

中国宇航出版社
·北京·

图书在版编目（CIP）数据

K线图核心技术 / 金铁著. -- 北京 : 中国宇航出版社, 2017.10（2025.10重印）
ISBN 978-7-5159-1378-0

Ⅰ. ①K… Ⅱ. ①金… Ⅲ. ①股票投资－基本知识 Ⅳ. ①F830.91

中国版本图书馆CIP数据核字(2017)第224310号

责任编辑　田芳卿　　　装帧设计　宇星文化

出版发行　中国宇航出版社
社　址　北京市阜成路8号　　邮　编　100830
(010)60286808　　(010)68768548
网　址　www.caphbook.com
经　销　新华书店
发行部　(010)60286888　　(010)68371900
(010)60286887　　(010)60286804(传真)
零售店　读者服务部
(010)68371105
承　印　三河市君旺印务有限公司
版　次　2017年10月第1版　　2025年10月第6次印刷
规　格　787×960　　开　本　1/16
印　张　17.25　　字　数　239千字
书　号　ISBN 978-7-5159-1378-0
定　价　45.00元

本书如有印装质量问题，可与发行部联系调换

前言

有人说K线都是虚假的，原因是在主力的操纵下，什么样的K线都能被制造出来。

这种认识根本没理解什么是博弈！

博弈，简单来说，就是人与人之间为了谋取某种利益而竞争。博弈没有真实与虚假之分，只有强弱、胜负、盈亏之别。

对手挖个坑，你掉进去了，只能说明你是失败者、弱者，不能怪对手不够光明磊落。如果你不服气，可以重新来过；如果不想重新来过却还是不服气，那就证明你不适合这个游戏，这里没有你生存的空间。

《孙子兵法》通篇写的都是计谋与诡诈，却因此被奉为世界军事名著。

两军对垒，没有一个头脑正常的将军会把本方的真实情况都摆在台面上，毫无保留地让对方侦知，然后再与之决战。

宋襄公待敌军渡河再战的愚蠢仁义，被人贻笑千年。若在博弈中追求道德高尚，那么就难以取得成功。

交易是博弈的艺术，是资金的战争。交易市场信奉丛林法则，弱肉强食。

交易的博弈特性，决定了诡诈是K线的血和肉，真实的K线从未存在过。

作为一名交易者，你必须时刻牢记博弈的诡诈性，每一个交易行为都应该谨慎和理性。

可能有人反问：既然诡诈是K线的血和肉，那么K线分析在实战中还有用吗？

无论多么高明的魔术师，总要用行动来完成魔术；躺着不动的魔术师只能是装死。

无论主力如何费尽心机地制造K线，无论其制造的K线欺骗性有多大，总会留下蛛丝马迹。

K线分析不能仅仅停留在K线表面，而要深入分析K线形成的真实轨迹，这里才有我们需要知道的秘密！

目　录

第一章　破解 K 线阴阳密码

K 线最具实战指导意义的因素，并不在于其本身是阴线还是阳线，而在于市场对于 K 线是如何认识和理解的，市场资金和市场心理趋向才是破解 K 线阴阳密码的关键因素。

第一节　K 线大宗师

K 线图，又被称为蜡烛图、阴阳烛、酒田图形，是日本德川幕府时代米市商人本间宗久用来记录米市行情与分析价格波动的一种方法，后来逐渐被引入到股市及期货市场的技术分析领域。也有人说，蜡烛图并非本间宗久本人发明，而是经过多少代人不断地创新和实践，逐渐发展和完善起来的。但无论如何，都不能否认本间宗久是蜡烛图或者说 K 线图理论奠基者和大宗师的地位。

本间宗久（1724—1803）出生于日本当时稻米的重要产地及商业交易中心酒田，所以本间宗久的蜡烛图理论也被称为“酒田战法”。

本间宗久醉心于研究稻米现货买卖和定期交易的价格信息及走势，并以 K 线的形式记录下来。他将自己的研究成果应用于粮食交易行情，不但赚进巨额财富，也在当时日本一些地区引起很大的轰动，一时间本间宗久在粮食交易市场的声名如日中天。当时流传一句话可以形容他的富有——“你可以挣上领主的宝座，却休想像本间宗久家一样有钱”，这足以证明本间宗久在当时的地位。后来，本间宗久被当时的天皇聘为大藏省（财政部）资政，并被策封为武士。

在日本，K 线称为“罫（日文发音 Kei）线”，西方以 Kei 的英文第一个字母“K”直译为“K”线，“K 线”一词由此而来。

本间宗久根据中国《周易》理论以及“爻象”发明了 K 线，他把爻象转换成阴阳 K 线，以阴爻、阳爻的属性揭示未来价格信息。同时，本间宗久也多借用战争名词来形容行情多空搏杀的残酷性。时至今日，本间宗久的主要理论仍是 K 线理论的重要内容和核心组成部分。

世传本间宗久著有《黄金泉——三猿金钱录》《风林火山》等作品，另有后人根据其理论总结和发展的《酒田战法》一书。

1.《黄金泉——三猿金钱录》

这本书的核心精神是：交易者如能达到不见邪、不听邪、不言邪的境界，就有希望抵达黄金泉。

不见邪：当看见多头（空头）趋势时，不可陷进去，而是将它视为卖出（买进）的机会。

不听邪：当有利空或利多消息出现时，不要据此进行交易。

不言邪：不要因为别人的看法轻易改变自己的分析判断。

2.《风林火山》

这本书于 1755 年出版发行，其核心精神为“疾如风、徐如林、掠如火、不动如山”。

疾如风：行情反转或破位等危急之际，应果断处置目前的仓位。

徐如林：行情盘整时步调放缓，高出低进。

掠如火：单边的连续走势，一路追杀绝不犹豫手软，并抱牢赚钱的仓位，只追加不清仓。

不动如山：行情走势不明时，勉强进场不但难以图利，还必须承受极大的风险，不如退场观望。

3.《酒田战法》

该书也称《酒田五法》或《宗久战法》，其核心精神有三山、三川、三兵、三空、三法。

三山：K 线的三种头部卖点，包括三尊头、两尊头、圆头。三尊头相当于现在所说的头肩顶，两尊头相当于 M 顶。见图 1–1。

三川：K 线的三种底部买点，相当于现在所说的头肩底、W 型底以及

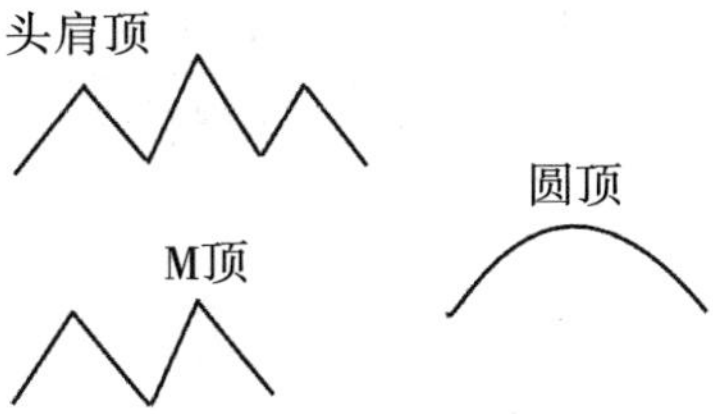

顶部形态

图 1–1

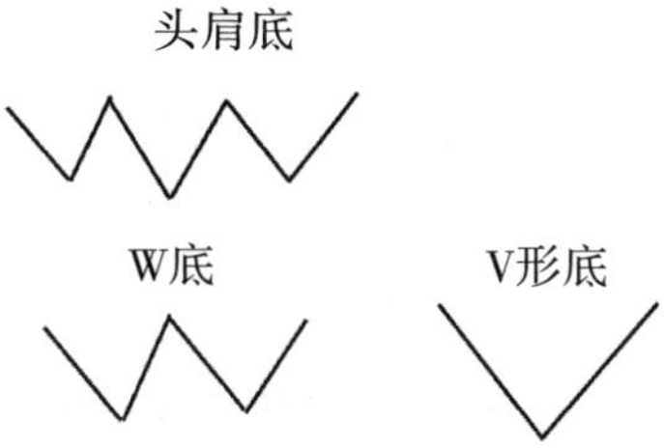

底部形态

图 1–2

V 型底等。见图 1–2。

三兵：以三根 K 线组合而成的买卖点。当三根红 K 线（黑 K 线）形成一底（头）比一底（头）高（低）的形态，则此红三兵为买入信号（黑三兵为卖出信号）。见图 1–3。

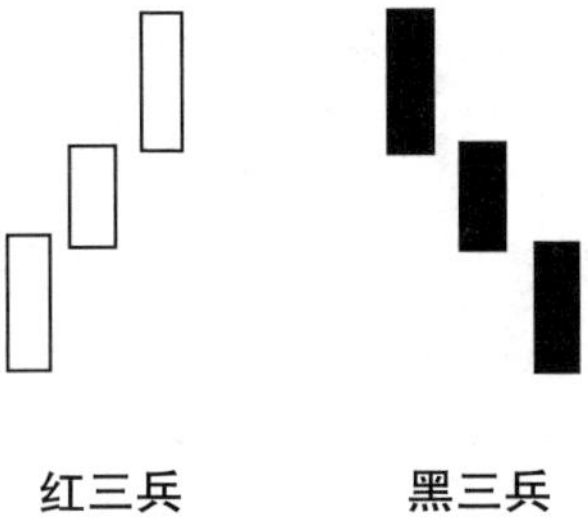

图 1–3

三空：连续三个向上跳空上涨或向下跳空下跌的形态。其中，上跳三空为强势涨升信号，下跳三空则为强势下跌信号。见图 1–4。

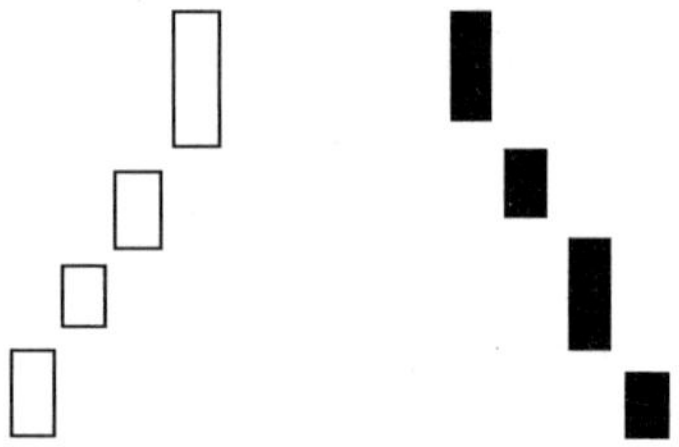

图 1–4

三法：应该卖、应该买、应休息。三法是酒田战法的核心，交易不但包括买和卖，还包括休息和等待。当势态复杂难辨时，应等待更加明确的信号出现。

上述三本著作中的前两本，明显受到中国古典文化思想的影响，例如《风林火山》。风林火山的原意是“其疾如风，其徐如林，侵掠如火，不动如山”，出自《孙子兵法·军争篇》。原文为：故其疾如风，其徐如林，侵掠如火，不动如山，难知如阴，动如雷震。意思是说：开始行动时，迅速如狂风飞旋；从容行进时，如森林徐徐展开；攻城略地时，如烈火迅猛；驻守防御时，如大山岿然；隐蔽时，如乌云蔽日；发起攻击时，如雷霆万钧。

再如《黄金泉——三猿金钱录》，所谓三猿，是指人容易受到三种心态或情绪的影响，只有克服这种影响才有可能达到黄金泉，即获得财富自由。中国有个成语叫“心猿意马”，指攀缘外境、浮躁不安之心有如猿猴，而意识则像惊奔之马一样控制不住。古书《参同契注》中有“心猿不定，意马四驰”一语。另有《维摩经·香积佛品》中有“以难化之人，心如猿猴，故以若干种法，制御其心，乃可调伏”等句。

时至今日，K 线理论仍旧广泛应用于股票、期货、外汇等金融交易市场中，成为交易者喜爱和习惯使用的分析工具。但是必须明确一点，K 线理论的发展与解读并非是一种抱残守缺、敝帚自珍的方式，而是一直处于不断发展和创新中，适宜今天的理论解读方式，明天也许就已经跟不上市场的新变化。唯有与时俱进，一直贴近行情脉搏，能够带来盈利的解读方式，才是有效的。

第二节　K 线沉浮的暗流

K 线有阴阳、大小之分，交易者的情绪也多在悲观与乐观之间变化。分析 K 线，不应囿于 K 线，其中草蛇灰线，伏脉千里，细细审视，究其根本，才能辨清 K 线沉浮的暗流。

一、周易阴阳思想与 K 线

《周易》的作者、名称以及释义，史上并无定解。流传今日的所谓周易，已是经、传等的统称。

个人认为，读书不能完全沉迷于书本身以及原作者的本意，而在于一本书是否能够给大家带来某一方面的启示，也许这种启示并非作者的原意。如果能够带来一种全新的、有益的启示作用，岂不也是会读书、读懂书的一种方式方法。

我对于《周易》的理解是这样的：周，周而复始；易，不停变化。《周易》的“易”，上半部是个日字，下半部是个变形的月字，合在一起成为“易”字。“易”，有关日和月，即阴和阳的变化。

谈及阴阳变化，最容易让人联想到算卦。《周易》最初确实是有关卜筮、占卜或称卜易的书，但随着后人的演绎和逐渐丰富，《周易》早已成为中国古代哲学思想的代表作之一。

《周易》不仅将事物的性质和原理概括为“一阴一阳”，而且认为阴阳二者的关系是既对立又统一，并在对立统一过程中实现相互转化。《周易》相关理论中的阴阳思想，后人总结为阴阳对立观、阴阳互根观、阴阳消长观、阴阳转化观、扶阳抑阴观五个方面。

（1）阴阳对立观，即一切事物的内部都有阴和阳对立的两个方面，如果没有这种矛盾对立运动，这个事物也就不存在了。没有多方（买方）的股票市场，肯定一片死寂；没有空方（卖方）的股票市场，也必然处于静止状态。唯有多空对立，市场才能保持活跃。

（2）阴阳互根观，即阴阳对立的两个方面，是依存于对方的存在而存在，对方是自己自身存在的前提，没有了对方，自己也就不存在了。没有股价的涨，也就没有了股价的跌；没有股价的高，也就没有了股价的低。

（3）阴阳消长观，即阴阳在每一事物中体现出的力量强弱不是一成不变的，往往是以一方兴盛则另一方衰落的规律交替运动。多方力强，则涨势明显，反之亦然。多空双方总是处于此消彼长的状态中。

（4）阴阳转化观，即阴和阳本身并不是绝对对立的，而是相对的，二者之间存在着相互转化的关系，即属阳者在一定条件下可转变为属阴，属阴者在一定条件下也可转变为属阳。表象上是阴，内涵上却是阳。例如，日 K 线出现大阴线，但分析分时、分钟图，却可以发现其实却是阳线。

（5）扶阳抑阴观，即阳是积极的象征，阴是消极的象征。“扶阳抑阴”，就是要人们以积极、冷静、客观的态度来面对事物的发展和变化，而不应持消极、浮躁的态度。

K 线理论中的阴线与阳线，和周易理论中的阴爻、阳爻不仅外形上相似（见图 1–5、图 1–6），根本含义更是毫无二致。

阳爻　　　　阴爻

图 1–5

阳线　　　　阴线

图 1–6

周易理论以阳爻或阴爻组合成八卦，继而演绎成六十四卦。下面以乾卦(人们常说的“天行健，君子以自强不息”就是来自这一卦)为例进行说明。

乾卦自下而上由六条阳爻组成（见图 1–7），其本意讲述了由“潜龙（潜在的积极因素）到亢龙（高调强势）”的每个历程。

乾

图 1–7

由初九爻到上九爻，一爻一境界。例如初九爻：潜龙勿用。意思是说，水中的龙初生，不要急于飞。在 K 线理论中，一根阳线的出现可能是一个潜在的积极信号，但并不绝对代表行情彻底转势，所以不要急于否定原有的趋势。同样，一个初步掌握基本分析技巧的交易者，也不要过早地认为已经胜券在握。

再比如上九爻：亢龙有悔。意思是说，龙飞得太高了，有悔悟。在K线理论中，连续出现六根大阳（或者更多），相信很多人都会想到“盛极必衰”这个成语。同样，连续的交易成功容易让人飘飘然，藐视一切，那么接下来很可能会出现重大失误，导致悔不当初。

说到这里可能有人反驳，那么多股票连续十几个封板，也没见盛极必衰啊！这里只能说，有大盛必有大衰，盛衰之间有其发展变化的周期和规律，只是你还没有掌握行情的周期变化规律而已。

总之，周易理论阴阳思想的五个方面和K线原理息息相关，要潜心体会，开阔思路。欲学K线，先探根本。

二、K线最本质

无论是K线本身还是K线中那些看不见的暗流，其最为本质的因素就是资金的流动。没有资金的流动，准确地说，没有主力资金的流动，那么K线分析的价值相对于股票操作而言，其借鉴意义无疑会大打折扣，甚至是几无作用。

司马迁在《史记·货殖列传》中写道：“天下熙熙，皆为利来；天下攘攘，皆为利往。”时隔数千年，资金（人们）逐利的本性仍复如此。财富效应或者说赚钱效应仍是资金闻风而动的最根本前提，没有这个前提，即便满眼繁花似锦，也必然是短暂和虚假的。

当股票市场处于万马齐喑的阶段时，往往斜刺里会忽然杀出三五只躁动、连拉长阳的股票。这时大多数散户都处于疗伤或隐退阶段，对于这些突如其来、横空出世的妖股，不会太感兴趣，以为不过是主力再度上演的诱多把戏。

当强势股票接二连三地破土而出，搅动一池春水，赚钱效应开始大面积扩散时，散户原先冰冻的资金必然受热融化，最终耐不住挑逗起来的赚钱欲望，加速蜂拥入场。无论反弹还是牛市的到来，这个心理历程总是如此，只是时间长短有别。股市中散户的心理曲线见图1–8。

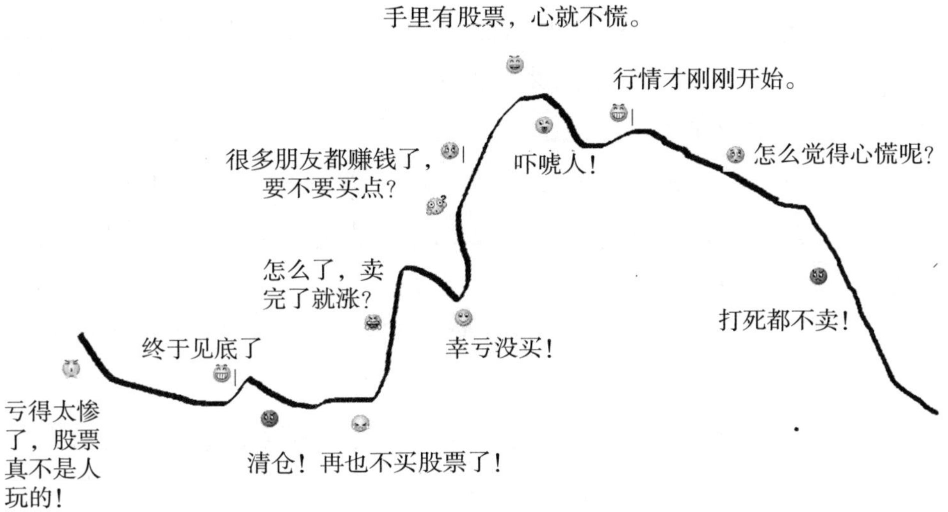

图1–8

狮群里最强壮的雄狮，总是第一个品尝猎物身上最好的那一部分。狮群中其他的狮子得等雄狮酒足饭饱之后，才有机会填补辘辘饥肠。至于守望在远处的鬣狗、秃鹫，只有等所有的狮子饱食之后，才有机会争夺剩下的残羹冷炙，而蚂蚁还要等得更久一些。大自然的等级选择和博弈中的资金层次结构如此神似。

“大资金”就是狮群里最强壮的雄狮，它是一般散户和游资关注、追踪的对象，绝非可以挑战的对手。常见有人吹嘘战胜主力资金什么的，这么说的人要么根本就是外行，要么就是怀有不可告人目的的骗子。

明确自己的资金实力和技术能力非常重要，这一点在股票市场中关乎生死存亡。对于那些不懂技术的散户，远离熊市、震荡市，等到大牛市明确来临时再进场，赚点小钱儿就是最佳选择。

牛市赚钱容易，由此也催生一批牛市股神。这些人仅凭“人傻、胆大、钱多”三个法宝，在牛市里大赚快钱，并因此导致自我膨胀。因为人傻不知道害怕，所以牛市调整甩不掉他。因为胆大敢追强势股，所以盈利速度很快。因为钱多基数大，所以财富聚集效果较明显。

牛去熊来。牛市股神的三大法宝在熊市里都是“作死秘籍”，所以他们财富消失的速度远比聚集的速度更快。熊市周期才持续不长时间，牛市股神就已经销声匿迹。所以上面说，对于大多数散户来说，远离熊市、震荡市，等到大牛市明确来临时再进场，赚点小钱儿，这是最佳选择。

忠言逆耳，也许没几个人能听进去。听进去，就说明三大法宝的头一宝被清除了，可喜可贺！

有人说不知害怕而去做，不是勇敢，而是鲁莽。知道害怕，谋定而后动，才叫勇敢。

未完整经过至少一个漫长熊市历练的人，不要奢望把股票交易当成一项职业来做，熊市生存和稳定盈利是一个职业交易者应该具备的最基本技能。

对自己的技术能力和资金实力有了清醒、正确的认识后，才能谈到对 K 线本质有一个相对全面和深入的理解。

无论是阴线、阳线以及 K 线实体的大小，这些表象仅是 K 线分析的基础，并不是 K 线分析的核心。既然 K 线最本质的因素是资金的流动关系，那么辨别资金流动趋向就是 K 线分析的核心和主要目的。

经常有人说，某某股票主力开始建仓或开始出货、减仓，其实就是在判断资金的流动趋向。所谓资金的流动趋向，是指流出和流入两个方向，但主力资金的流入和流出并不那么容易辨别。

一根让交易者无比绝望的大阴线，有时并不意味着主力资金大幅流出，反而可能是主力资金进仓的标志。如图 1–9 所示，一根大于 –7% 的大阴线出现后，股价反而开启了上涨之路。

同样，一根让交易者欣喜若狂的大阳线，也许并不代表主力资金大幅流入，反而可能是主力资金减仓出货的信号。如图 1–10 所示，一根涨停板大阳线出现后，股价反而进入到下跌阶段。

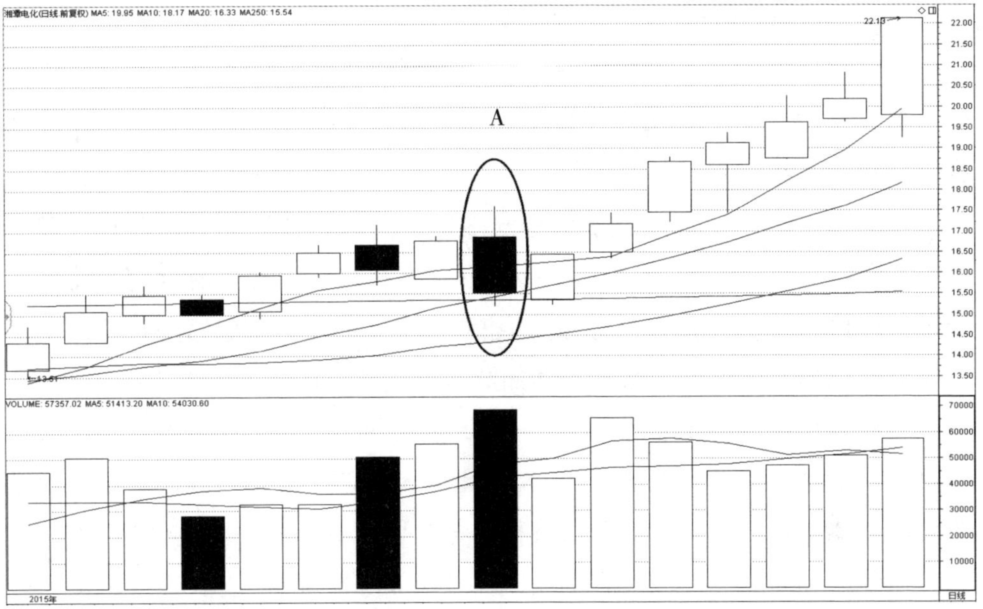
湘潭电化(日线 前复权) MA5: 19.95 MA10: 18.17 MA20: 16.33 MA250: 15.54
A
VOLUME: 57357.02 MA5: 51413.20 MA10: 54030.60
2015年
日线

图 1–9

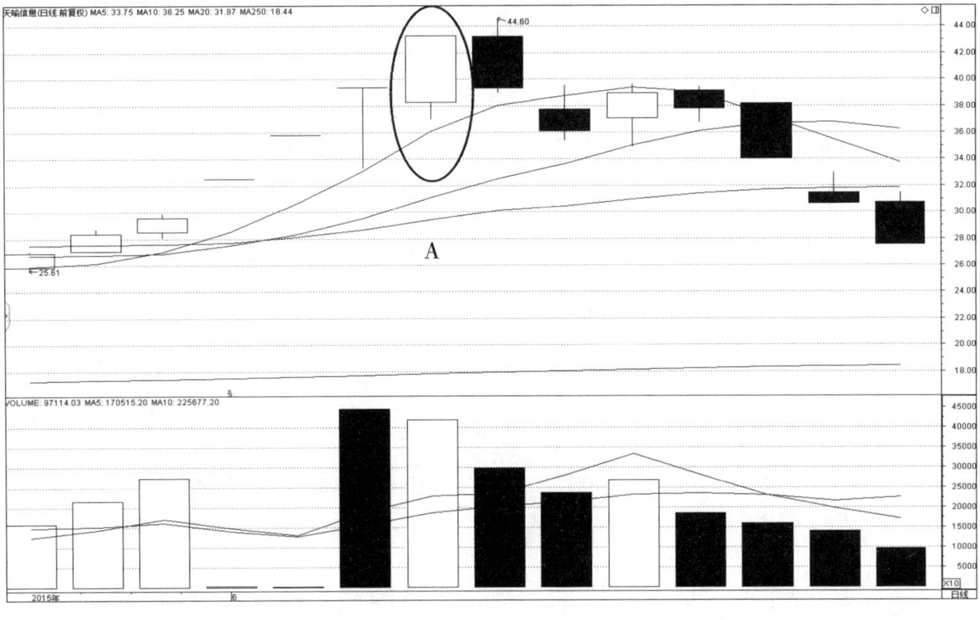
天喻信息(日线 前复权) MA5: 33.75 MA10: 36.25 MA20: 31.87 MA250: 18.44
44.80
25.61
A
VOLUME: 97114.03 MA5: 170515.20 MA10: 225677.20
2015年
日线

图 1–10

辨别资金运行趋向，是确立交易策略的关键。市面上很多炒股软件都宣称可以追踪主力资金，且不管这种说辞是否真实，如果交易都建立在某种依赖关系或条件上，那么一旦失去这种依赖关系或条件，你还会不会做股票？能不能赚到钱？

在盯盘过程中，最烦提示信号繁多的分析软件，反而喜欢简单得只有K 线、均线、成交量和少量技术指标的行情界面。笔者更愿意用自己的头脑发现价格运行的秘密及其运动变化的过程，而不是依靠那些花里胡哨的软件提醒。凡事靠自己，交易尤其如此，这是笔者的交易理念之一。

交易者如何通过 K 线变化来发现资金运行的趋向？这是本书主要讨论的内容，也是学习 K 线理论最根本的目的。还有什么技术分析手段能比跟随大资金（主力资金）的运作思路和资金运行轨迹相机而行更优越呢？

在分析和研判某一交易品种时，价格（价格的概念包括 K 线，但不完全等同于 K 线）运行趋向无疑是交易者最为关心的。以价格（K 线）运行趋向为中心，人们利用各种技术分析手段进行研判，但往往偏重于技术指标本身具有的规律指向。

这时容易出现一个问题，即某些技术指标本身具有的规律指向，也许与价格（K 线）趋向一致，也许并不一致，这就导致在价格（K 线）运行趋向的研判上出现准确性和稳定性不够的问题。

仅凭单纯的 K 线分析，也无法对股价未来的运行趋向作出相对准确的判断。其实分析价格真实运行趋向的关键，在于技术环境分析。提升分析的高度和层次，更容易发现在细节分析中看不到的死角。

第三节　K 线与技术环境分析——破解密码的关键

技术环境分析，是多种技术工具、长短周期综合分析的一种技术分析方法。如果说趋势、趋向和成交量以及均线系统，是分析判断交易标的的主要技术工具，那么技术指标、市场心理倾向等，则是重要的辅助分析手段，二者相辅相成，不可或缺。综合分析交易标的所处的技术环境，能够避免一叶障目不见泰山，无论对于规避风险还是追求盈利，都是一个较佳的选择。

一、趋势、趋向及成交量

技术环境分析至少应涵盖趋势或趋向、成交量、均线系统、技术指标、盘口与分时、市场心理趋向几个方面。

（一）趋势或趋向

趋势是指在一个相对较长的交易时期内，价格整体运行于一个相对稳定的方向上，道氏理论将其称为主要趋势。通常将整体保持上升趋势的市场称为牛市，将整体保持下跌趋势的市场称为熊市。

趋向是指中短期内价格运行的方向，趋向可能和趋势一致，也可能不一致，但趋势是由无数同向或逆向的趋向构成的。趋向改变并不意味着趋势必然改变，但趋势改变必然由趋向的改变开始。

趋势中包含诸多不同运行方向的价格趋向，依照时间周期的长短，可以界定为中期趋向和短期趋向。在道氏理论中，中期趋向和短期趋向也称为次级趋势和短期趋势。

区分趋势和趋向，有利于交易者从全局的角度来考虑和谋划整个交易策略，避免纠结于价格细微的波动，错失在大方向上布局的时机。

交易者首先要认清行情的长期趋势，长期趋势的方向明确之后，则中期趋向和短期趋向就会跃然纸上。

1. 牛市行情

在长期上涨趋势即牛市行情中，交易者应以持仓和积极做多为主要交易策略。长期趋势上涨，并不意味着一直上涨，市场在运行过程中会有很多次级别的较大回调（即中期趋向或称次级下跌趋势），以及不间断的短期回调（短期趋向），以清洗不坚定的持仓者，减轻市场上行的压力。如

图 1–11 中 A 点所示，一轮长期上涨趋势运行期间，会出现多次中期下跌趋向和短期趋向。

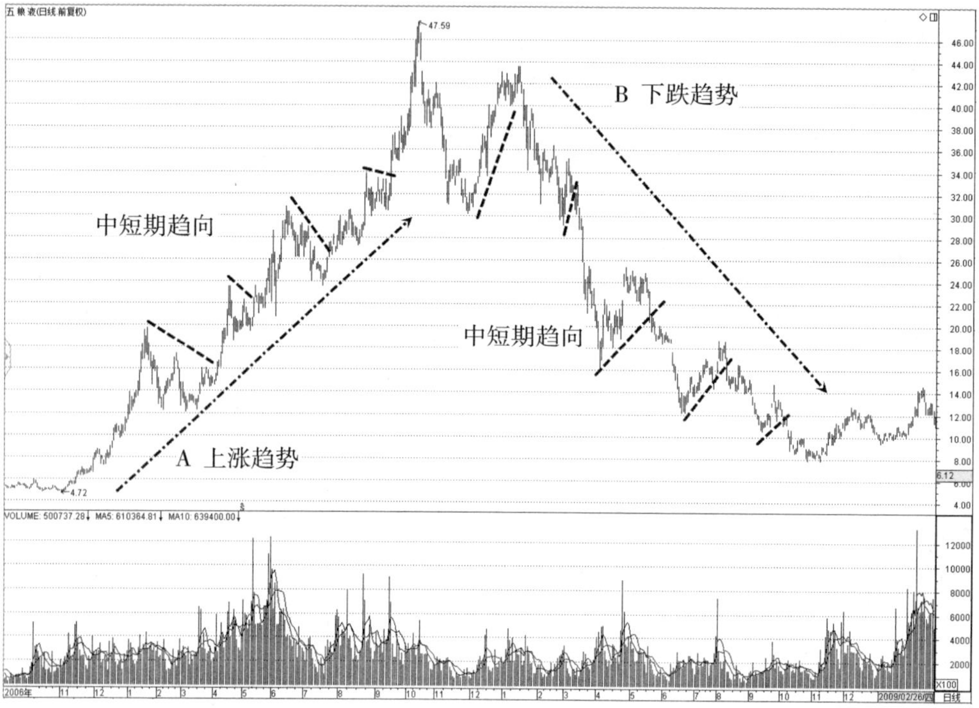

图 1–11

2. 熊市行情

在长期下跌趋势即熊市行情中，交易者应以空仓和分阶段交易为主要交易策略。长期趋势下跌，同样并不意味着一直下跌，市场在运行过程中会有很多次级别的较大反弹（即中期趋向或称次级上涨趋势），以及不间断的短期反弹（短期趋向），诱使资金介入和接盘。如图 1–11 中 B 点所示，一轮长期下跌趋势运行期间，同样也会出现多次中期上涨趋向和短期趋向。

3. 绘制趋势线

趋势线是在价格波动过程中，连接两个重要的低点或高点，画出一条顺应价格运行方向的直线。

趋势线是分析价格趋势及其变化的最有效的工具之一，正确绘出上升趋势线和下降趋势线，有助于对行情变化和趋势拐点提前做出预判。

绘制趋势线有三个要求：确定两个重要的低点或高点；这两个点在时间周期上具有相应的距离；能够正确反映趋势的整体运行情况。

如图 1–12 所示，A 点为该股顶部高点，B 点为第一次中期反弹高点，都属于相对重要的点位；时间间隔 3 个月左右，也较为合适；两点连线后，这条趋势线能够反映后期股价趋势的整体运行情况。

图 1–12

技术环境分析，首先要求交易者培养自己的追溯分析能力。也就是说，要具有技术分析的历史观，善于分辨价格运行趋势和趋向。单凭最近的几根 K 线，很难研判主力资金的状况，但若从较长时间周期进行回溯分析，则不难发现主力资金所处阶段、状况等。

例如图 1–13 中，该股出现一波翻倍行情，研判该股后市是继续上涨还是上涨行情就此完结，是新一轮行情的开始还是原行情的延续，仅凭借图中 K 线、成交量以及均线等，难以得出一个相对准确的判断结论，这时候就需要借助更长时间周期来做进一步的研判。

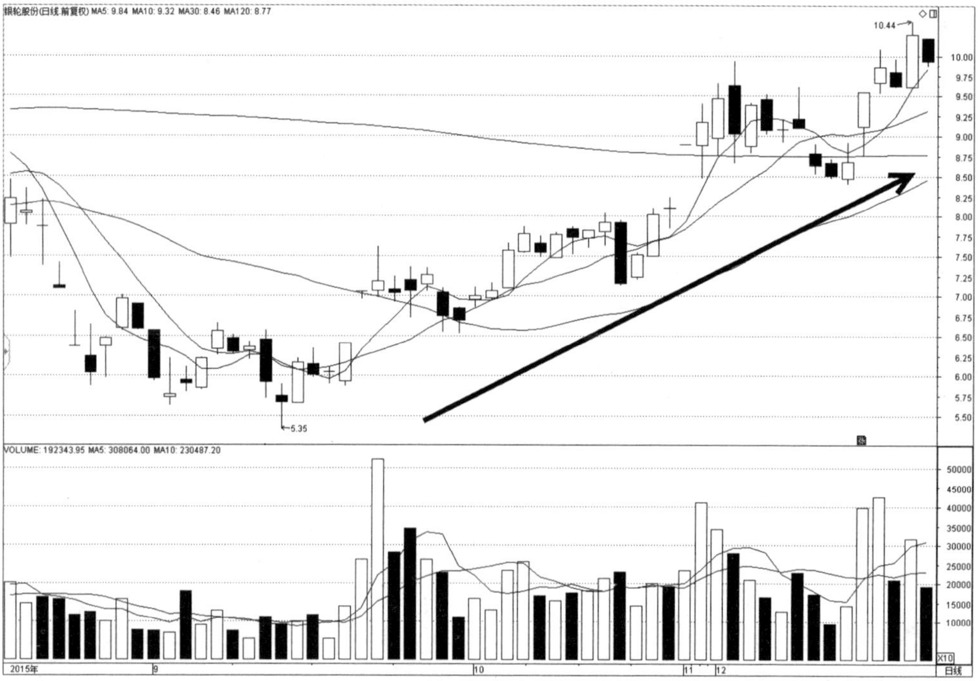

图 1–13

图 1–14 展示的是该股两年多来的图形走势。从这幅图上可以较为清晰地看到该股相对完整的走势：该股到达图中 A 点（图 1–13 中的涨升阶段）之前，经历过一轮波澜壮阔的大牛行情，之后股价见顶，出现大幅暴跌。

用这种速度的暴跌走势来终结牛市行情并不常见，所以必然有不少高位持仓者未能获利减仓，这是股价在 A 处反弹的重要人气基础。之所以这样说，是因为这些持仓者有一种习惯性的操作方式：低点不敢进，反弹有一定幅度之后才放下心来进仓，用以摊低成本，殊不知此时反弹已经接近尾声（后面会结合大量案例对此做进一步的探讨）。

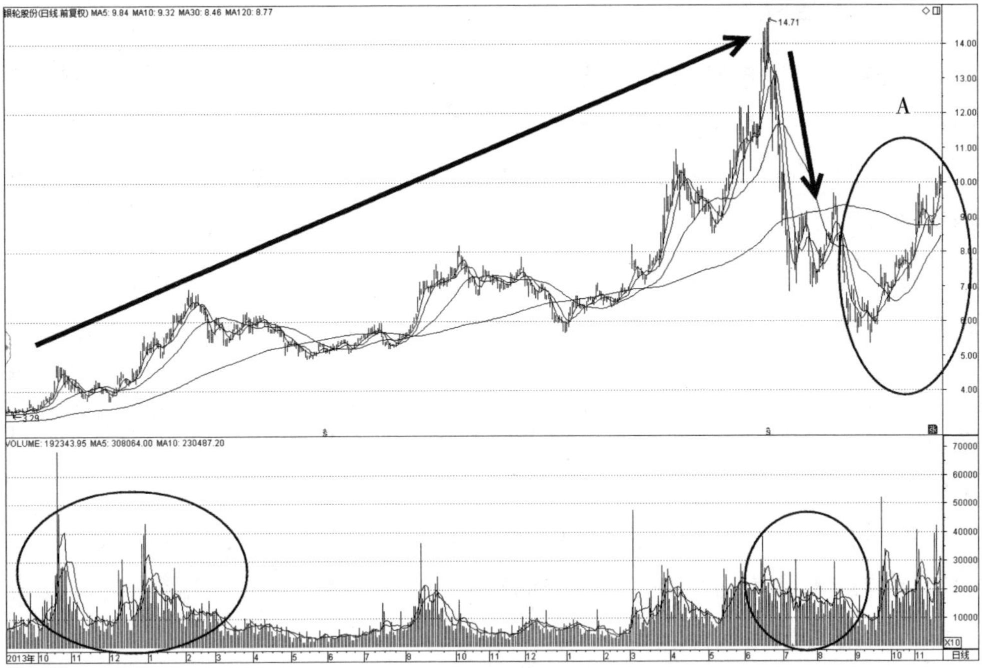

图 1–14

A 处之前的暴跌走势，对于略懂趋势分析的人来说，意味着一轮牛市行情终结，这在技术上是毫无疑问的。及至 A 处出现涨升行情，股价超跌反弹的行情性质也不难界定。唯一让交易者迷惑的，可能是超跌反弹的幅度居然能够让股价翻倍。

超跌反弹的幅度和以下两点息息相关。

一是前期下跌的周期和速度。时间短、速度快的下跌，引发的超跌反弹必然强劲。这里排除基本面问题引发的连续一字线跌停现象，只包括技术面范围内的下跌。

二是下跌的幅度。只有达到超跌程度之后，才有可能引发大幅度反弹。

关于研判股价超跌、超涨的相关内容，请参见中国宇航出版社出版的《短线追涨与低吸技术》一书。

（二）成交量

从图 1–14 中的成交量变化上，可以发现主力主要的吸筹、震仓区域（图中标示处），以及 A 处之前暴跌阶段筹码出逃的情况。成交量是和资金流动关系最紧密的技术指标，也是技术环境分析不可或缺的一个重要组成部分。

分析不同时间周期的成交量指标，可以得到一个相对完整的资金流动路线图。例如，通过分析日线、周线、月线，可以大致分析出主力资金整体处于何种阶段，是静默吸筹期还是震荡整理阶段，抑或是主升期、出货期等。从图 1–14 中可以较为清晰地看到主力在不同阶段的资金出逃与回归情况。

通过分析分钟成交量，可以发现主力正在做什么或将要做什么。这些内容通过最平常不过的成交量指标就可以找到答案，并不需要花费大价钱去购买所谓的神奇软件。

成交量与价格分析的技术要点如下。

（1）股票的上涨趋势可以用日益增加的成交量进行确认，随着买方的逐步增加，上涨趋势得以维持并往纵深发展；下跌趋势中用成交量日益缩减进行确认，因为买方日趋减少，股价将延续下跌趋势。

（2）如果市场成交量不能有效维持一个相对较高的水平，而是出现逐步缩减的状况，则说明买方已经不愿在目前价位入场，卖方已经不愿意低位卖出，那么当前的趋势可能还会暂时持续，但是很难保持长时间持续。在极度稀疏的成交量情况下，股价创新高或新低应该值得怀疑。

（3）在下跌趋势中成交量逐步萎缩，其中不乏间歇性放大的现象。当成交量长时间低迷，缩无可缩之后，随着股价的反弹，成交量从地量水平渐次增加。虽然股价可能在之后的运行中仍会出现下跌，然而成交量却不会再回到之前的地量水准。这种情况下，预示着股价已经运行于大的底部区域之中。关于成交量的内容，后面有详细的论述。

二、均线系统

均线全称移动平均线。对最近 N 个时间段内的收盘价进行平均，将这些数值以曲线的形式连接，即形成均线。其基本原理是随着市场成本的变化，价格也将有所体现，成本的变化可能会导致趋势的延续或改变。移动平均线代表了一定时期内市场平均成本的变化趋向。

上面这段文字，是均线最基本、最常规的释义。其实最为重要的是最后一句话，即移动平均线代表了一定时期内市场平均成本的变化趋向。真正理解了这句话，才能明白均线在实战中的含义。

均线代表的是市场平均成本运行趋势，其重要性在于反映现行价格得到支撑或受到压制的情况。支撑与压制是均线理论的核心与精华，均线分析的价值也正在于此。

均线如同奔流的江水，K 线则像是在水中行进的船只。水能载舟，亦能覆舟，还有逆水行舟和顺水行舟之别。总之，运用均线判断行情变化时，永远不要忘记一点：均线是灵动的，K 线也在不停地变化之中；呆滞、机械地理解和应用 K 线与均线之间的关系，就无法得到理想的分析结果。

（一）顺水行舟形态

均线行进的方向与 K 线运行的方向保持一致，就称为“顺水行舟”。

顺水行舟有以下两种技术形态：其一是 K 线和均线同步保持整体向上态势，也称为多头排列，见图 1–15。其二是 K 线和均线保持向下的态势，即空头排列，见图 1–16。

在顺水行舟的态势下，均线多头排列时，K 线上涨往往很火爆。空头排列时，K 线下跌则很凶悍。正如船在顺风顺水的条件下行驶时，可以达到“轻舟已过万重山”的境地。

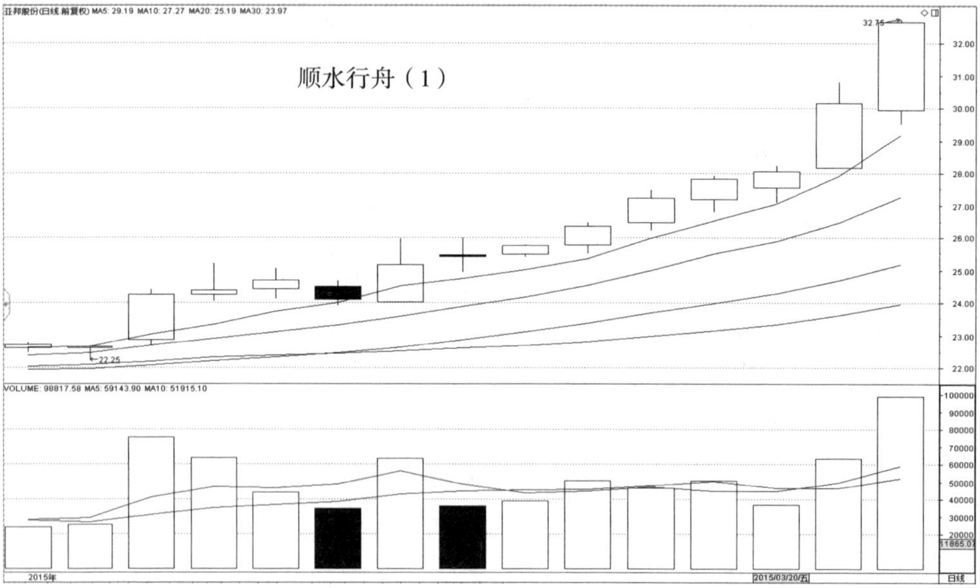

亚邦股份(日线 前复权) MA5: 29.19 MA10: 27.27 MA20: 25.19 MA30: 23.97
顺水行舟（1）
32.75
22.25
VOLUME: 98817.58 MA5: 59143.90 MA10: 51915.10
2015年
2015/03/20/五
日线

图 1–15

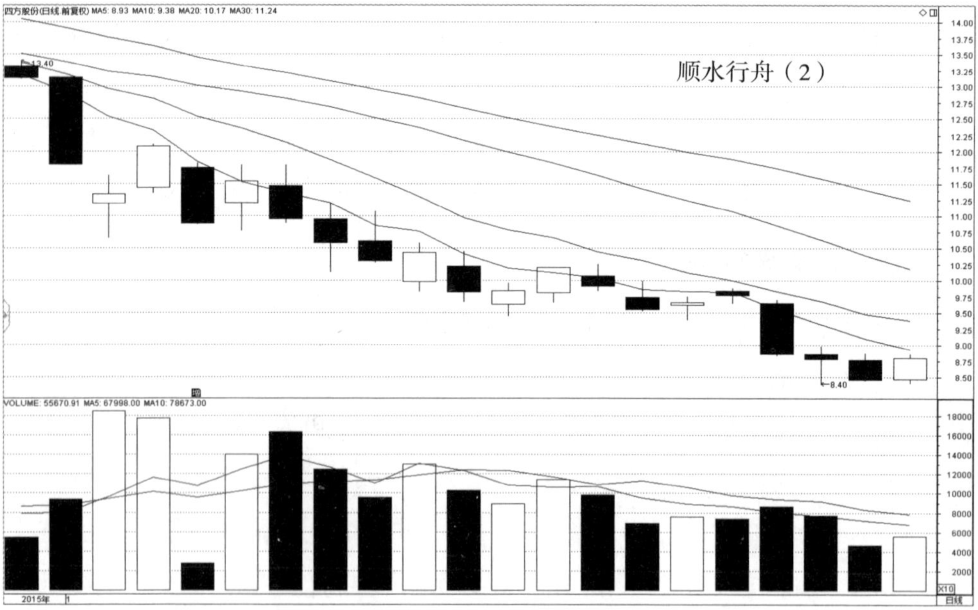

四方股份(日线 前复权) MA5: 8.93 MA10: 9.38 MA20: 10.17 MA30: 11.24
顺水行舟（2）
13.40
8.40
VOLUME: 55670.91 MA5: 67998.00 MA10: 78673.00
2015年
日线

图 1–16

（二）逆水行舟形态

当均线运行方向与 K 线运行方向相逆时，就称为“逆水行舟”。

逆水行舟也有两种技术形态：其一是均线向上行进而 K 线向下运行，这种形态一般出现在 K 线上涨中的正常回落整理，或者在行情终极拐点出现时，见图 1–17。其二是均线向下运行而 K 线向上运行，这种形态一般出现在下跌途中的反弹抵抗阶段，或者见到行情拐点时。

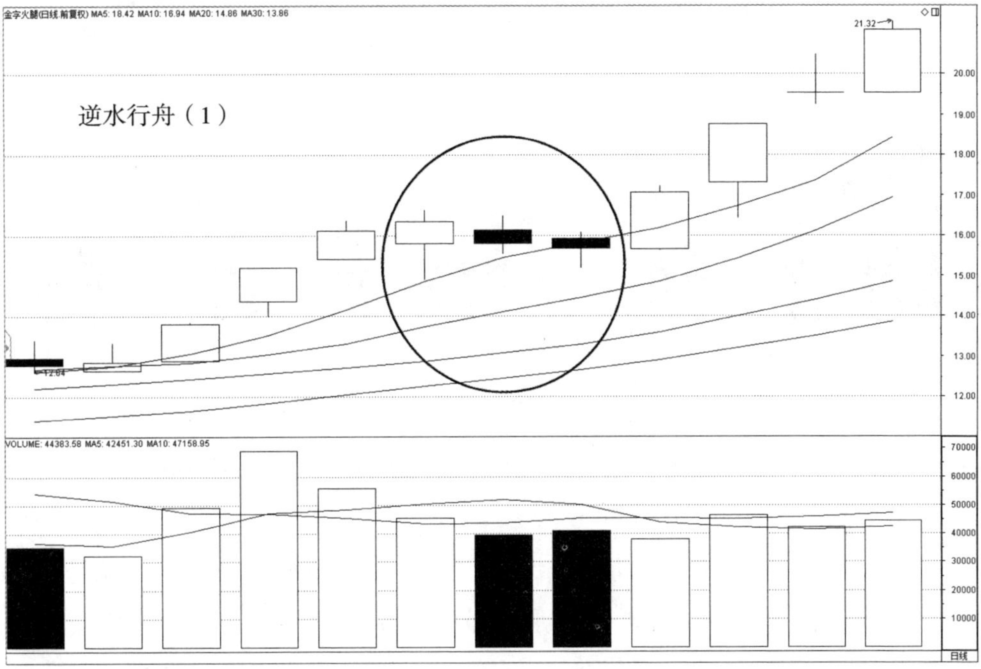

图 1–17

逆水行舟，意味着需要耗费远远大于常态的能量。当这种超常能量不能持续补给的话，就到了行情停止前行甚至逆转的时刻。通常情况下，逆水行舟这种形态持续的时间都较为短暂。见图 1–18。

无论顺水行舟还是逆水行舟形态，都存在一个周期界定的问题，即参照的均线周期是短期还是中长期。通常来说，60 日均线为中期均线，少于

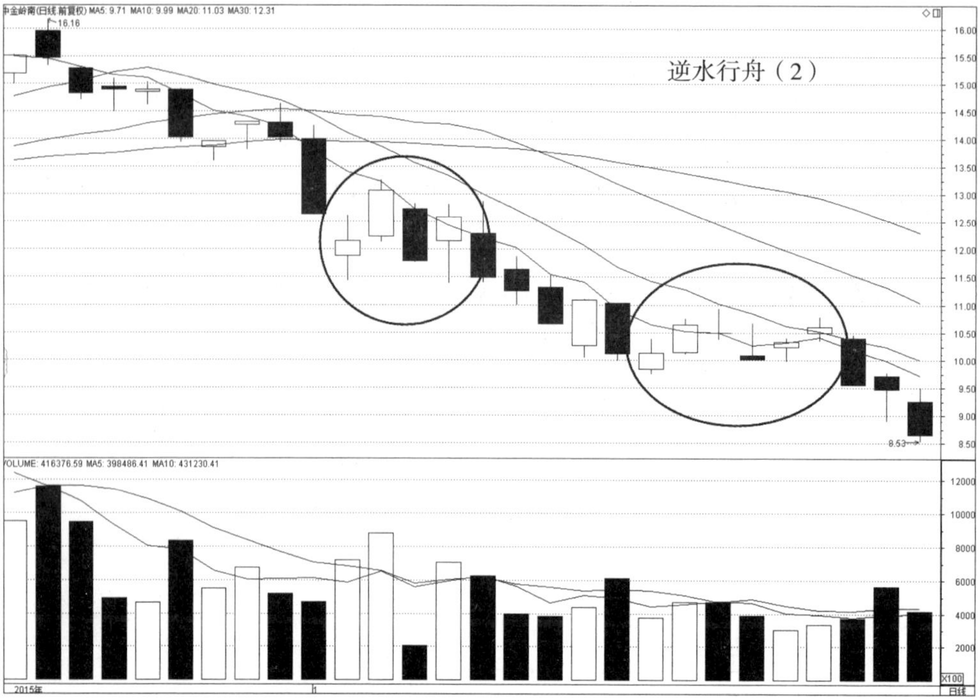

图 1–18

60 日的均线为短期均线（如 5 日、10 日、20 日等），多于 60 日的则为长期均线（如 120 日、250 日等）。

如果 K 线趋向与中长期均线保持一致，那么顺水行舟形态，就是一轮持续时间较长、涨跌幅度较大、形态较为复杂的行情，一般称为牛市或者熊市。

如果 K 线趋向与中长期均线相逆，那么逆水行舟形态就有可能成为一个转化形态或者次级行情形态。所谓转化形态，是指随着行情的发展，股价与中长期均线由最初的相逆转化为方向一致，这往往意味着牛市或者熊市整体形态构筑阶段结束。如果逆水行舟参照的仅是短期均线，那么就是处在一次次级行情中，主要趋势则相逆。

图 1–19 中，K 线和短期均线处于顺水行舟形态，但是和长期均线却呈

现逆水行舟的形态。从这张图中可以发现，在 K 线运行中，顺水行舟和逆水行舟的形态一直处于相互转化中。首先是与短期均线形成顺水行舟形态，然后是和中期均线形成顺水行舟形态。随着 K 线成功突破长期均线，也就意味着整个趋势从逆水行舟的主形态（次级形态顺水行舟），转向主形态顺水行舟。

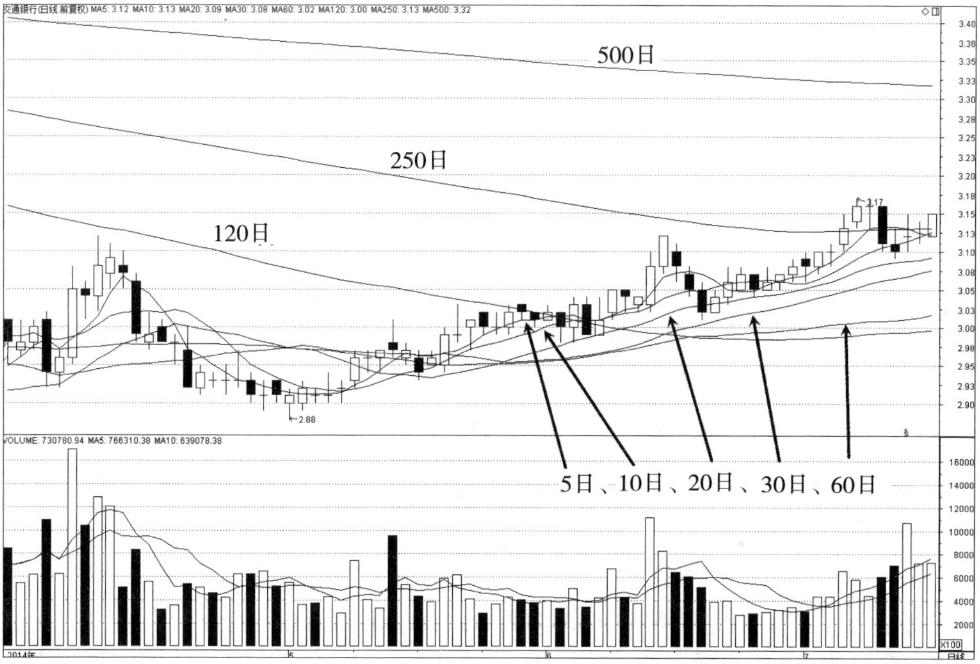

图 1–19

图 1–20 中，主形态为顺水行舟，圆圈处 K 线出现了与长期均线相逆的情况。在未有效跌破长期均线时，这只是一个次级形态或转化形态。

K 线和均线在不同的周期中表现出来的顺水行舟和逆水行舟形态，在实战中有截然不同的操作策略，它们之间蕴含的风险和收益也大不相同。理解这两种形态和它们之间的关联性，对于交易者确定自己的交易策略极为重要。

顺水行舟和逆水行舟是用来判断均线和K线趋势、趋向之间的关系的，目的是借以清晰地辨别当前的大局。实战中，均线和K线还有很多技术细节上的关系或关联也是非常重要的，下面简述均线和K线实战中八种技术细节上的关系。

关于均线实战的诸多技术与理论讲解，仅通过本小节的讲解是远远不够的，笔者编写的《均线核心技术》一书，将会与读者探讨更为翔实的均线相关实战技术。

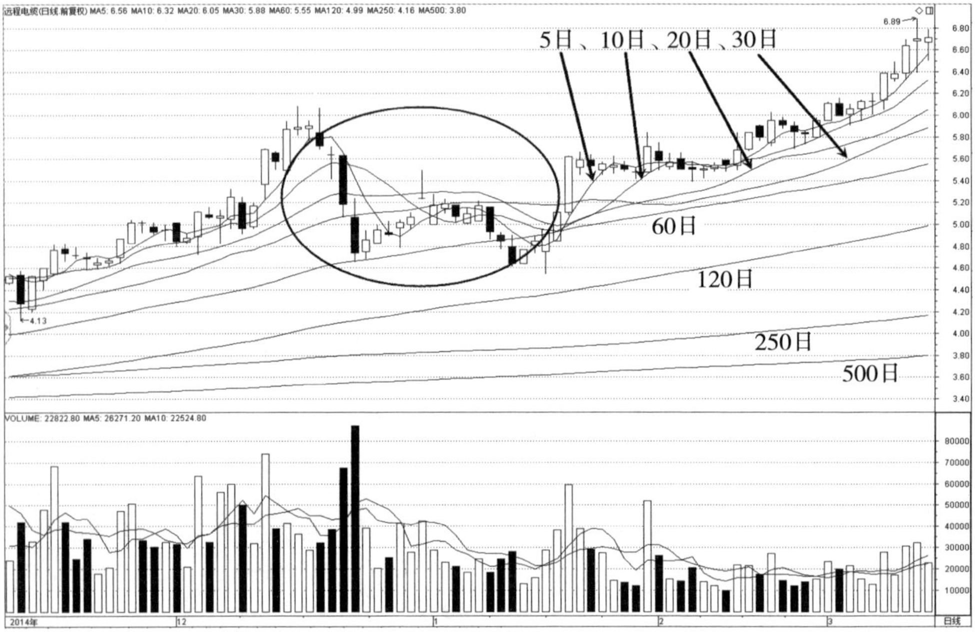

图 1–20

（三）均线与K线实战中的八种技术形态

1. 通则势强

短线操作强势个股时，K线在5日均线、10日均线之间的变化是关注的焦点。当K线下跌时，即使跌破10日均线，只要5日均线未进一步死叉

10 日均线，则说明本次攻击可能并未终结，应继续持仓或在调整低点低吸。如果 5 日均线走弱并死叉 10 日均线，高点追涨买入者此时应坚决减仓，因为本次攻击已暂告一段落，价格面临休整。

如图 1–21 所示，A 点股价连续多日调整并有盘中击破 5 日均线的情况，但是 5 日均线和 10 日均线并没有因此出现死叉，之后股价继续上涨。

5 日均线和 10 日均线之间能够保持通畅，即使股价出现调整回落也会很快结束。这种短期均线之间的通畅，是个股股价短期强势不失的表现，交易者可寻机低吸。如果短期均线出现死叉，至少说明短期内的股价强势已暂告结束，如图中 B 点。

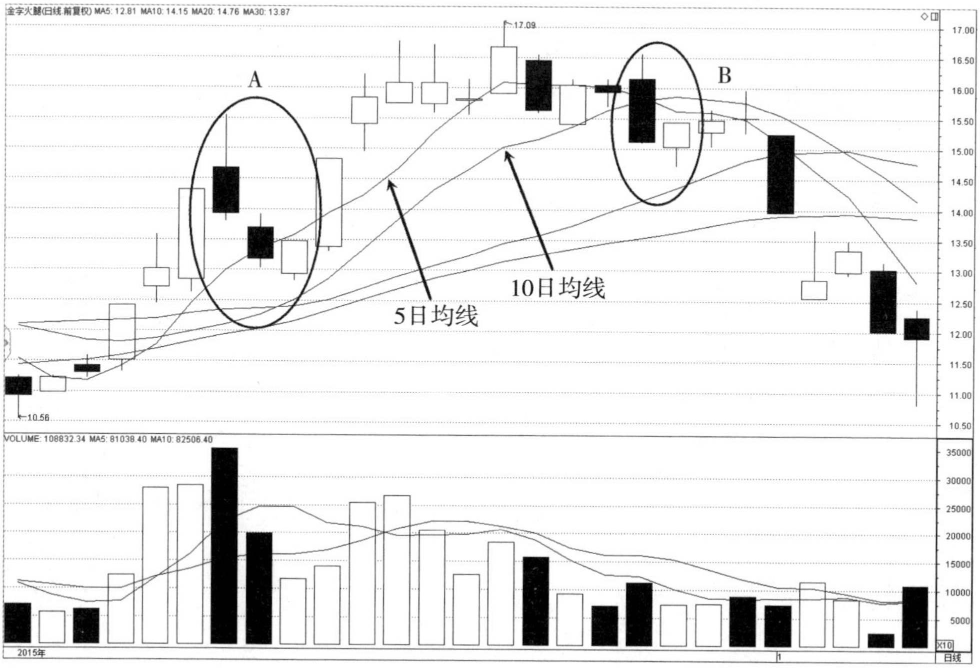

图 1–21

2. 最忌孤军深入

无论指数还是个股，在一波急速上涨或下跌行情中，连续突破中长期均线系统（比如60日均线、120日均线、250日均线）后，如果这时K线的运行方向和60日均线、120日均线、250日均线运行方向相逆，短线交易者此时绝不可追随K线运行方向买入或卖出。不能和中长期均线形成顺水行舟形态的行情，如同孤军深入的部队，过度冒进必将因粮草不济而颓然败退。

如图1–22所示，A点该股股价出现一波急速上涨行情，并一举上穿多条中长期均线。从图中可见，长期均线基本维持向下运行的态势，而K线的上涨与之相逆。之后K线虽短暂盘整在中长期均线系统之上并试图向上展开攻击，但却无功而返，最终和均线系统再次形成顺水行舟的空头指向形态。

对于K线出现的突如其来的逆向行情，交易者参与的技术难度极高，且很难从中获取较好的收益，所冒的逆势风险却要大得多。对于此类行情，要结合自身技术能力，决定是否参与。

图 1–22

3. 盘穿压制

行情经过长期下跌或充分调整后，其中中短期均线系统（如 60 日均线）基本处于水平状态。K 线沿着 10 日均线在 60 日均线上下进行窄幅震荡整理。当 K 线聚量展开上攻，10 日均线突破 60 日均线时，是短线低吸或追涨的良机。

如图 1–23 所示，A 点 K 线和 10 日均线虽然上穿 60 日均线，但这个过程中成交量只有单日突放大量，却无持续的聚量过程，遂至无功而返。B 点时成交再现单日突放大量，K 线也再度上穿 60 日均线，10 日均线向 60 日均线聚拢缠绕。但随着成交量又一次回归常量状态，K 线向上攻击也随之偃旗息鼓。

图 1–23

出现上述 A 点和 B 点这种情况时，交易者可以关注目标个股。60 日均线的压制力可能会出现被盘穿的情况，但是否会出现向上的突破，此时不能百分之百确定。因缺少聚量的过程，所以主力的短期行为存在模糊性。C 点 K 线与 10 日均线上穿 60 日均线，成交量聚量明显，显示其压制力终将被盘穿。

大行情处于盘整阶段时，类似于图 1–23 中的案例较多，但选择向上突破并不具有必然性。行情经过长期下跌或充分调整后，出现类似形态，则向上突破的概率更大。

4. 静候趋向明朗

一波升势之后，股价滞涨回落，10 日均线出现向下交叉 30 日均线的情形。此后，当股价止跌企稳，重新聚量上攻，10 日均线转头向上再次交叉 30 日均线时，可能是行情重回升势的开始。

如图 1–24 所示，K 线出现一波下跌后，在 A 点 10 日均线向下交叉 30 日均线，股价在这个阶段围绕 30 日均线盘整。之后 10 日均线转头向上交叉 30 日均线，股价重新进入升势。实战中，当 A 点 10 日均线向下交叉 30 日均线的情况发生时，K 线之后的趋向并不明朗，交易者在这个时候不可依据主观意愿做多，应等到 10 日均线转头向上交叉 30 日均线后，向上趋向明朗时择机低吸。

在升势延续过程中，K 线回落调整致使 10 日均线下叉 30 日均线，之后又再次向上交叉的情况较为常见，一般都属于正常的回落调整性质。但是要注意：10 日均线向下交叉 30 日均线时，30 日均线最好为上行或水平状态，不应处于明显的下行状态，否则应警惕趋向生变。

实战中也有 30 日均线处于下行态势，10 日均线上穿后出现一波行情的案例。从筹码稳定性的角度考虑，这种状态下股价变化较为复杂，交易者需要分析的技术因素更多。

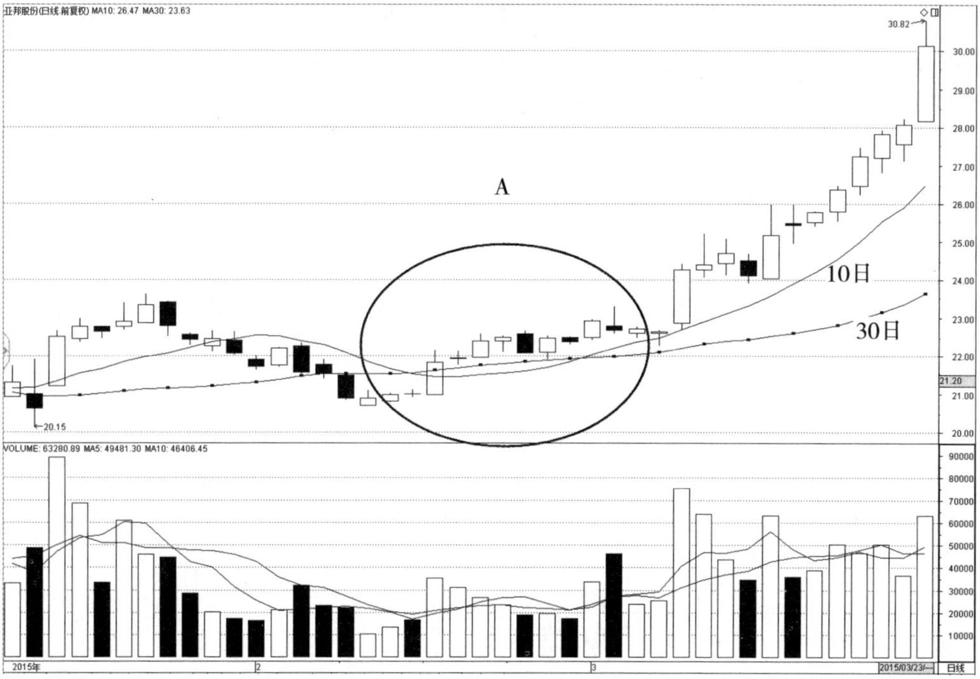

图 1–24

5. 升势休整

上涨趋势中，30 日均线回落触及或向下交叉 60 日均线，随后又向上交叉 60 日均线。之前回落过程中无量运行的股价开始加大换手率，K 线低点逐步抬高，此后均线系统形成多头排列，即为升势休整形态，后市大多会有一轮强劲的上攻行情。

如图 1–25 所示，该股升势途中 K 线出现震荡调整，A 点 30 日均线向下交叉 60 日均线，随后又向上交叉 60 日均线，之后上涨行情进入到新一轮上行阶段。

当股价上涨趋势运行一段时间后，会累积一定数量的盈利盘。随着股价越升越高，这些盈利盘也会迅速扩大和增加，同时其兑现的欲望越来越强烈，这些浮筹就是股价上升途中的不稳定因素。

通常情况下，这时股价就会出现一段时间的回落调整，意在清理过多的盈利盘并借机提升市场的平均持仓成本。这个清理过程的长短，一般以30日均线向下交叉60日均线，随后又向上交叉60日均线为主要观测基准。当K线再度回归均线系统之上时，则意味着清理过程最难熬的阶段已经结束。

图 1–25

6. 打破僵局

股价长期大幅下跌之后，均线系统呈现黏合状态， K线以小阴小阳和星线的形式长期在均线系统附近上下小幅波动，时间一般持续半年左右，成交量能稀疏。如果此时突然出现带量大阳线，一举突破黏合状态的均线系统，则意味着价格将打破底部运行的僵局。

如图 1–26 所示，该股维持缓慢下行的格局达 5 个月以上。至 A 点股价突然爆发，以涨停板突破僵局，短时间内股价迅速拉升。类似图 1–26 中的个股形态，只是说明底部或低位沉闷的格局被打破，并不一定就会迎来牛市性质的反转行情，但短期出现较大幅度弹升的概率还是比较大的。

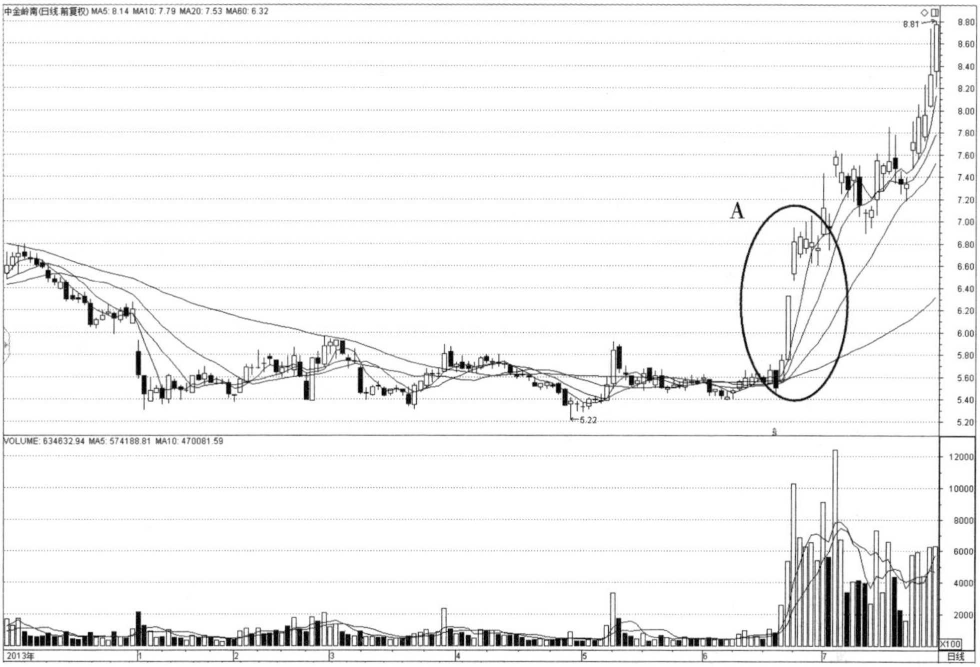

图 1–26

7. 长逆短顺莫恋战

股价经过持续下跌后，止跌企稳并重新开始上攻。但是上攻至下行态势的 120 日均线时便遇阻回落，回落至 20 日均线时又再度开始上攻。随着 20 日均线的不断上移和 120 日均线的下移，股价的波动空间日渐狭窄。若股价长时间不能有效突破 120 日线，同时股价出现放量滞涨或换手率渐次收缩的情况，则意味着短线的攻击力正在消耗和减少，20 日均线的支撑力道必定难以承受上方的压制，下跌将很快到来。

如图 1–27 所示，该股处于下跌趋势中，行情多次反弹都在 120 日均线附近终结。20 日均线上移和 120 日均线下移导致股价的波动空间日渐狭窄，弱势反弹在此处终结也就顺理成章。对于这种下跌趋势之逆水行舟形态个股的反弹行情，交易者即便参与低吸，当股价接近 120 日均线出现滞涨迹象时，也应及时清仓出局。

图 1–27

8. 高位横走须谨慎

在长期大幅升势过后，均线系统在高位区域相互缠绕，横向运行，K 线大起大落，成交量参差不齐，这时应小心升势发生扭转。

如图 1–28 所示，该股大幅上涨后，股价出现大幅波动，同时均线系统开始出现缠绕和整体横向运行的情况，之后开始转势下跌。在高位均线系统出现类似的形态，交易者应放弃做多并及时减仓，以避免之后股价发生大幅回落。

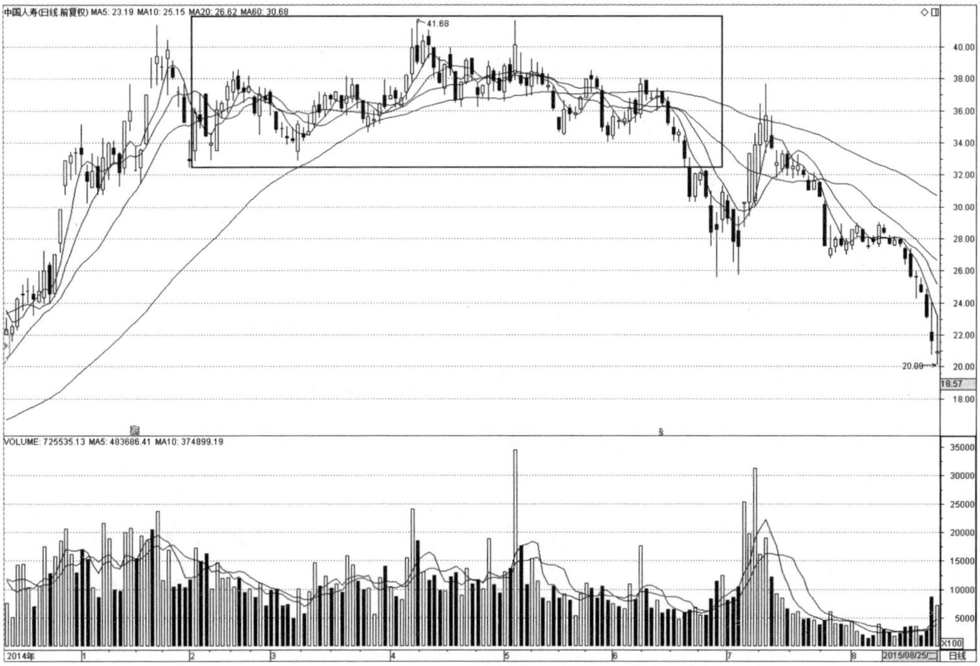

图 1-28

当均线如丝一般顺滑的时候，股价的运行状态一定正处于旺盛期。当均线乱成一团麻的时候，行情必然处于调整期。均线可以帮助交易者抉择买进还是卖出，还可以让人懂得无论是均线还是心绪，“乱的时候”就应该休息。

三、技术指标

对于技术指标的认识，通常存在两种极端：一种认为技术指标毫无作用，另一种则将技术指标神化。其实，这两种认识都存在偏颇之处。

公允地讲，技术指标只是一件工具。同样的技术指标，在一部分人手里是获取盈利的工具，在另一部分人手里却成为自戕的凶器。之所以出现不同的结果，原因在于使用者自身，不能归罪于技术指标。

技术指标只是一件工具，就像是钳子或者螺丝刀，在适合的条件和对象上才能发挥作用。用螺丝刀去绣花，不管多么用心和刻苦，都难以取得理想的效果。在交易市场上，某些技术指标能够显示出行情的细微变化，但却并不能百分之百准确地告诉你应该买入或者卖出，因为那是交易者需要做的工作，并不是技术指标的工作。

布林线指标发明人约翰·布林格曾说："没有一套技术分析系统能自始至终发挥作用。为什么呢？道理很简单，任何分析体系都有它的时效性和地域性。现在有效的分析系统，过一段时间就可能失效。这个市场中很有效的分析系统，一旦放在另一个市场，也许就不适用了。"

就是因为技术指标存在适用性的问题，导致一些人在交易中套用技术指标而发生亏损，于是从此认为技术指标对于交易并无任何作用。

曾经有人做过调查：你相信技术分析吗？答案具有很大的模糊性，大部分人模棱两可，个中原因无外乎技术分析的准确性。实战中，一些交易者可能会遇到这种情况：技术分析（技术指标）得出后市行情将趋于下跌，但实际上行情仍旧如火如荼地上涨。部分踏空行情的交易者由此对技术分析（技术指标）产生怀疑，甚至从此不再相信技术分析。

技术分析之所以存在诸多应用上的问题，原因在于以下两个方面。

（1）应用者漠视了技术分析（技术指标）的适用性和局限性问题，同时也缘于单一技术分析具有天生的缺陷。没有一个综合环境分析，尤其是在极端市场条件下，缺失心理倾向——情绪宣泄分析，那么得出的结论可以想象会有多大的偏差。

（2）对技术分析理解的深度不够。对于技术分析，至少笔者经历过从痴迷到弃之如敝履，再到推倒重来的过程。初入股市，对技术分析充满好奇，如牛饮般不加选择地吸纳所有相关知识。然而，知识的积累并未给实战带来翻天覆地的变化，甚至会因技术分析中的误判造成重大损失。2001 年的大熊市教育了很多人，也包括笔者！时光荏苒，时过境迁，从传统哲学的角度重新认识技术分析，忽然发现"世上没有不管用的工具，只有不会使用工具的人"。技术分析就是一件工具，使用者至少该弄懂它应用在什么地方。拿一把菜刀去拧螺丝，还说菜刀真不好使，这是菜刀的错，还是你的错？

无论技术指标是谁发明的，都必须把它变成“自己”的，因为交易者是为自己的交易来使用它。无论发明人为某项技术分析方法设定了什么样的规则，交易者都必须用自己的方法重新诠释。即便结果与发明人提出的规则相悖，请记住一点，实战中能够盈利的规则就是最好的，没有其他。

技术指标不是万能的，也不是放之四海而皆准的真理，对于股票基本面的并购重组、突发自然灾害等，更是无法预测。突发某些意外事件时，技术指标还会因为钝化而失去参考意义。如果投资者过分神化技术指标的作用，一味死抱着技术分析理论、数据来按图索骥，追求所谓的神奇作用，往往会跌入主力设置的陷阱。在理解和掌握技术指标的应用方法时，既不能神化，也不能全盘否定，仅把技术指标定位于一种交易参考、交易工具即可。只有认识到这一点，才能真正走出技术指标认识上的误区。

世界上没有任何一种技术分析手段，可以只依靠简单套用而不需要思考和理解就能在交易市场中获取大利。交易市场是人与人之间智慧博弈的角斗场，赢家永远是勤于思考、善于辩证地看待问题的人。技术指标林林总总，限于篇幅，这里不可能深入探讨。有兴趣的读者，请参看中国宇航出版社出版的《玩转技术指标——九种技术指标精讲》一书。

四、盘口与分时图

在交易软件中，盘口上不停地闪烁的数据和蜿蜒的分时图曲线，并不像表面上看到的那么平淡无奇。在细节分析中，这些数据和曲线能够为交易者提供极为重要的交易依据和参考。

（一）基本术语

（1）盘口，个股买进、卖出多个档位的交易信息、成交回报等。

（2）买盘，主动买入资金的总称。

（3）卖盘，主动卖出资金的总称。

（4）全盘尽墨，指大盘指数和绝大部分股票都处于下跌的情况。

（5）洗盘，主力为吸筹或清理浮筹，主动造成股价大幅波动，以便为今后拉升做准备。

（6）砸盘，一是主力的主动砸盘，目的是为了洗盘或者压低价格出货。另一种是主力机构或者庄家之间的博弈行为。

（7）护盘，指资金在市场低迷时主动或者被动买入股票，以维护股价稳定为目的的行为。

（8）平盘，相比昨日收盘价，股价涨跌无变化或无明显变化，即平盘。

（9）高收，指当日收盘价高于前一交易日的收盘价。

（10）低收，指当日收盘价低于前一交易日的收盘价。

（11）高开，指股票当日的开盘价高于前一日的收盘价。

（12）低开，指当日开盘价低于前一日收盘价。

（13）平开，指当日的开盘价与前一日的收盘价相同。

（14）盘整，指股价遇到阻力或支撑，围绕该阻力或支撑进行上下波动。

（15）跳空低开，指当日开盘价格低于前一日收盘价，在 K 线图上留有跳空缺口的现象。

（16）跳空高开，指当日开盘价格高于前一日收盘价，在 K 线图上留有跳空缺口的现象。

（17）跳空缺口，指当日开盘价格高于前一日收盘价或当日开盘价格低于前一日收盘价，并留有空白的交易区域。

（18）跳水，指股价在短时间内快速大幅下跌。

（19）扫盘，指主力大幅度通吃卖盘上的筹码。

（20）杀跌，指在股价下跌时因恐慌或其他目的而顺势抛出股票，从而使股价继续下跌。

（21）试盘，是指主力通过买入或者卖出股票，来测试某股票的筹码分布情况。

（二）开盘前的竞价

集合竞价，是指在规定时间内接受的买卖申报一次性集中撮合的竞价方式。集合竞价期间未成交的买卖申报，自动进入连续竞价。证券竞价交易按“价格优先、时间优先”的原则撮合成交。

（1）每个交易日的 9:15—9:25 是集合竞价时间。

（2）每个交易日的 9:15—9:20 可以挂单也可以撤单。有些个股的主力在 9:15—9:20 期间虚挂大买单来拉高价位，以吸引眼球，然后在 9:20 之前突然把买单撤掉。那些来不及撤单的跟风资金，就会在这个期间被迫成交。交易者对目标个股集合竞价期间的挂单数据，需谨慎、细致地分析，也许能够发现主力当日的一些操作企图。

（3）每个交易日的 9:20—9:25，则只接收申报，不能撤销申报。想撤单必须在 9:20 之前完成，否则只能等开盘之后了。

（4）集合竞价是以价格优先、时间优先原则撮合交易。如果要确保集合竞价阶段成交，那么最好在接近 9:25 时，申报一个比即时报价有价格优先权的价位，以确保成交。

（三）早盘与尾盘

集合竞价过后的 9:25，开盘价就已经出现。开盘分为高开、低开、平开，这三种开盘形式对于早盘股价运行的影响各有不同，而且其中还有较为复杂的成因。分析和判断这些细枝末节，对于交易者把握早盘股价运行趋向有极为重要的作用。

1. 早盘

（1）高开。

①事件驱动型高开。由于受到利好消息或政策的影响，所以市场资金在竞价阶段就踊跃竞买，使得股价高于前一交易日收盘价开盘。这种类型

的高开，主要看开盘后的交易过程中，资金是否能够持续流入并推动股价稳定上升。一旦做多资金后续不济，或遭遇主力趁机出货及故意打压，往往会形成高开低走的局面。

②主力驱动型高开。主力主动参与竞价买入，促使个股开盘高开。这种高开大都有较好的延续性，尤其是控盘程度较高的个股主力。高开高走且价升量增，则个股有冲击涨停板的潜力。这种走势谨防主力诱多出货，要结合股价所处价位高低以及主力拉高有无出货迹象等综合判断。

③市场随机型高开。开盘一般没有大单的成交数据，或开盘时几个价位挂单上较为稀疏，表明参与集合竞价的大多为市场上的零散资金。通常来说，这种开盘形式如果主力不在盘中参与的话，那么门庭冷落的局面不会改变，股价很难有较好的表现。

（2）低开。

①事件驱动型低开。突发的利空消息或事件，促使一些人在开盘竞价阶段不计成本地低价抛售，导致股价低开。出现这种情况时，要看消息和事件对个股的实质性影响程度。如果仅是受大盘下跌的波及，则低开高走的可能性较大。

②主力驱动型低开。个股主力主动参与竞价卖出，导致开盘低开。这种情况的低开除非主力当日诱空，否则低开低走几乎已成定局。

③市场随机型低开。一般在无主力参与或主力参与程度较低的个股中比较常见。无方向感的低开走势飘渺且弱势明显，不是短线关注的对象。

（3）平开。

平开是指开盘价格和昨日收盘价格一样，这种情况说明市场资金对目前的大市或者个股行情持观望态度。没有方向感的平开，大多数是市场随机的结果，主力未主动参与。但开盘平开不等于说主力盘中不准备参与，开盘后可细心观察盘中有无主力的运作迹象，再适时而动。有时候一笔大成交单突然出现，会搅动一池春水，使股价开始蠢蠢欲动。这个大成交单如果是主动性买单，并且在接下来的几分钟内连续出现较密集的买单，则股价当天可能会有较为理想的表现。

2. 尾盘

所谓的尾盘，通常是指每个交易日进入到14:30以后的这个时间段。尾盘的表现直接影响到接下来的收盘价，所以尾盘大多具有主力驱动型、消息驱动型、市场随机型的特征。而尾盘的异动，主要是由主力驱动型和消息驱动型造成的。在尾盘这个时间段，大盘以及大部分个股当天的大体走势已基本确定，交易似乎已进入“垃圾时间”。某些有所图谋的个股，往往会在这个时间段启动“秒杀眼球”的行动。

尾盘异动主要包括以下两种形式。

（1）尾盘拉升。

尾盘拉升，可以肯定是主力驱动型或消息驱动型的结果，但是尾盘飙升表达的技术含义却不尽相同。尾盘飙升，并不必然意味着下一个交易日就会上涨。

①试盘及上涨的前奏。个股全天表现疲软或下跌，尾盘却突然出人意料地直角拉升，冲击力很迅猛，但随后又开始回落，甚至可能回落到启动拉升的位置。这种方式的拉升，大多是主力的一种试盘动作，并不代表次日一定会上涨，但起码说明该股有主力正在积极运作。

短线交易者分析盘口数据，一般有两种情况：其一是通过盘口数据来甄选强势个股。其二是通过盘口数据来印证目标个股的短期强弱度，以进一步确认起涨结构的构筑是否完备。无论是哪一种情况，有一点必须明确，仅凭盘口数据或分时异动，没有其他技术分析作为保障，不可盲目做出买入或卖出的交易行为。

尾盘劲升和成交量汹涌澎湃，如果出现在不被人关注的某只股票上，那么在没有消息刺激的情况下，大多是主力大幅拉升的前奏。这种股票尾盘的拉升幅度一般都相当惊人，甚至会出现从跌停到涨停的极端形式。

主力选择尾盘拉升这种方式有多方面的考虑：其一是利于短时间内迅速脱离启动低位，做高次日开盘价。其二是勾起市场资金的好奇心，吸引尾市和第二天的跟风盘参与助涨。其三是尾市拉升既节约成本，又能起到良好的造势效果。

②护盘及出货的前奏。跌势最凶悍的阶段，主力的日子也不好过，其往往会利用尾市瞬间的急速拉升来护盘。相对来说，这样做比较节约护盘成本，另外可以利用股价大幅急升的气势吸引跟风资金，寻找减仓机会。

（2）尾盘大跌。

尾盘大跌，大多是主力驱动型或消息驱动型因素引发，其中分别具有不同的技术含义。

①上涨前奏。个股全天运行状况都很平稳，但临近尾盘突然出现急速下跌。如果个股股价处于长期下跌的低位或上涨趋势正常运行期间，这种尾盘下跌大多是以制造恐慌情绪、引发抛售为目的。

主力制造恐慌性尾盘大跌的特点：其一是股价在相对较低的位置。其二是短期内未经大幅拉升，有明显的底部结构。其三是成交量未出现异常，股价未跌破关键价位。

②出货。在上涨趋势末期，行情震荡频繁，但整体趋势尚未出现明显转折，个股主力往往借助尾盘暴跌减仓。大部分交易者仍然秉持牛市思维，对于个股尾盘的大跌不以为意，习惯性地认为每次大跌都是加仓买进的机会。主力借助大多数人的这种心理倾向，运用尾盘大跌的手法，可以将获利筹码轻松转移到尾盘追买的人手中。

（四）挂单与成交回报

1. 挂单

通过交易软件可以看到盘口几档买卖盘，大多是买单 5 档，卖单 5 档，一些软件还提供 10 档买卖盘挂单信息。实战中，无论是 5 档还是 10 档，都是市场主力想让你看到的内容，不想让你看到的，即便是 20 档你还是看不到。

其实显示 5 档买卖盘口已经足够。就像阵地的最前沿，最能显示两军交战情况的，是激烈交锋还是胶着对峙。买卖盘口上前三位挂单和撤单情况，最值得大家分析研究。

例如，某主力当天有一个阶段性减仓计划，盘中交易时间主力在买一上挂单 2000 手，其他交易者挂出买单 500 手，这时买一上挂单显示为 2500 手。主力随后撤掉 2000 手买单，随后再挂 2000 手买单，这时买一还是保持着 2500 手挂单，买单数量并无变化，但其他交易者挂出的 500 手买单排在前面，必然先于主力成交。频繁运用类似挂单再撤单的手法，主力完全可以轻松减掉需要减掉的仓位，并且通过买盘挂单不断有大买单出现的假象来稳定市场情绪，避免引发恐慌盘大批出逃。

这里所举的例子，只是异常挂单中的一个简单片段，意在使交易者举一反三，在实战中学会读懂盘口数据，抓住其中隐藏的主力行为和真实含义。

2. 成交回报

上文提到过，实战中，无论是 5 档还是 10 档盘口数据，都是市场主力想让你看到的内容。不想让你看到的，即便是 20 档，你还是看不到。那些不想被市场看到的交易数据，通常称为隐性买卖盘。

实战中，如果交易者发现成交回报中出现一些大单，而买一和卖一的挂单却没有明显的变化，那么就说明可能存在隐性买卖盘。

在行情火爆的时候，会有很多交易者主动追买，其买入价往往高挂到卖四、卖五的价位，大多立即就会成交，不会显示在买盘挂单的行列。同样，行情暴跌时也会发生相似的情景。这类主动性追高或杀跌的挂单交易，并不属于隐性买卖盘的范畴。隐性买卖盘的定义应该是，未出现在盘口几档买卖盘挂单中，而是仅仅在成交回报中可以看到的主力成交数据，即隐性买卖盘主要是指主力不想被市场觉察到的一些交易行为的总称。

隐性买卖盘形式多变，不一而足。这里以隐性买卖盘中较为常见的一种形式，即突发性大单举例说明。

盘口数据中，突如其来的大成交单所带来的股价瞬间飙升或急速下跌，并不意味着都是交易的机会。主力出于运作的需要，往往会利用这种突发性大单造成股价飙涨或急速下跌的场面，诱惑或恐吓交易者跟风，以便趁机达到自己减仓、震仓等目的。

如图 1–29 所示，该股早盘高开后成交密集，股价略经震荡便被汹涌而来的大单直线拉起。这种突发性大单最吸引眼球，更为短线追高者青睐。但早盘的突发性大单消失后，股价在 10:30 前后逐波回落，尾盘更是出现放量杀跌的情况。由此可以判定早盘所谓的大单，只不过是主力资金的一次诱多行为。

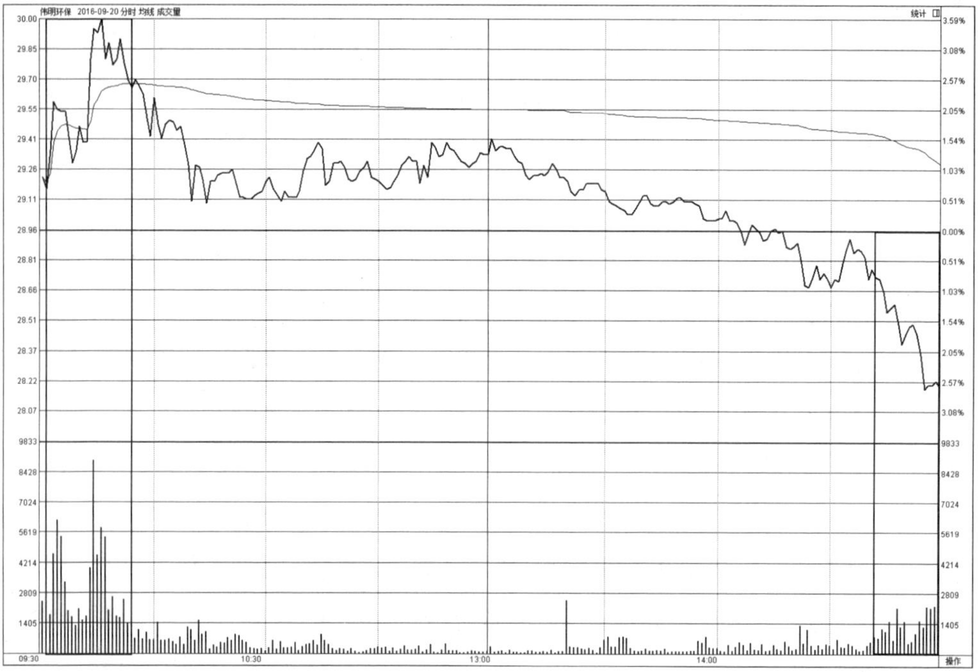

图 1–29

主力不想让我们知道的，往往是真相。

在盘口的判断中，甄别隐性买卖盘，对于交易者的操作有极其重要的参考作用。比如，某主力想通过对倒来拉高股价，制造量价配合良好的假象，有的就会采用隐性买卖盘的方式。当主力拉高股价后，在出货时，为避免引起市场交易者的恐慌，会利用成交回报的时间差，将大的卖出单和小的买入单撮合成一笔大的买入单出现在成交回报里。

这样做不但不会引起交易者的恐慌，还会制造大单买入的假象，欺骗性极高。一些交易软件会将这些数据统一计入买方数据，所以对一些交易软件或网站提供的主力买入与卖出统计数据，交易者不可过于迷信。

甄别隐性买卖盘最简单的方法是：当成交回报里出现连续性的成交大单时，观察股价变化的方向和是否具有持续性。如果连续出现大买单，股价却原地踏步或开始下跌，就应该明白这可能是隐性买卖盘在作怪。

（五）龙虎榜

所谓龙虎榜，是指当日整个市场中所有股票的涨跌幅排名。在大多数软件中，交易者按下61或63数字键，就可以看到沪深两市的涨跌幅排名。涨跌幅排名能够较为直观地反映出当日整体行情的强弱度，以及某些板块的异动表现。

具体来说，龙虎榜在实战中主要起到如下作用。

（1）查看龙虎榜中涨跌幅排名靠前的个股是否有热点板块特征，如存在明显热点板块，应及时评估其对行情的影响，并关注其中的领涨个股。在行情运行到一些特殊时期时，热点板块的涨跌对于整体行情的发展具有极大的影响力。

交易者需要注意一点，热点板块并不等于热门板块。热点板块在尚未被市场充分认可之前，其对市场行情的影响力很有限。当热点板块为市场所认可，就成为热门板块，其对行情的影响力才会发挥出来。

（2）分析龙虎榜涨跌幅排名靠前的是大盘股还是小盘股，以确定当日行情的性质。市场存在“二八”跷跷板的运行特点，当大盘权重股启动时，小盘股往往偃旗息鼓。当大盘权重股下跌时，存在两种变数，即有的时候小盘股转而开始活跃，有的时候市场整体一起下跌。区别大盘股和小盘股比较简单，看其总股本或流通股本大小就可以了。

（3）分析龙虎榜中涨跌股票家数对比，预测大盘当天走势的强弱，确定当天是否适合进行交易。这种分析方法尤其是在行情处于极端运行阶段，能够及时发现行情转折的迹象。比如，某日涨停板家数为 50，跌停板家数为 0，下跌幅度超过 –7% 的个股寥寥无几，那么当时大盘行情即便处于跌势中，也很难出现暴跌，反而转跌为升的概率相当大。

（六）分时图

分时图有三条线，即收盘线、均价线、股价线，这三条线是分时图的构成要素。

收盘线，是指以前一交易日收盘价为依据所画的横线，若股价低于这条线，则表明当日股价在下跌，高于这条线则表明股价在上涨。

均价线，即以股票即时成交的平均价格为基点画出的一条曲线。

股价线，即以即时成交的股价为基点相连而成的一条曲线，也是最能反映股价即时变化的一条曲线。

1. 分时图基本研判法则

（1）当股价线持续在收盘线、均价线上方运行时，表明市场预期较好，多方力量不断增加，当天介入的大部分交易者都有盈利（见图 1–30 中 A 点）。当股价持续在收盘线、均价线下方运行时，表明市场预期较差，很多人正在陆续卖出，当天介入的大部分交易者都亏损（见图 1–30 中 B 点）。这一分析法则是分时图分析的基础知识，便于初学者了解分时图的架构，所以并没有加入成交量等分析因素。

（2）当均价线从低位跟随股价持续上扬时，表明市场多方人气有所回升，市场资金开始尝试买入，市场平均买入成本不断抬高，这时均价线对股价形成较强支撑。股价上扬至收盘线时，如果收盘线没有对股价形成压力，则说明股价处于强势状态，上涨仍将延续。股价突破收盘线后，除非直线拉升的强势股票，一般都有回探收盘线以确认支撑的动作。确认收盘线有较强支撑后，股价将进一步扬升。见图 1–31。

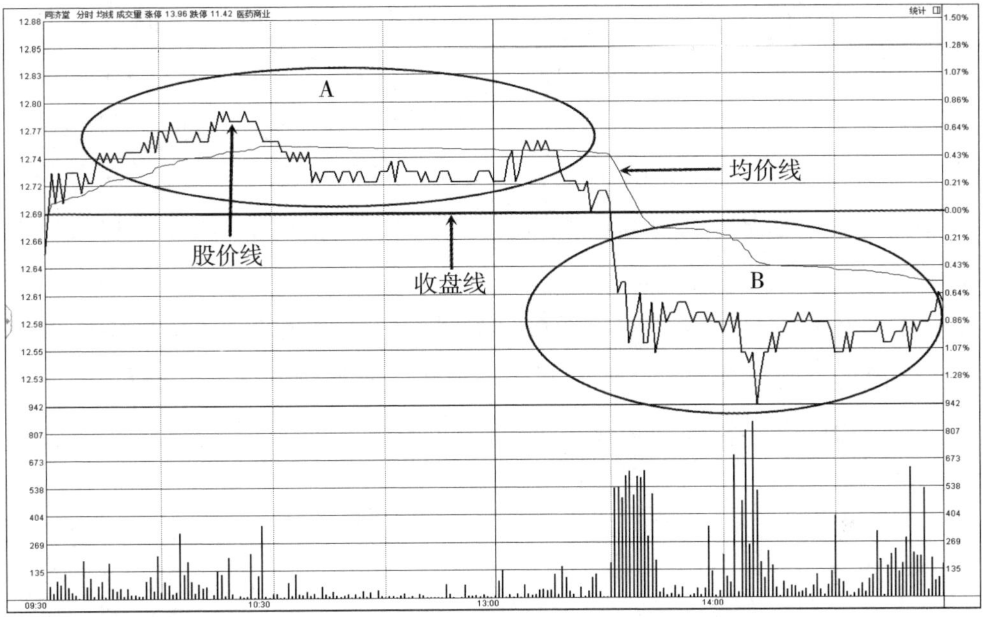

图 1-30

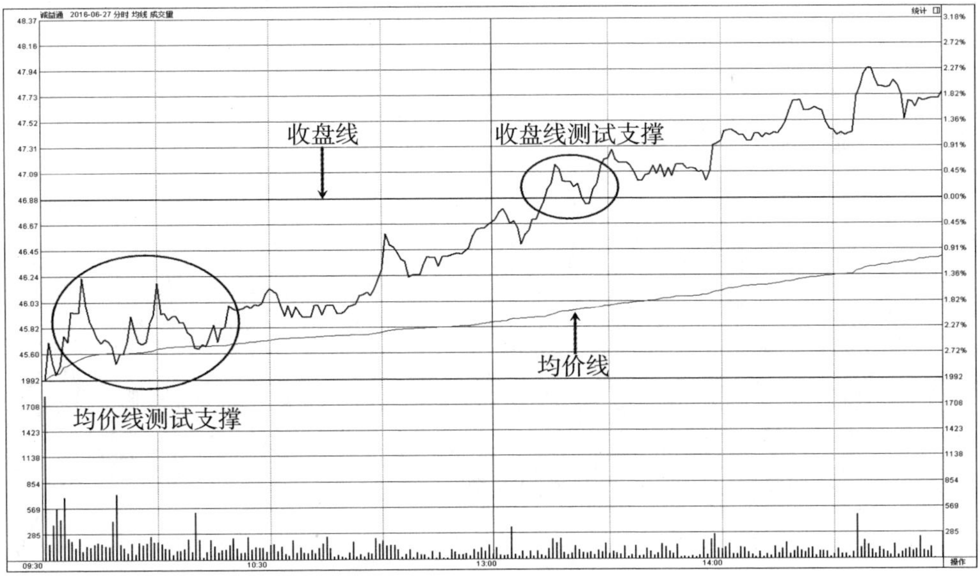

图 1-31

（3）当股价急速上涨，与均价线瞬间出现较大乖离时，接下来市场追涨意愿会出现衰竭，股价可能面临调整。当然，股价调整并不意味着之后不会继续上升。如图 1–32 所示，A 点股价以接近 90 度角向上飙升至 8% 以上，而这时均价线仅在 2% 左右的位置，二者的瞬间乖离达 6% 左右。当市场资金不愿意持续在高位追涨时，股价随之而来的回落整理也就顺理成章。

需要注意的是，实战中，强势个股股价急速上涨，与均价线瞬间出现较大乖离后，有可能出现涨停封板的情况。这种情况与图 1–32 所示的回落调整，区别仅在于买入资金是否具有持续性。

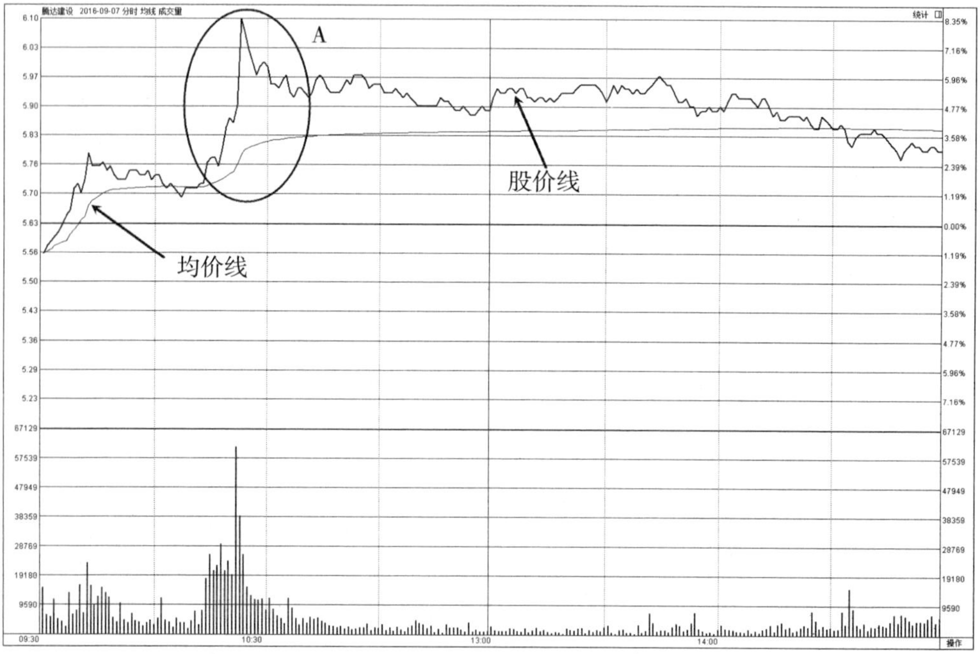

图 1–32

股价急速上涨，均价线紧紧跟随，二者乖离逐步增大，则股价后市保持强势状态的可能性较大。见图 1–33。

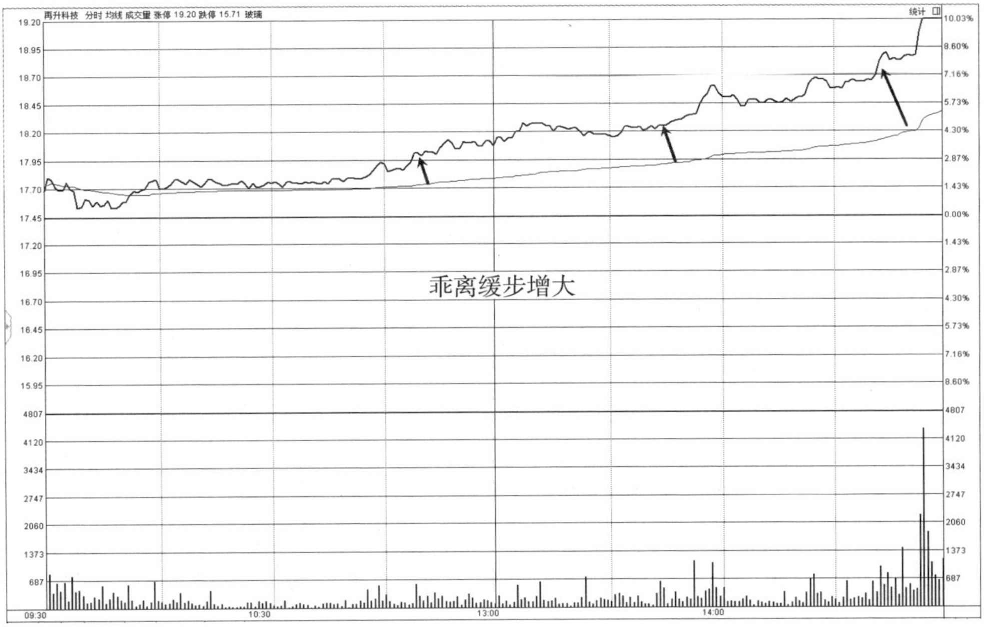

图 1–33

（4）当股价持续下挫，均价线紧紧跟随时，说明市场兑现离场愿望较为强烈，股价仍将继续下跌。当股价维持下跌，均价线已经走平，此时二者乖离较大时，股价有可能发生反弹。

如图 1–34 所示， A 点股价和均价线之间乖离过大，股价虽然下跌，但均价线已经出现走平，显示盘中跟风杀跌意愿已经减弱，之后股价跃上均价线展开反弹。应用这条法则时，关注的重点在于 A 点情况出现后，成交量是否出现持续放大和明显增加。如果成交量未能出现积极变化，那么股价即使出现反弹，力度也会很弱，触及均价线或收盘线之后再度转跌的可能性很大。

（5）股价线稳定在均价线、收盘线之上横盘或微幅波动，则之后发力上涨的可能性大。如图 1–35 所示，该股开盘后迅速收复均价线和收盘线，之后在均价线和收盘线的支撑下小幅波动，午后股价迅速拉升。实战中，这种方式的股价横盘，其波动幅度越小越好，且波动低点以不触及下方均价线为最理想的形态。拉升过后，成交量应整体大于横盘波动期间的量值。

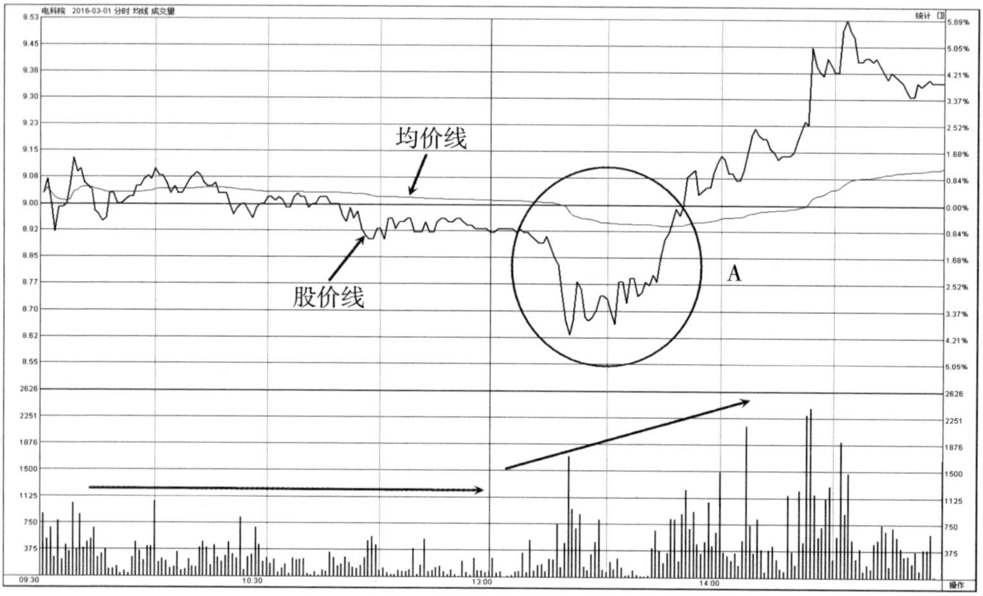
电科院 2016-03-01 分时 均线 成交量
均价线
股价线
A

图 1–34

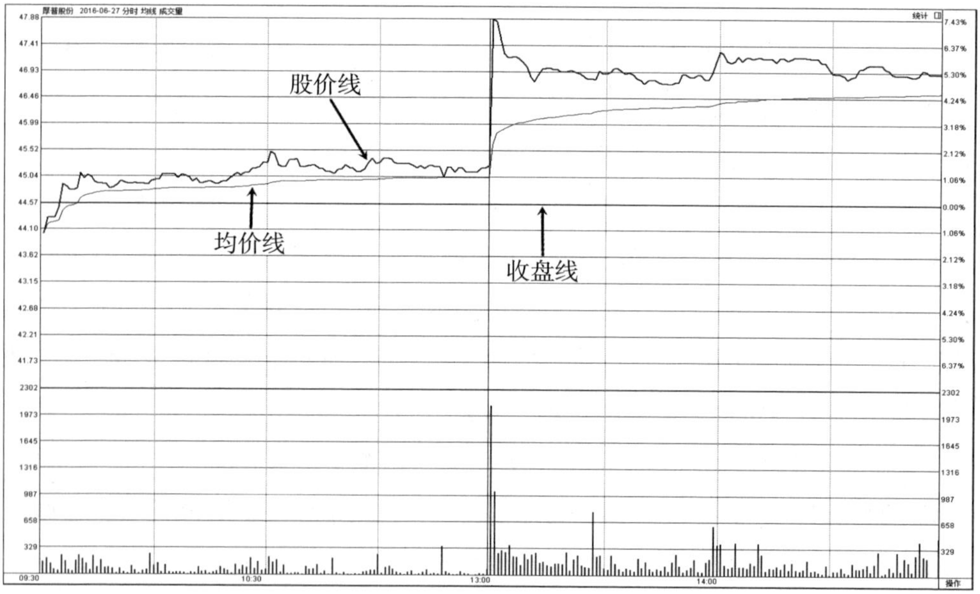
厚普股份 2016-06-27 分时 均线 成交量
股价线
均价线
收盘线

图 1–35

收盘线、均价线、股价线从上到下依次排列，股价线受到双重压力，股价线每次触及上方的均价线都会发生回落，则之后股价跳水的可能性大。如图 1–36 中，该股低开后无力突破收盘线的压制，随后回落至均价线和收盘线以下，显示股价处于弱势形态。之后股价横向震荡，数次试图向上突破收盘线和均价线，但在没有成交量的配合下无功而返。实战中，股价数次向上突破收盘线和均价线受阻，成交不能持续放大，则随着股价渐渐向下脱离均价线，后期发生跳水的可能性很大。

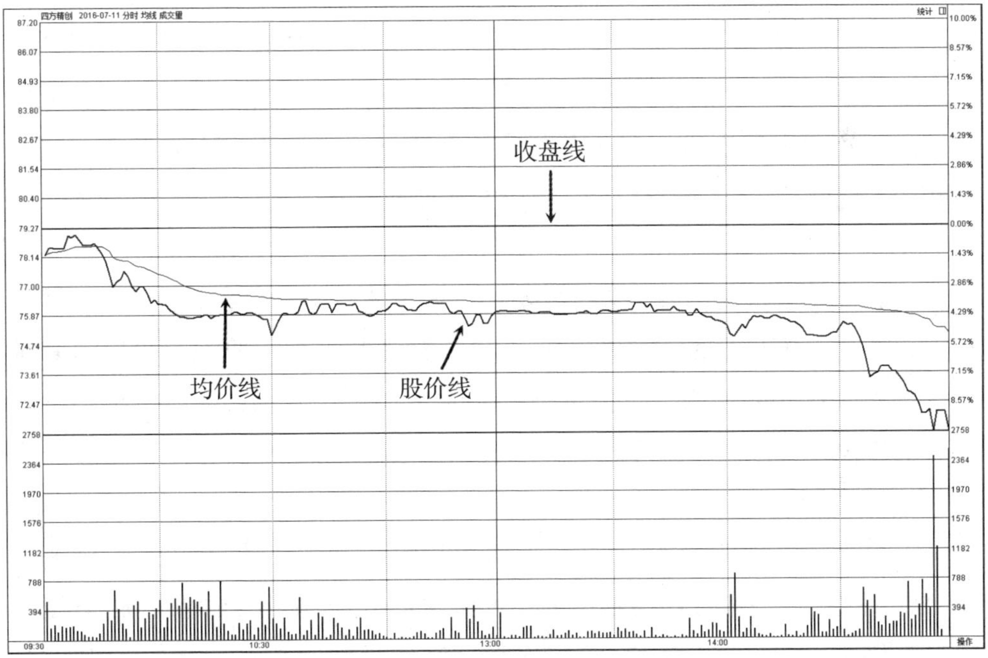

图 1–36

2. 分时图形态分析

（1）震荡盘升。

震荡盘升形态是指个股依附均价线的支撑，一路震荡上涨。如果个股不是处于股价的高位区域，同时成交量既没有突放巨量，也没有极度萎缩，而是温和放大，则这种震荡盘升的形态将会持续。

（2）横盘突破。

该形态是指个股开盘后依附均价线或收盘线横盘运行，即使当日大盘出现跳水等不利现象，股价仍旧在均价线或收盘线附近徘徊，且成交量稳定，该股并不跟随大盘的波动改变方向。如果盘中出现较为密集的买单，那么这类股票一般会迅速上涨。

（3）急升后横盘。

该形态是指个股开盘急升之后转入横盘震荡，直至横盘报收或盘中再度拉高。在个股急升阶段，如果同时成交量出现异常放大的情况，则要小心主力的减仓动作。横盘阶段的成交量一般呈现逐渐萎缩的状态，直至再次拉高，才会再度放量。交易者需要注意拉高的幅度和放大的成交量是否匹配，大成交量小涨幅，往往是主力套现的表现。

（4）低点回升。

个股开盘下跌后回升，这时需要观察大盘的情况。如果大盘形势不妙，则主力虚晃一枪诱多的可能性大。如果大盘无虞，则主要观察股价回升时均价线和收盘线的压力、支撑情况，同时观察成交量能否同步放出。没有成交量的积极支持，股价的回升可能会半途而废。

（5）单边下跌。

该形态是指个股开盘后一路下跌。均价线在股价大幅下跌后出现支撑，但随着股价的再度下跌，均价线再次形成压制。分时图上成交量整体呈萎缩状，每一次下跌时的成交量，都比反弹时的成交量大。对于单边下跌的走势，不可盲目入场抢反弹。多日连续大跌之后，经过数次微量横盘，如果当日分时走势再次出现单边下跌，同时在跌势最猛的时候，成交量超过近几日最大值，那么可能随着恐慌盘的夺路而逃，股价将会迎来超跌反弹。

分时图形态分析是一个内容非常繁杂的领域，这里提出的一些分时形态分析仅供读者参考，意在抛砖引玉。

五、市场心理倾向

技术环境分析中，市场心理倾向是不可或缺的组成部分。无论是股票市场还是期货、现货市场，都是由人在制定交易策略，由人完成操作计划，而人的心理总是随着环境的改变而变化的。市场的大多数参与者对目前行情形成大致相同的认识，即为市场心理倾向。市场心理倾向可以是上涨的洪流，也可以是下跌的洪流。市场心理倾向形成后，对于单一方向的推动力极其惊人，任何资金都无法在其情绪宣泄期与之抗衡。

市场心理倾向是逐步发展，逐渐扩散的。随着越来越多的反倾向者放弃原有的主张，加入到市场主流倾向中来，最终汇聚的洪流达到了高度一致，市场开始进入情绪宣泄阶段，这时就会出现“涨必然涨过头，跌必然跌过头”的市场走势。正如投资大师约翰·邓普顿所说：“牛市在悲观中诞生，在怀疑中成长，在乐观中成熟，在兴奋中死亡。”

市场心理倾向具有萌发、成熟、情绪宣泄三个阶段。

（一）萌发阶段

处于萌发阶段的市场心理倾向是混乱的，或者说并没有形成市场主流认可的倾向，市场上存在各种对未来行情的预测或期待。反映到K线图形上，此时多呈现横盘震荡、小角度上升或下跌形态，趋势很不明确。

人的心理总是随着环境的改变而变化的。当外部技术环境发生明显变化时，市场认知倾向就会随之做出反应，但这种反应往往具有不可延续性。外部价格暴跌暴涨、忽上忽下的技术环境，势必让市场大多数参与者日益谨慎，减少操作，以观望的态度等待局势进一步明朗。

虽然大盘趋势并不明朗，但在有心人的眼里，却会发现总有那么一部分股票和大盘运行方向相逆。正如乱战之中，忽然冲出一哨人马，虽然数量不多，但旗帜鲜明，与众不同。这部分特立独行的股票，在对抗大盘趋向的干扰上极其顽强，总是能够摆脱大盘的影响，大盘涨，则其跌；大盘跌，则其涨。几番抗衡之后，这部分股票已卓立不群，自身趋向悄然成型。

随着越来越多的资金开始关注并介入到这部分股票之中，大盘趋向也会随之发生变化，二者之间由对抗渐趋一致。这时的市场心理虽未显露出明确一致的倾向，但已暗流涌动。就像第一个吃螃蟹的人尝到美味后大快朵颐，其他旁观的人虽未动手开吃，但也已经垂涎欲滴，蠢蠢欲动。

逆向而为，是交易者此时较佳的策略选择。对于逆向而为，应有一个正确和清晰的认识。逆向，不是指盲目与大市或行情趋势方向相逆，而是指与某一阶段的市场心理倾向相逆。比如，市场心理倾向处于萌发阶段时，在没有市场主流认知倾向的混乱状态下，关注部分趋向或趋势明确的股票群体，在大盘趋向和这些股票之间辨析出行情未来发展的轨迹。

（二）成熟阶段

这个阶段，K 线图形上行情整体趋向或趋势一目了然，上涨或者下跌趋向并无太大争议，市场心理倾向已经明确并被越来越多的人认可，但对行情未来走势的预期仍旧存在较大分歧。

在市场心理倾向成熟的阶段，对于反倾向者有一个逐渐吸纳、缓慢聚拢的过程，并非一下子得到所有人的认可。当行情出现大级别调整时，市场心理倾向仍会表现出一定程度的波动和反复。

交易者此时的策略应是顺势而为。必须明确一点，市场心理倾向并非总是处于错误之中，只有当倾向走向极端或处在混乱之中时，才是我们选择逆向而为的时间。在不同的市场阶段，交易策略有不同的选择。

投资大师约翰·邓普顿关于逆向投资有这样的名言："最悲观的时刻正是买进的最佳时机，最乐观的时刻正是卖出的最佳时机。"关于这句话，必须厘清一点，即所谓最悲观的时刻或最乐观的时刻，并非单指交易者个人的情绪而言，而是指市场主流心理倾向。个人情绪与市场主流心理倾向，并不一定每一时刻都完全一致。

市场中不乏以己度人者，以为自己恐惧别人也会恐惧，自己兴奋别人也会兴奋，于是生搬硬套逆向理论，将技术分析中的其他分析因素和结论弃之不顾，仅以个人情绪为依据揣摩预测行情运行的趋向。殊不知这样做已经进入逆向交易的误区，交易成绩可想而知。

逆向理论，既不是要求与大势相抗衡，也不是仅以逆反个人情绪为依据操作。我们常说，在行情最悲观时要藐视恐惧，逆向理论的精髓就是藐视恐惧。只有在大众都处于恐惧之中时才有作用，藐视恐惧必须按部就班才有底气。

（三）情绪宣泄阶段

情绪宣泄阶段的市场心理倾向是疯狂的，也是高度统一的。这个阶段，市场群体对于目前行情运行趋向和未来行情预期都处于高度统一的状态，市场各方争议较少，行情运行受到的阻力很小，在单一方向上呈快速运行的态势。反映到 K 线图形上，K 线往往表现为连续的阴线或阳线，成交极其密集，价格不断创出历史新高（低）或阶段性新高（低）。

情绪宣泄阶段是市场心理倾向走向极端的表现，“物极必反”这个成语，是事物运行规律的历史总结。极端情况下，危险和机遇是并存的，回避极端走势并不必然是最佳选择。在情绪宣泄阶段，股价容易出现超涨、超买或超跌、超卖的情况，这两种情况会给交易者带来短线做多或做空的机会。

此处有必要将超涨、超买和超跌、超卖的概念讲一下，有助于读者理解情绪宣泄在技术分析中的认定。

所谓超涨，是指股价短期内过度上涨，这种上涨超出大多数人的预期，人们对于股票价格的上涨心存疑虑。所谓超买，是指股价的上涨为大多数人认可，并且认为股价仍旧还会保持继续上涨的势头。这是二者之间最大的区别。

从这个角度来说，超涨的股票有可能继续维持上涨势头，即便遇到调整，仍旧存在“挖坑”后继续升势的可能性。但是超买的股票大多会遭遇“头部”，即便不是股价的最高点位，也大多离此不远。对于短线交易者而言，超涨的股票是中线追踪、短线回避的目标，而超买的股票应当坚决予以回避。

超跌是指短时间内股票价格超出人们预期的持续下跌，这种下跌往往是由恐慌情绪或其他意外事件引发的，短期内价格跌幅与跌速都极为惊人。超卖是指对某种股票长时间过度卖出，大多数人认为股价的下跌趋势仍旧还会继续保持，并且短时间内不会有起色。

和超涨超买一样，超跌和超卖也是具有等级区别的：超跌更多的是代表股价短期极限点位临近，而超卖蕴含的则是交易者心理承受极限到来。笔者认为，超跌是市场产生短中期反弹的主要动力，而超卖才是行情反转的催化剂。换句话说，只有市场失望情绪达到顶点时，才有可能产生重要行情的低点或转折点。关于超涨、超买和超跌、超卖相关的技术应用，请参看中国宇航出版社出版的《短线追涨与低吸技术》一书。

在情绪宣泄阶段，依据单一技术分析方法（不含市场心理倾向分析等），必然得出错误的结论，之后都会被狂暴的行情碾压得粉碎，这也是笔者强调技术环境分析重要性的原因。缺失分析因素的技术分析结论必然四处碰壁，缺失市场心理倾向分析的技术分析是天生的畸形儿。

例如，某交易者判断价格将在年线上止跌企稳并展开反弹，理由是经过技术分析，年线具有较强的支撑力度。但在实际行情运行中，价格总是轻松跌破年线并继续下跌，年线并未体现出技术分析中应有的支撑。发生这种情况时，往往会导致交易者惊慌失措，认为自己的技术分析结论是错误的，并放大对于下跌的恐惧感，认为行情将由此万劫不复，于是瞬间推翻之前所有的理性分析结论，加入到恐慌情绪宣泄的大军之中。然而不久之后，价格便止跌回升，重新回到年线之上，年线还是体现出了之前分析的较强支撑力度。

年线既然具有较强的支撑，那么之前为什么还会跌破？技术分析有效还是无效？这个问题让交易者疑虑重重，并在接下来的交易中不知所措。其实，交易者遇到的并不是技术分析有效还是无效的问题，而是技术分析因素缺失带来的问题。一句话，就是忽视了技术环境分析、市场心理倾向分析。尤其是在情绪宣泄阶段，价格的上涨或是下跌，往往都会轻易洞穿技术压制位或技术支撑位。但随着情绪宣泄过程的逐渐结束，这些技术压制位或技术支撑位的作用仍会显现出来，价格必然随之回归正常态势。

本章是 K 线以及交易的一些基础知识，对于刚入门的初学者来说，是必须掌握且不可或缺的部分，否则讲到 K 线出逃线与回归线理论时，可能在理解上会出现偏差。

任何技术分析方法都不是万能的，都不是百战百胜的。实战中，交易概率带来或造成的损失有时是无法回避的，但是正确的技术分析方法和灵活的交易理念，能够大幅度减少概率特性造成的损失。

正如 SAR 指标发明人威尔斯·韦登所说："我看待损失就如同商人看待费用一样，损失是做生意的成本。许多小的损失并不难理解，它们是交易商的生意费用。我控制损失运用最好的也是唯一的技巧，就是在交易前决定此项交易我最多能承受多大的损失。一旦我的仓位已经达到上限，我就定好损失限度，只有在对整个交易有利时才会做调整。我从不愿意承受重大的损失。"

第二章　K 线基础分析

前面介绍了 K 线的历史渊源以及和股票交易密切相关的知识点，本章将进入到 K 线基础知识部分，包括 K 线的构成、基本 K 线及 K 线组合的技术含义等。基础知识看似简单易懂，但掌握得不扎实，往往是交易者实战中错判 K 线的“短板”。基础牢固与否，直接决定实战中对 K 线理解的深度和广度。对于实战中 K 线出现的变化、变形，是否能够正确地辨别和确认，也在于基础知识的掌握是否牢固。

第一节　K 线构成与类别

合抱之木，生于毫末；九层之台，起于累土。无论多高的摩天大厦，也是从第一块砖、第一片瓦开始建造。学习 K 线技术，同样需要砌好“第一块砖”，基础的宽度和厚度决定未来能够达到的高度。

一、K 线构成

K 线由开盘价、收盘价、最高价、最低价四个部分构成。见图 2-1。

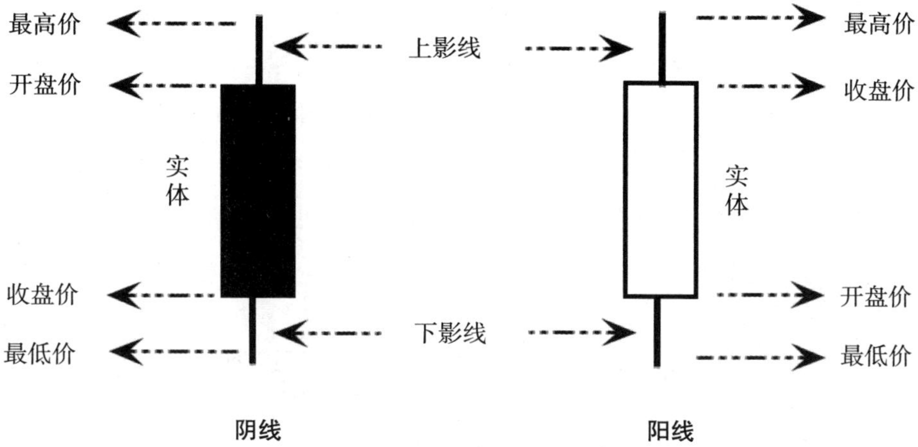

图 2-1

开盘价：当日（以日 K 线为例，下同）开盘价的价位高低，直接影响到 K 线实体的大小或价格的涨跌，是多空双方一天激战的开始。

收盘价：当日收盘价的位置，直接确定 K 线实体的大小或价格的涨跌，是多空双方一天激战的结果。

最高价：当日最高价是多方能够触及的价格区域，实体覆盖比上影线标示更能体现多方能量在这一交易时段占有优势。

最低价：当日最低价是空方能够触及的价格区域，实体覆盖比下影线标示更能体现空方能量在这一交易时段占有优势。

开盘价和收盘价之间的空间，即为 K 线实体部分。部分 K 线因开盘价和收盘价一样，所以实体为“一”字，比如一字线、T 字线、十字线等。

阴 K 线高于开盘价的部分为上影线，阳 K 线高于收盘价的部分为上影线，通常用一根向上的细线表示。阴 K 线低于收盘价的部分为下影线，阳 K 线低于开盘价的部分为下影线，通常用一根向下的细线表示。

上影线或下影线往往代表某一交易时段的最高价或最低价，但并不是所有的 K 线都具有上影线或下影线。有些 K 线开盘价就是最高价 / 最低价（实体覆盖），收盘价就是最低价 / 最高价（实体覆盖），所以并不具有上影线或下影线。比如，光头光脚大阳线或大阴线等。

T 字线、十字线的开盘价和收盘价处于同一价位，不具有明显的实体部分，仅有上影线或下影线。一字线较为特殊，其开盘价、收盘价、最高价、最低价都在同一价位，即不具有上影线和下影线，也不具有明显的实体。

二、K 线类别

根据当日（以日 K 线为例）价格的涨跌，K 线可以划分为阴线、阳线、平线。

阴线，是指当日收盘价低于开盘价的 K 线形式。

阳线，是指当日收盘价高于开盘价的 K 线形式。

平线，是指当日收盘价、开盘价处于同一价位的 K 线形式。

需要说明的是，上述三种 K 线形式都是以当日价格涨跌为基准进行划分的，并未对比上一交易日收盘价，所以阴线并不必然就低于上一交易日的收盘价，阳线也并不一定就高于上一交易日的收盘价，平线并不必然意味着相比前一交易日价格无涨跌。

如图 2–2 中 A 点所示，第一根 K 线为一字线跌停板，第二根 K 线为中阳线，但这个中阳线当天的收盘价并未超过前一交易日一字线跌停板的收盘价，所以虽是阳线，但股价仍旧低于前一交易日，当日价格仍旧下跌超过 –1%。

图中 B 点，第一根 K 线为中阳线，第二根 K 线为中阴线，但这个中阴线当天的收盘价并未低于前一交易日中阳线的收盘价，所以虽是中阴线，但股价仍高于前一交易日，价格当日仍旧上涨超过 2%。

图中 A 点第一根 K 线为一字线跌停板，当日收盘价、开盘价都处于同一价位，所以虽称为平线，但相比前一交易日却有 –10% 的价格跌幅。

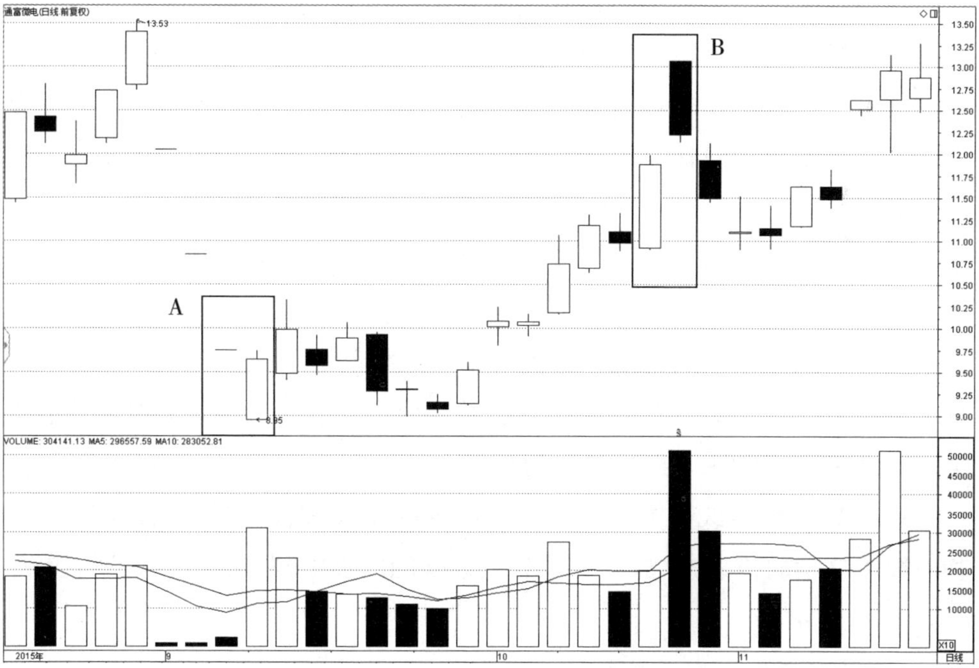

图 2–2

通过这个分类，能够更为清晰地理解K线本质和作用，以及K线之间关系的技术含义。如果不懂K线分析，仅仅关注股价的涨跌，那么如图2-2中A点第二根K线价格仍旧下跌超过-1%时，只会给你“不再跌停了，但仍在下跌”的感觉，但通过K线分析可以知道得更多。例如，连续跌停板之后，一根低开高走的增量中阳线，至少说明开始有资金积极关注并参与进来，由此可以提前做好交易的准备。

K线从时间上划分，可分为1分钟K线、5分钟K线、10分钟K线、15分钟K线、30分钟K线、60分钟K线、日K线、周K线、月K线等。这些K线选取标的时间周期有所区别，作用也存在不同。分钟K线反映的是股价超短期的走势，日K线反映的是股价中短期的走势，周K线、月K线反映的是中长期股价的走势。

1. 日K线

所谓日K线，是指一根K线的时间单位为一个交易日。日K线是最为常用，也最为人们熟知的K线类别。日K线反映的是价格中短期的走势，在应用上较为广泛，对短线交易、波段交易甚或是中长线交易都有一定的参考和分析价值。但日K线也最容易为主力掌控，是主力最乐于施展障眼法的K线形式。

通常来说，主力“做线”迷惑交易者，有两个时间段最关键：一是开盘，以高开或低开抑或是开盘瞬间打低、拉高等手法来控制日K线的起点；二是收盘，以尾盘瞬间打低、拉高等手法来控制日K线的终点，借以构筑日K线的整体形态，目的在于往自己希望的方向引导交易者判断和操作。主力刻意制造的这种K线也被称为骗线。

识别日K线骗线的方法较多，运用分钟K线进行分解识别，就是一种相对简单易学的技术方法。在K线分层透视的内容中，将就此深入分析讲解。

2. 分钟K线

分钟K线，是指一根K线的时间单位为分钟。例如，1分钟K线、5

分钟 K 线、15 分钟 K 线、30 分钟 K 线、60 分钟 K 线等。

分钟 K 线的优越之处在于，将较长时间单位（如日 K 线）进行分解后，能够较为详细地了解到当日交易的细节，有利于更好地分析判断主力运作的意图和轨迹。

如图 2–3 中 A 点所示，该股当日报收一根跳空高开且带有长上影线的中阳线。在日线图中，我们无法看到这根中阳线形成的整个过程以及其间多空争斗的具体变化，而这些都是 K 线分析的重要内容，这时就要借助分钟 K 线来帮助我们还原当时的情景。图 2–4 是这根中阳线的 1 分钟 K 线图，通过 1 分钟 K 线图，可以看到当天交易中多空交锋的整个场景。

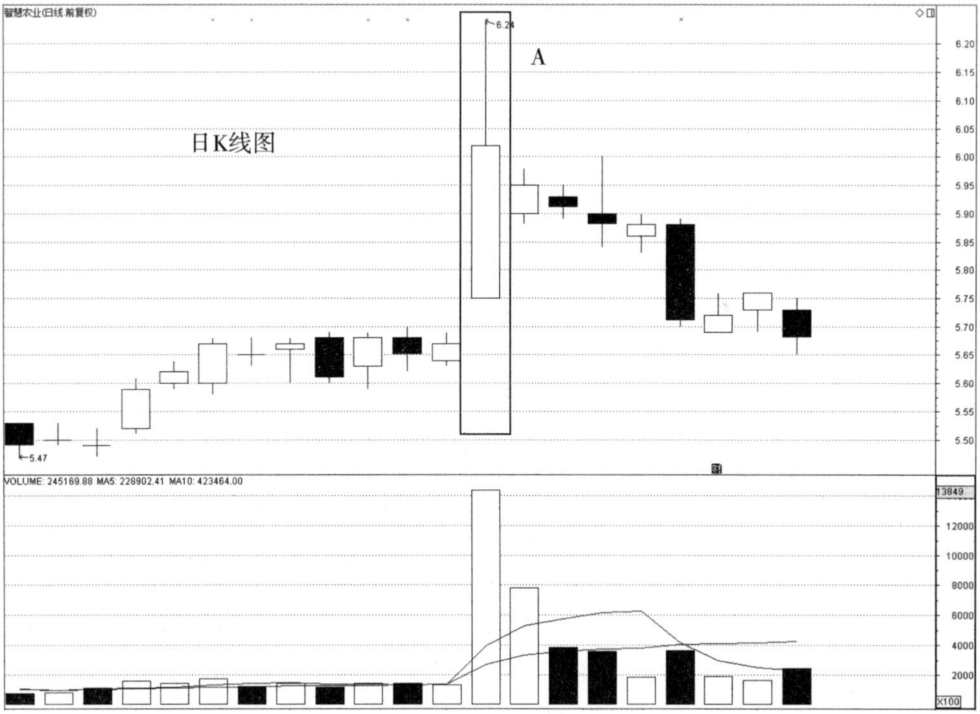

图 2–3

图 2–4

也许有人会说，当日分时图也可以还原交易中的变化。诚然，分时图作为技术分析重要的辅助手段，确实可以还原当日走势曲线，但和 K 线图相比，在显示多空力量对比、侦知主力轨迹方面要大为逊色。例如，通过分析图 2–4 中的 K 线变化，运用出逃线和回归线理论，可以大致推论出当日主流资金的动向。在分时图上，这些更为细致的分析根本无法完成。

分钟 K 线有其优越性，也有其缺憾处。正因为其细化了当日交易中的细节，反而可能使得部分交易者囿于价格的细微波动，更容易受到不良心态的影响，随之做出错误的判断。通常来说，分钟 K 线更适用于短线交易，便于及时发现价格短期买卖点。

3. 周 K 线、月 K 线

周 K 线、月 K 线，是指一根 K 线的时间单位为 1 周或 1 月。这两种 K 线主要用于中长线价格分析。

周 K 线、月 K 线因其时间跨度较大，主力“做线”的难度和成本较高，所以相对日K线来说，出现骗线的概率较小，因而这两种K线具有相对稳定、真实的优点。但是周K线、月K线的缺憾也是显而易见的，其对行情启动阶段的反应具有滞后的缺点。

通常来说，周K线、月K线主要用于对价格运行趋势的认定，同时对于日线级别的价格突破（向上或向下），能够提供支撑位和压制位的技术测试点。

第二节 重要的单K线

价格无论是冲高筑顶还是下跌探底，首当其冲必然是单K线最先反应，所以对于单K线的认识和理解程度，直接决定了交易者是否能够在第一时间把握机会。单根K线是K线技术分析的基础元素，有了单根K线，才能谈K线组合、K线形态等，认识和理解一些重要的单K线，是交易者必须具备的一项基本功。

一、大阳线及衍变形态

从形态上来说，大阳线是指开盘在最低价附近，收盘在最高价附近，实体较长的阳K线。实战中，某些个股因长时间交易低迷，其涨跌幅较微小，可能一根2%的K线在其K线图中都很显眼，颇类似中大阳线。对于交易活跃的个股来说，可能一根6%的K线在其K线图中都并不显眼，尤其是一些跳空高收的K线形体，看起来颇似中小阳线。

类似这种视觉上带来的误差，可能会给交易者的技术分析造成不利的影响，容易忽视真实K线形态应有的含义，造成分析判断上出现南辕北辙的失误。基于此，定义大阳线不应仅仅依据形态，还应有涨幅上的条件限制。

仅就最常用的日K线来说，限于涨跌幅制度，10%应是大阳线的极端表现形式。依此类推，3%以下涨幅的阳线为小阳线，3%～6%涨幅的阳线为中阳线，6% 以上的阳线为大阳线。

没有上下影线的大阳线，又称为光头光脚大阳线，这种类型显示多方具有压倒性的优势。部分衍变形态见图 2–5。

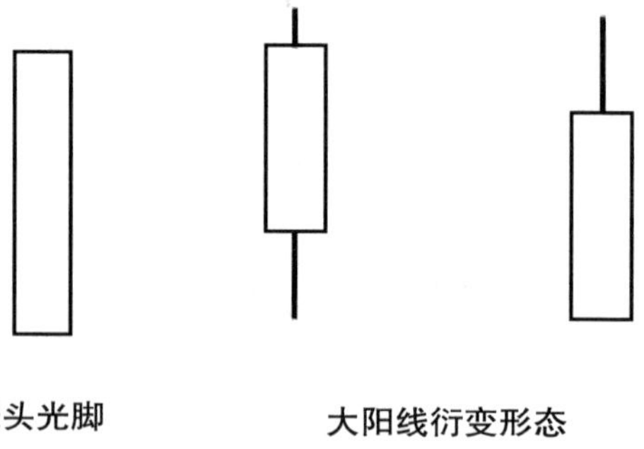

图 2–5

具有上影线的大阳线，显示多方虽然强势，但仍旧遇到空方较大的抛压，或多方主动后撤。

具有下影线的大阳线，显示多方有一个由弱转强的过程，如果这个下影线出现在尾盘，则可能意味着多方阵营并不稳固，后市存在变数。另有上下影线都有的大阳线，其意义与上述二者大同小异。

一些个股全天走势平淡无奇，尾盘突然拉升报收大阳线，这种具有偷袭性质的大阳线，多是受到消息面的影响或主力刻意操控，后期走势往往诡异多变。

大阳线在 K 线图中最显著的技术含义，就是代表多头极其强势，处于主导性地位。至于这种强势状态是否具有持续性，并不由这根大阳线本身决定，而是由这根大阳线所处的技术环境决定。

例如，大阳线如果出现在大幅度上涨之后的高位区域，那么往往是见顶信号，不但不会延续多头强势，还会成为多空转折点。如果大阳线出现在长时间或大幅度下跌之后，则意味着多方全面复苏并展开强势反击。

二、大阴线及衍变形态

从形态上来说，大阴线是指开盘在最高价附近，收盘在最低价附近，实体较长的阴 K 线。和大阳线一样，某些交易低迷的个股，其涨跌幅较为微小，可能一根 –2% 的 K 线在其 K 线图中都类似中大阴线。所以定义大阴线在参考 K 线形态的同时，还应有跌幅上的条件限制。

同样，就最常用的日 K 线来说，限于涨跌幅制度，–10% 应是大阴线的极端表现形式。依此类推，跌幅在 –3% 以下为小阴线，在 –3% ~ –6% 为中阴线，在 –6% 以上为大阴线。

没有上下影线的大阴线，称为光头光脚大阴线，这种类型显示空方占据主导性地位。部分衍变形态见图 2–6。

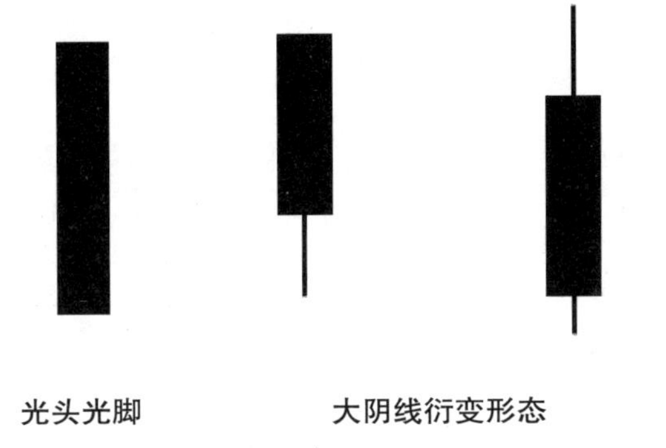

图 2–6

具有上影线的大阴线，显示多方虽然出现过抵抗，但仍旧完败于空方强大的抛压，或是空方虚晃一枪制造的多头陷阱，意在最大程度地绞杀多方力量。

具有下影线的大阴线，显示空方遭遇多方强烈抵抗，但空方阵营并不稳固，后市存在变数，或空方刻意为之，意在测试多方残存力量的多寡。

大阴线在 K 线图中最显著的技术含义，就是代表空头极其强势的状态和主导性地位。和大阳线相似，大阴线的强势状态是否具有持续性，并不由这根大阴线本身决定，而是由其所处的技术环境决定。

如果大阴线出现在大幅度上涨之后的高位区域，那么见顶信号的强烈程度远远超过其他 K 线形式。即使这根大阴线出现的价位不是顶部高点，也会是重要的、大级别调整的高点。如果大阴线出现在长时间或大幅度下跌之后，则往往意味着耗尽空方能量的最后一跌到来，多空转折可能就在眼前。

三、中阳、中阴与小阳、小阴

K 线实体部分的大小，显示了多空双方所占优势的程度。

K 线实体越大，越能明确哪一方占据优势地位。相反，K 线实体越小，说明双方力量对比越接近或处于蛰伏阶段，隐藏其中的力量待机而动。

涨幅在 3% ~ 6% 的阳线为中阳线，跌幅在 –3% ~ –6% 的阴线为中阴线。见图 2–7。

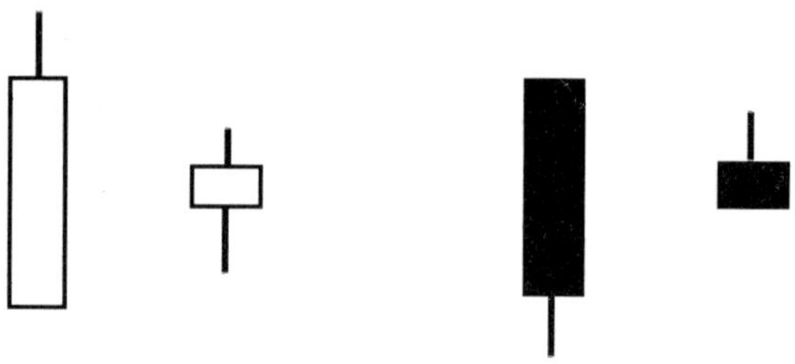

图 2–7

这两种 K 线的技术含义为，虽然其中一方占据相对明显的优势，但并不具有主导性地位，暂时失利的一方也并未彻底放弃反击，多空双方仍存有继续争锋的能量。

中阳线和中阴线，在 K 线图中具有趋向继续的意义。就像股票谚语中所说：空头不死，多头不止。

涨幅在 3% 以下的阳线为小阳线，跌幅在 –3% 以下的阴线为小阴线。

见图 2–7。

这两种 K 线在表面上似乎显示多空双方势均力敌，处于胶着拉锯状态。但随着时间的推移，隐忍实力、有所准备的一方必然会露出狰狞面目，突然发起雷霆一击。

所谓物极必反，不仅是指大阳、大阴，也指小阳、小阴。最强势和最弱势总是处于转化之中，强势走向极端，则必然转弱，反之亦然。由此循环相生，不熄不灭地在其固有法则之中轮回。

四、十字星

十字星的开盘价和收盘价并不一致，但二者之间相差很微小，所以 K 线实体也非常小。收盘价高于开盘价则为阳十字星，收盘价低于开盘价则为阴十字星。

十字星虽然开盘价和收盘价非常接近，但盘中有明显的上涨和下跌过程，只是多空双方都未能扩展自己的优势，局面趋于平衡。

比较重要的衍变形态有十字线。十字线是指开盘价和收盘价一致，具有上下影线的 K 线。在常用软件中，十字线因开盘价和收盘价一致，所以一般用白色标示。十字线和十字星一样，有的上下影线较长，也有的上下影线相对较短，见图 2–8。十字星和十字线，二者在技术意义上并无多大差异，只不过在实战中十字星更为常见。无论是十字星还是十字线，其影线越长，代表的技术信号越强烈。

十字星的技术含义，更多的是显示盘中多空之间经过拉锯战之后的力量平衡。但在博弈中，几乎所有的平衡都是用来打破的，绝不是用来长久维持的，所以十字星告诉我们应该警惕价格突变的可能已经悄悄临近。

当涨幅较大或涨势运行时间较长后出现十字星或十字线，尤其是上影线极长的十字星形态，更应当引起高度警惕。从原理上来说，多方优势明显的情况下突然出现所谓的平衡，预示着什么几乎不言而喻。跌幅较大或跌势运行时间较长后出现十字星或十字线，也是同样的道理。

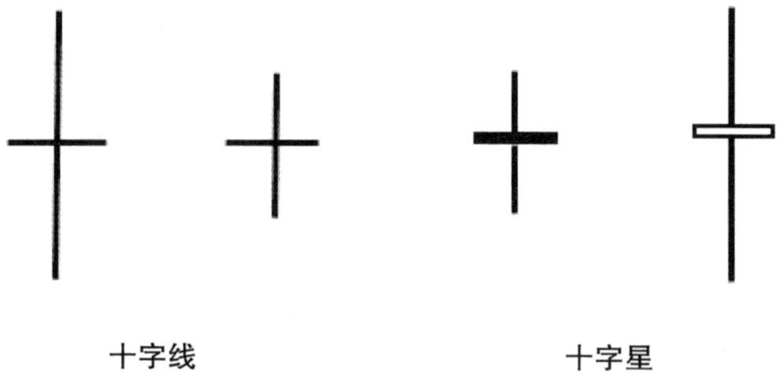

图 2-8

如图 2-9 所示，在价格高速上涨阶段，突然出现一根上影线较长的十字线，至少说明隐忍多日的空方狙击涨势，打击多方进攻取得了一定程度的效果。如果接下来空方并未偃旗息鼓，那么一番缠斗必将发生，对于渴望涨势如昨的人来说，就只能以失望告终。

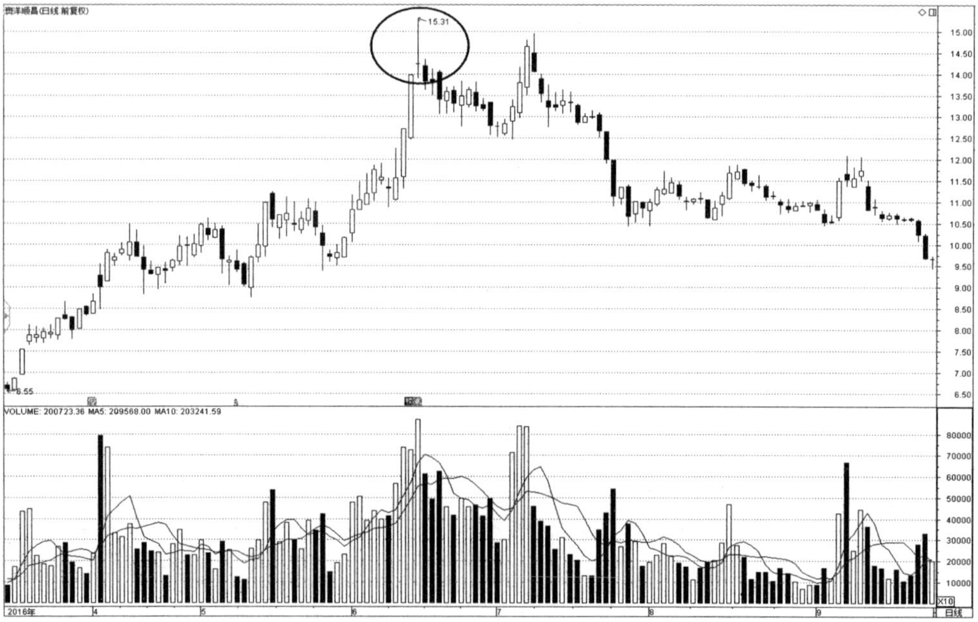

图 2-9

上涨或下跌过程中出现十字星，只是说明多方或空方的宣泄过程达到一个相对的平衡点。在防守一方并未发起主动性攻击的情况下，这时的十字星并不代表价格必然发生转折，只能说明攻击方需要通过休整来积蓄持续运行的能量。

五、一字线

一字线的开盘价、收盘价、最高价、最低价都在同一价位，既不具有上影线和下影线，也不具有明显的实体。

一字线大多出现在开盘即涨停或开盘即跌停的极端走势个股中，代表多方或空方具有绝对主导地位。如图 2–10 中，连续出现一字线时，其成交量非常微小，显示多方的主导性地位很稳固。当成交量突然暴增时，则很难继续保持一字线，原因在于连续的涨升或下跌必然消耗攻击方能量，累积防守方能量。当两方遇极而变，必然发生激烈交锋，成交也随之倍增。

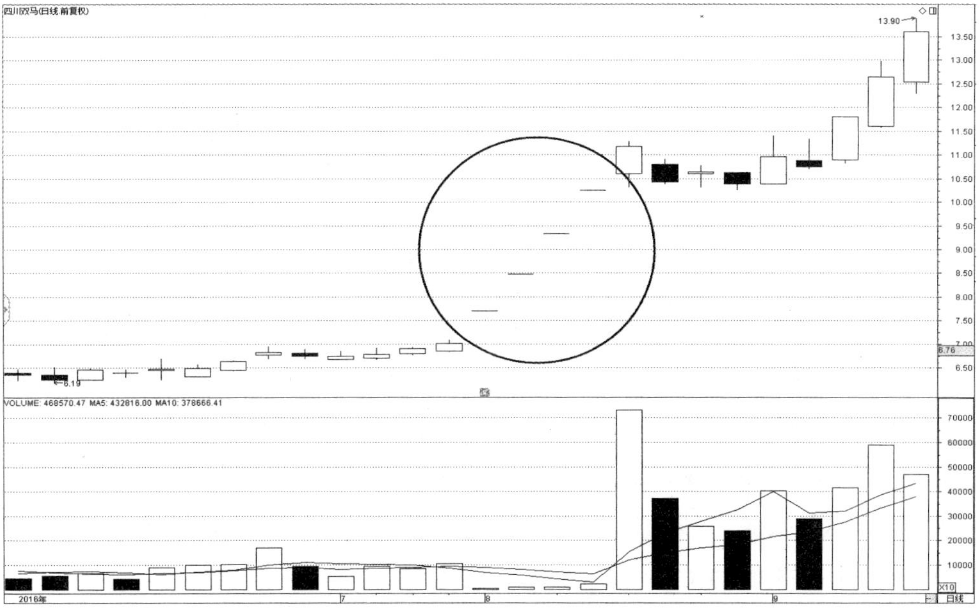

图 2–10

从资金流动的角度来说，连续的暴涨导致入场资金获利迅速提升，提升的速度越快，幅度越大，其兑现利润离场流出的欲望就越大。连续暴跌也是同样的道理，跌速越快，跌幅越大，对于准备流入资金的诱惑力就越大。

六、T 字线、倒 T 字线

T 字线是指开盘后价格出现下跌，但在收盘时价格重新回到开盘时的价位，开盘价和收盘价一致的 K 线形态。

倒 T 字线，是指开盘后价格出现上涨，但在收盘时价格重新回到开盘时的价位，开盘价和收盘价一致的 K 线形态。见图 2–11。

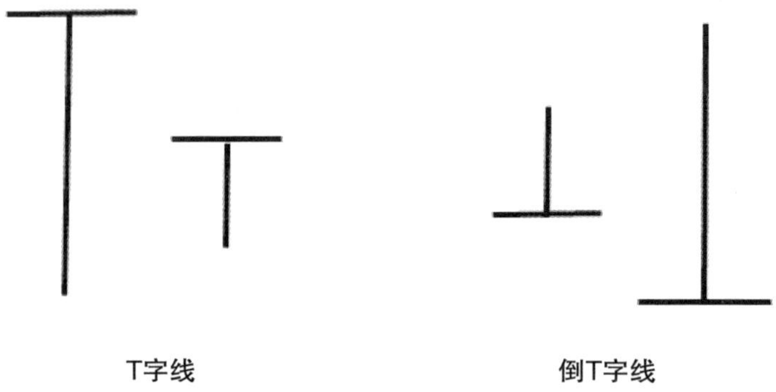

图 2–11

T 字线、倒 T 字线这两种 K 线形态和十字星的技术意义有相同点，都具有趋向中止（或终止）的内在技术含义。这种含义是否能够体现在之后的走势中，主要由行情所处的技术环境决定。

从单纯的技术意义来说，如果十字星更多的是显示多空之间短暂而微妙的平衡，那么 T 字线、倒 T 字线所显示的是多方或空方一种试探性进攻或对于中止趋向的尝试行为。如图 2–12 所示，A 点出现了一根 T 字线，随之又出现一根倒 T 字线。分析图中技术环境可以发现，A 点之前股价出现快速大幅上涨，至A点T字线和倒T字线接连出现，意味着向上趋向中止的可能性越来越大。A点之后，股价果然出现回落调整。

T字线、倒T字线的影线越长，其趋向中止的技术含义越强烈。从技术环境上来说，连续大涨或大跌之后出现影线较长的T字线或倒T字线，即使行情并未由此转向，但小级别的价格逆向波动几乎不可避免。

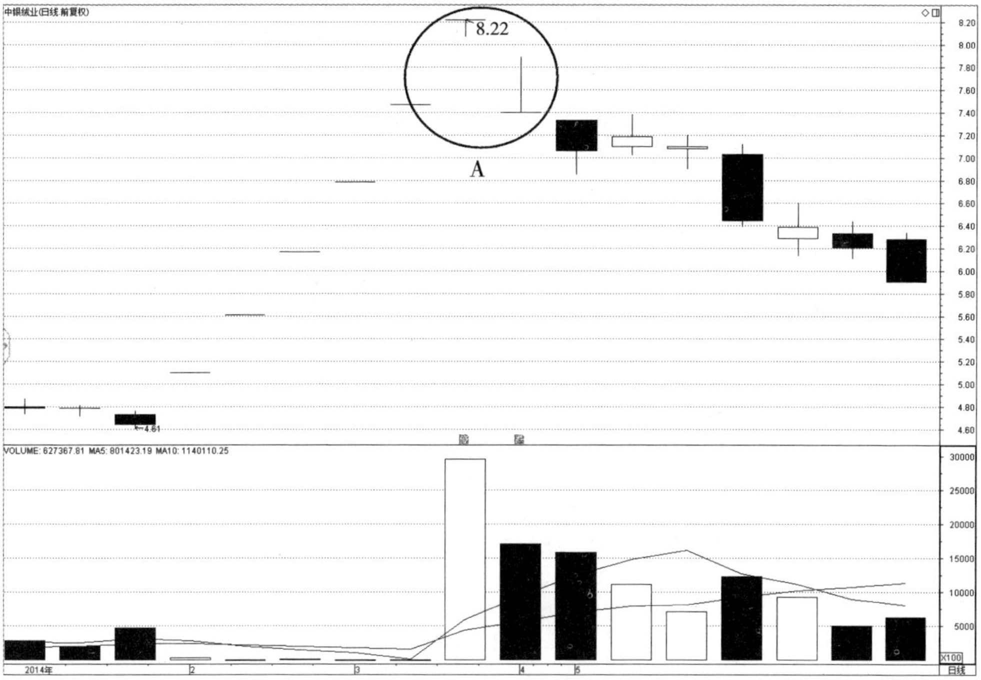

图 2-12

七、锤头线、倒锤头线

锤头线是指开盘后价格出现下跌，但在收盘前价格重新回到开盘价上下的K线形态。收盘价高于开盘价的，为阳锤头线。收盘价低于开盘价的，为阴锤头线。部分锤头线有较短的上影线。

倒锤头线是指开盘后价格出现上涨，但在收盘前价格重新回到开盘价上下的 K 线形态。收盘价高于开盘价的，为阳倒锤头线。收盘价低于开盘价的，为阴倒锤头线。部分倒锤头线有较短的下影线。见图 2–13。

锤头线和倒锤头线可以说是 T 字线、倒 T 字线的衍变形态。实战中，锤头线和倒锤头线出现的几率远比标准的 T 字线、倒 T 字线大得多。二者之间的主要区别在于，锤头线和倒锤头线具有小阴或小阳的 K 线实体。T 字线、倒 T 字线可以有相对较短的影线，而锤头线和倒锤头线的影线必须较长，通常应为实体的两倍以上，否则应视为小阴线或小阳线。

锤头线　　倒锤头线

图 2–13

锤头线的形态说明盘中空方有过下打，但未持续发起强烈攻击，多方随即反击，使得空方优势化为乌有。从技术环境的角度进行分析，这种 K 线形态如果出现在连续上涨之后，且下影线较长，多称为吊颈线，为见顶信号。出现在连续下跌之后，则多是反弹信号。如图 2–14 所示，该股连续下跌后，至 A 点出现锤头线，股价由此展开反弹。锤头线在趋向运行过程中出现，则具有趋向内震荡和休整的含义。

倒锤头线显示的是盘中多方一度展开上攻，但是最终在空方打压下无功而返。从技术环境的角度分析，这种 K 线形态如果出现在连续大涨之后，多会成为见顶信号。出现在连续大跌之后，则多是反弹信号。在趋向运行过程中出现，则具有趋向内震荡和休整的含义。

在不考虑技术环境的前提下，仅对锤头线和倒锤头线进行对比，应该说锤头线所显示的是多方占优，毕竟长下影线的存在说明曾一度形成中大阴线，多方人气势必受到重大打击。多方能够在这种情况下出现较强的反击，还是显示出一定优势。倒锤头线显示的则是空方占优，长上影线的存在说明多方曾一度形成中大阳线，但随之遭遇空方反压，收盘时已将多方优势化为乌有。

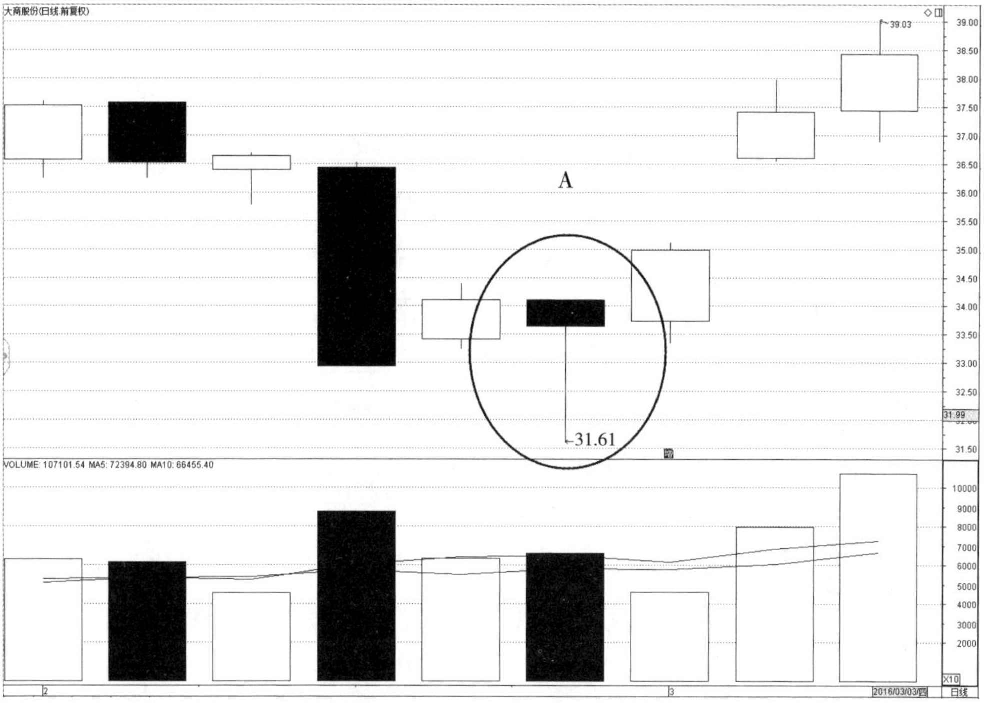

图 2–14

八、螺旋桨

螺旋桨是指同时具有较长的上下影线，而实体部分呈小阳或小阴的 K 线形态。螺旋桨这种 K 线形态应为长十字星的衍变形态，只不过实体部分要大于长十字星，一般实体可以达到小阳或小阴的标准。见图 2–15。

螺旋桨

图 2-15

螺旋桨较长的上下影线显示盘中多空争斗颇为激烈，双方在相对较大的价格空间内反复拉锯，但最终并未显现出某一方占有明显优势。对一根K线进行分析，其结论必然是单薄的，上述螺旋桨K线形态的分析就是如此。一根K线展现出多空激烈争斗后出现平局，在技术环境中却绝不仅仅具有平局的含义；平局，有时显现出的却是扭转或者重大变局。

当螺旋桨K线形态出现在较大涨幅之后，说明一向顺风顺水的多方遇到了空方强力反击或者挑战。能够在多方统治阶段获取一根K线上的平局，证明空方至少已经做好全力反击的准备。接下来如果空方接连不断地发起对于涨势的攻击，那么螺旋桨K线形态就意味着价格顶部信号出现。如图2-16中A点所示，出现螺旋桨形态后，价格由此转入下跌趋势中。同样道理，当螺旋桨K线形态出现在较大跌幅之后，则可能是价格底部信号。

螺旋桨这种K线形态较少出现在趋向运行过程中，出现在价格高点或低点及其临近位置的概率较高。

实战中，上述重要单K线发出见顶或见底信号后，并不意味着价格马上就会扭转到上涨或下跌趋向中，有时候信号出现后，价格仍会维持一段时间原有趋向。单K线见顶或见底提示信号，只是一个技术性参考，不是操作的唯一依据。但是当K线在某一阶段频繁发出一致性提示信号时，需要格外关注和提高警惕，趋向的扭转可能就在眼前。

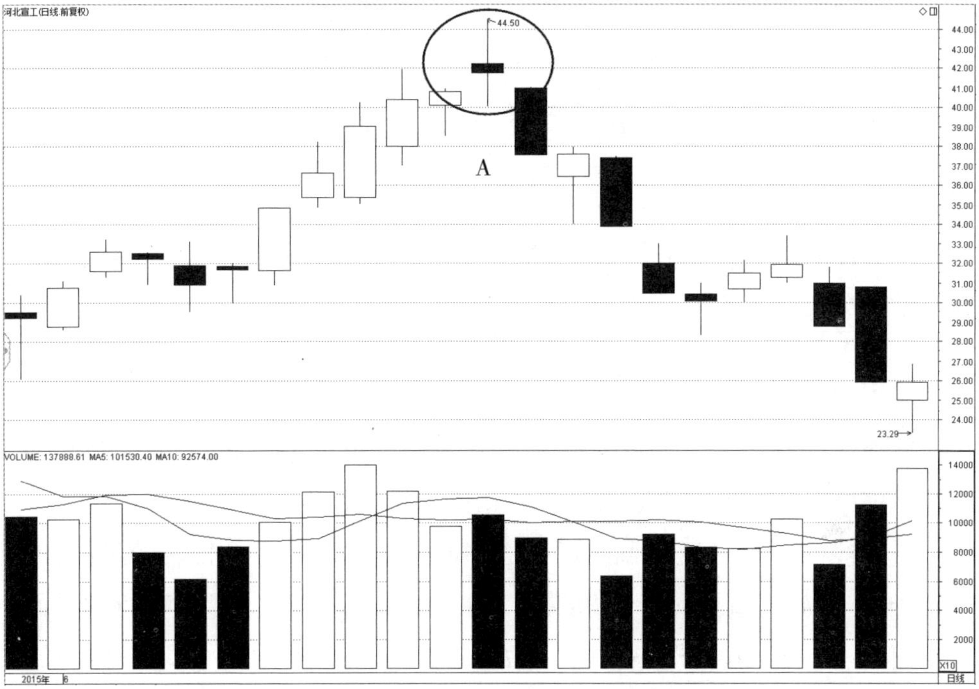

图 2-16

上述重要单 K 线多是典型 K 线形态。K 线构成形态在实战中的衍变较为繁杂，很多变化往往由这些典型形态引申出来，我们无法一一列举。学习 K 线关键是把握其技术含义，而不是形态上的细微差异。同时，单 K 线分析既有反应敏捷的优势，也有过度反应的缺憾。实战中解决这一矛盾的方法，首先是技术环境分析，还有就是下面将要讲到的 K 线组合分析。

由两根或多根 K 线形成的组合，即为 K 线组合。K 线组合分析在弥补单根 K 线分析容易出现误判的缺陷上，能够起到良好的佐证作用。单根 K 线具有反应灵敏的优点，缺点是稳定性欠佳。K 线组合分析则是单根 K 线判市的一个必要的补充和完善。实战中，常以单根 K 线确定分析方向，以 K 线组合验证方向的正确性。

第三节　K 线转向组合技术解析

K 线转向组合是指在下跌、上涨两个趋向上都可能出现的、对于原有趋向可能发生扭转的 K 线组合形式。

一、遭遇线

遭遇线，是指相邻两根实体相仿的中大 K 线，由不同趋向相聚汇合的形态。犹如一条路上，两队人马狭路相逢，短兵相接必有血拼。

遭遇线的出现，说明目前运行的趋向发生停滞并存在扭转的可能，即原处于防守的一方已不甘于被动挨打，主动出击并与攻方形成对峙的局面。

图 2-17 中，1 号图形一根阴线后，次日低开高收收出一根实体相仿的阳线，阳线收盘价与前一根阴线收盘价大致相同。两根 K 线形成对峙，显示空方独揽大权的局面已经发生微妙变化，多方的反击力量可能继续爆发。

2 号图形一根阳线后，次日高开低收收出一根实体相仿的阴线。阴线收盘价与前一根阳线收盘价大致相同，说明多方的上涨势头可能即告终结，空方的反扑已经来临。

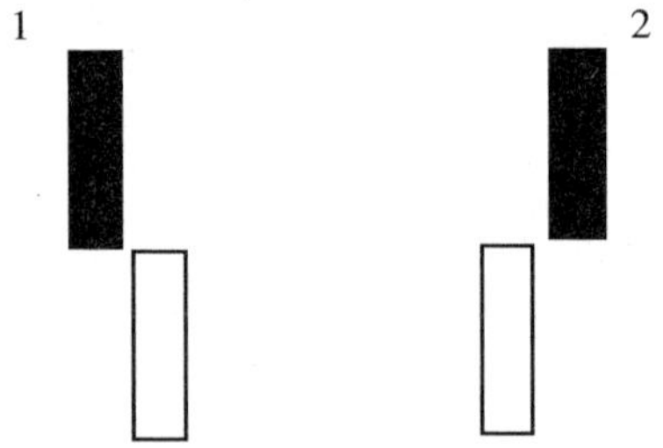

遭遇线

图 2-17

遭遇线的转向信号强度虽然不如空头覆盖和多头覆盖，也略差于多空两种侵入线（下文将有详述），但遭遇线所具有的趋向转折技术含义不可忽视。

标准形态的遭遇线在实战中并不常见，远不如空头覆盖、多头覆盖以及多空两种侵入线出现的几率高。遭遇线的衍变形态主要是两根 K 线之间留有缺口或少许影线替代实体等，其技术意义并无太大变化。

二、谍线

谍线并不属于转向 K 线组合，之所以放在这里来讲，是因为这种 K 线组合有特殊性：谍线图形中的第二根 K 线，如果最终未形成锤头线或倒锤头线，则整个组合为空头侵入线或多头侵入线，趋向扭转的信号非常强烈。在第二根 K 线形成锤头线或倒锤头线后，K 线组合的性质则发生变化，大部分情况下仅为中继形态的 K 线组合。

谍线对趋向扭转不具有较强的信号提示作用，仅适用于测试支撑和压力等，对提示行情的连续性有参考作用。鉴于其以测试、探知为主要特性，犹如间谍窃取敌方情报一样，所以命名为谍线。

谍线有两种形态，如图 2–18 所示。

谍线

图 2–18

在涨势中出现一根中大阳线后，次日高开低走侵入大阳线实体之中，但收盘时多方却大幅收复失地，形成阴锤头线或阳锤头线。这种 K 线组合的技术意义，多为测试下方支撑或清洗不稳定筹码。当主力确认下方支撑强劲或完成洗盘任务后，价格会继续升势。反之，主力大多会继续下探以寻找市场心理支撑点，或进一步震荡洗盘，将浮筹甩在价格低点。见图 2–18 中的 1 号图形。

在跌势中出现一根中大阴线后，次日低开高走侵入大阴线实体中，但收盘时多方却丧失大部分胜利成果，形成阴倒锤头线或阳倒锤头线。这种 K 线组合的技术意义，多为测试上方压制，或制造多头陷阱套牢跟风入场资金。当主力确认上方存有强大压制，或成功吸引跟风资金入场后，价格会继续跌势。若抛盘不多，跟风资金持续不断，在跟风资金的推动下，价格还会维持弹升，但多数会随着主力的加速兑现而再度回落。见图 2–18 中的 2 号图形。

谍线和后文将要讲解到的侵入线之间的主要区别是，收盘时侵入线是以实体侵入，而谍线是以影线插入前一根 K 线实体之内。

谍线通常出现在价格的压制位或支撑位一线。谍线出现后，并不意味着价格必然已经完成相关波动。也就是说，价格可能不会立即回到原有趋向（上涨或下跌），甚至有些情况下，主力探知存在强压或其他情形，还会由此发生短期转向。

原因何在?

其实从谍线的特性上就已经决定了可能出现的走势：当主力资金测试、探知当前价位存在强大的压制或支撑时，一般不会贸然采取强突的方式，除非有紧急情况发生，不得不采取极端手段。

散户在进行技术分析时，通常会把主观愿望不自觉地掺杂其内，比如“某某金主想解放前期套牢盘应该是小菜一碟啊！”于是很不理解为什么主力就是那么肉，迟迟徘徊不前。

须知有钱并不一定就傻买！资本市场上，没有哪位土豪愿意对散户无私捐助，地主家也没余粮啊！

三、尽头线

尽头线通常是指一根中大阴线或阳线过后，第二根 K 线为实体较小的

K 线或十字星（线），并且被包容在第一根中大 K 线的下影线或上影线之内，见图 2–19。尽头线有“星星之火，可以燎原”的含义，也象征着转折有时是从不起眼、不经意间开始孕育生发。

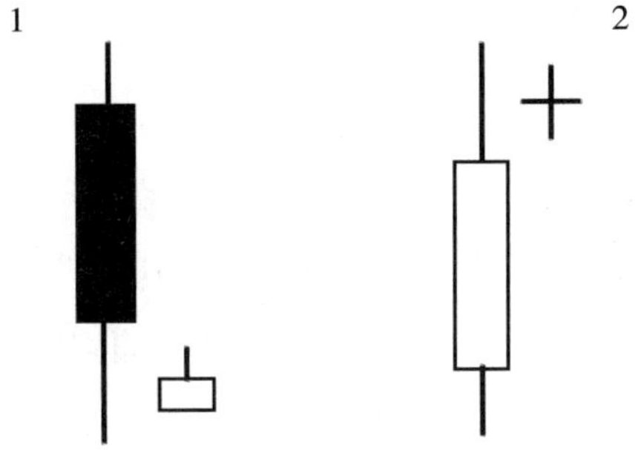

尽头线

图 2–19

经过一段时间的大幅下跌之后，一根中大阴线留有较长的下影线。次日价格并未再创新低，而是在中大阴线的下影线之内报收一根实体较小的 K 线，见图 2–19 中的 1 号图形。此时，本来忍不住想顺势杀跌的交易者，应极力控制焦躁的心态，因为这时极有可能卖在下跌趋向的最低点附近。这时候最佳的选择是遵循逆向理论：藐视恐惧。只有在大众都处于恐惧之中时，这句话才有作用。藐视恐惧必须按部就班才有底气！

经过一段时间的大幅上涨之后，一根中大阳线留有较长的上影线。次日价格未能再创新高，而是在中大阳线的上影线之内报收一根实体较小的 K 线，见图 2–19 中的 2 号图形。这时候大家要做的是管住自己的手，绝不因上涨而冲动追高，否则很可能买入的价位就是顶部高点或阶段性高点。

一般来说，尽头线第二根 K 线的实体越小，其转折信号越强。

尽头线出现后，价格并不一定会立即转变趋向，有些情况下（比如在情绪宣泄阶段），尽头线只是转折的一个部分或起始点。在相近的价位上，价格有时还会出现反复盘整震荡。总而言之，出现尽头线，是让交易者对于当前趋向可能走到尽头有一个充分认识，积极做好相关准备。

部分交易者容易将尽头线和趋向中继性质的 K 线混淆，其实从技术环境的角度看，二者之间是泾渭分明的。具有转向性质的尽头线，出现在一段时间的大幅上涨或下跌之后。中继性质的 K 线，出现在涨势或跌势的初期或中期。

四、夹子线

夹子线是指一根中大 K 线之后，第二根阴 K 线形体较小，且实体价位在第一根 K 线收盘价附近，第三根 K 线和第一根 K 线形成对攻。夹子线由三根 K 线组成，因形似夹子夹物而得名。见图 2-20。

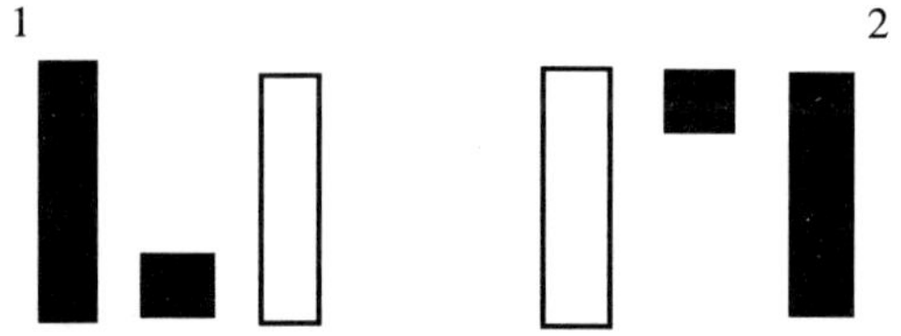

夹子线

图 2-20

夹子线的对攻 K 线是这一组合的关键因素，夹在中间的小 K 线所起到的是迷惑作用。实战中，很多人不会在第一根 K 线上卖出或买入，却会选择在第二根小 K 线上交易，而多数人的交易方向却与第三根 K 线方向相反。夹子线的转向信号较为强烈。

图 2-20 中的 1 号图形，三根 K 线的最低价大致相同，第三根 K 线的反攻高点基本等同于第一根 K 线最高点，这是 1 号图形夹子线的形态特征之一。1 号图形夹子线主要出现在跌势中，第一根中大阴 K 线的出现，使得持仓者因恐慌而跟风杀跌。第二根小阴线，更是让尚未卖出的持仓者产生价格进一步下跌的联想，很多人会因失去信心而选择清仓或减仓。第三

天开盘后，价格却并未进一步下跌，而是在前两天最低价相近的基础上展开强势反攻。

图 2-20 中的 2 号图形，三根 K 线的最高价大致相同，第三根 K 线的反攻低点基本等同于第一根 K 线最低点，这是 2 号图形夹子线的形态特征之一。2 号图形夹子线主要出现在涨势中，第一根中大阳 K 线的出现，使交易者兴奋异常，部分人积极追涨。第二根小阴线实体不大，不但会让持仓者漠视，还会令踏空者以为是难得的进仓机会。第三天开盘后，价格却急转直下，空头反攻开始。

第四节　K 线空头组合技术解析

国内稍早的 K 线技术分析理论中，并没有专门的做空分析，做空基本等同于减仓。随着股指期货和融资融券的推出，使股票做空成为可能。这里专门研讨 K 线空头组合，即为做空或减仓的理论基础。其实在《玩转技术指标——九种技术指标精讲》一书中，已经开始分别探讨做多与做空两个方面的实战技术，只不过那本书分析的是技术指标，本书分析的是 K 线。

一、空头覆盖

空头覆盖是指第一根 K 线为中大阳线，第二根为大阴线且将前一根阳线完全覆盖在自身的实体之内。见图 2-21。

空头覆盖组合发出的趋向扭转信号极为强烈，对于多头具有极大的杀伤力。

这种空头组合有一定的迷惑性，如第二根大阴线高开最具欺骗性，因其给与交易者延续前一日涨升势头的错觉。部分盘口经验欠缺的交易者，很难在极短的时间内发现价格存在滞涨等不利因素，因此不会迅速做出反向操作。等到空头覆盖组合完全成型时，价格上的损失已经非常可观。

图 2-21

空头覆盖这种图形在价格长期底部区域出现，或有主力制造骗线的可能。在价格高位出现，则代表资金疯狂兑现，大肆出逃。如果空头覆盖形成当天的成交量较大，则见到重要顶部的几率极高。

如图 2-22 所示，连续大幅涨升后，A 点再次报收涨停板（A 点第一根阳线），次日股价高开后却冲高回落。随着抛盘的不断增加，最终报收大阴线，将第一根阳线完全覆盖。这根大阴线的最高价触及涨停板，而最低价超过 -9%，当天成交量也创出阶段性新高。

判断空头覆盖的技术要点如下。

（1）上涨趋向已经维持较长时间，或具有相对较大的涨幅。

（2）第二根阴线的开盘价和收盘价完全覆盖第一根阳线的开盘价与收盘价。

（3）第二根阴线的实体越大，趋向发生扭转的信号越强烈。

（4）第二根阴线成交量较大。

出现空头覆盖后，趋向扭转是大概率事件。当日未能减仓或做空的交易者，可以在之后的交易日择机操作。

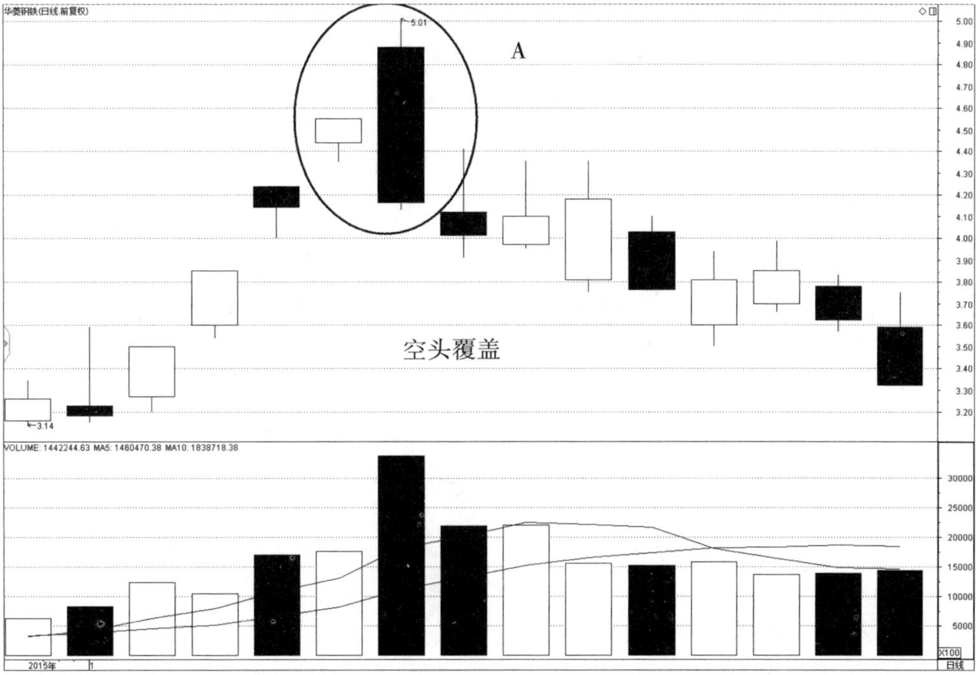

图 2-22

前面谈到过趋势和趋向的异同。基于趋势和趋向之间的关系，所有的 K 线组合最初所能引发的仅是趋向的扭转，并不必然会升级到趋势扭转。以空头覆盖为例，这是一个强力趋向扭转信号。但并不是出现空头覆盖后，股价就必然发生趋势级别的下跌，更多时候可能是趋向级别或者说一波中级回落。

这里加上这么一段话，是想提醒读者，不要因短线凶悍的下跌而过度看空长线后市。

二、下跌孕线

下跌孕线是指一根中大阳线之后，第二根 K 线为低开的中小阴线或十字星（线），第二根 K 线整体被包容在前一根中大阳线实体之内。见图 2-23。

下跌孕线的衍变形态主要出现在第二根 K 线上，它可以是标准的中小阴线、十字线(星),有时也会是小阳线。就其空头信号强度而言,十字线(星)最强烈,中小阴线次之,小阳线相对最弱。

下跌孕线的空头信号强度低于空头覆盖,但其迷惑性和判断难度却大于空头覆盖。

下跌孕线

图 2-23

判断下跌孕线的技术要点如下。

(1)上涨趋向已经维持较长时间,或具有相对较大涨幅。

(2)第二根 K 线实体相对较小、影线较短,且最高价和最低价都包容在第一根 K 线实体之内。

图 2-24 中,该股在持续升势(图中并非全貌)后出现一根大阳线,次日却低开并报收一根小阴线(见图中 A 点),随后股价进入下跌趋向。图 2-24 中,下跌孕线的第二根小阴线,整体位置离大阳线的收盘价并不太远,实战中会遇到第二根小阴线整体远离大阳线收盘价,位于大阳线中下方位置的情况,这种情况的空头信号强度更高。这种形态意味着前一交易日尾盘追高买入的人,次日直接被"焖杀",连小亏出局的机会都没有。

在上涨行情已经持续较长时间或涨幅较大的情况下出现下跌孕线,说明多方要保持目前趋向已经力不从心,行情可能转入到下跌趋向中。即使不在此做空,也绝不可进行所谓的逢低补仓。趋向拐点的关口上,盲目补仓和做 T+0 都是错误的。

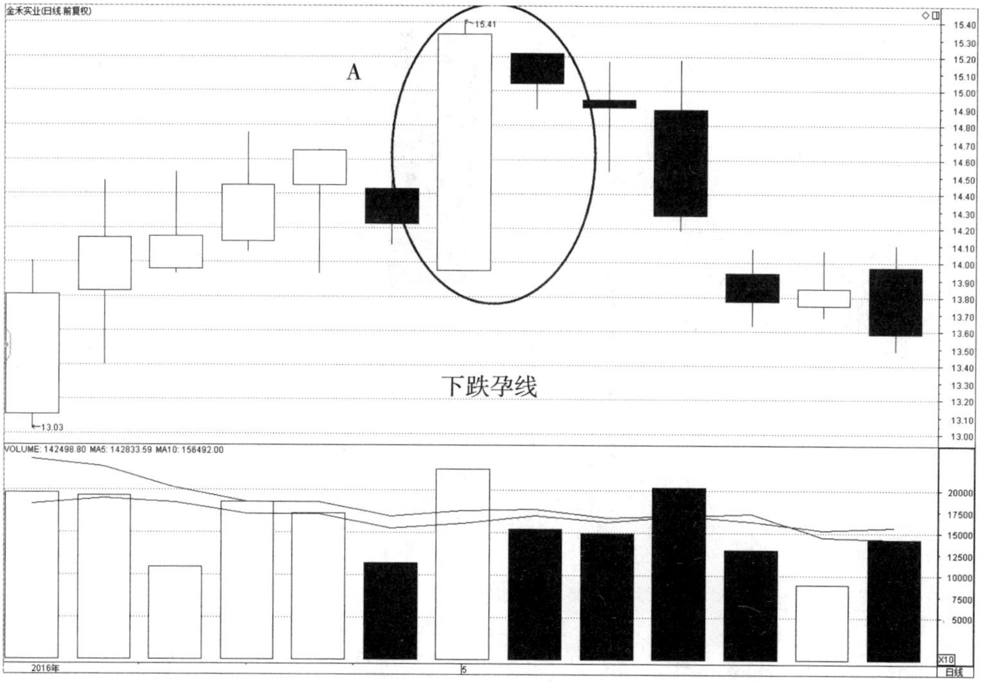

图 2-24

三、空头侵入线

空头侵入线，顾名思义，是指空头强力侵入多头领地，并占据主导地位的 K 线形式。空头侵入线形态较多，其中较为典型的有两种：乌云盖顶和倾盆大雨。空头侵入线的信号强度仅次于空头覆盖。在上述两种空头侵入线之间，倾盆大雨的信号强度又大于乌云盖顶。

下面就两种空头侵入线分别进行讲解。

（一）乌云盖顶

乌云盖顶是指一根中大阳线后，第二根 K 线高开低走，其实体侵入前一根中大阳线实体之内。见图 2-25。

乌云盖顶

图 2–25

第二根 K 线侵入第一根中大阳线实体的比例，通常认为应达到 50% 左右。侵入的比例越大，其信号强度越高。实战中，即使侵入幅度达不到 50%，如果当日成交量较为巨大，也可认定为乌云盖顶。如图 2–26 中 A 点所示，第二根 K 线侵入第一根大阳线实体的比例未达到 50%，但第二根阴线的开盘价较高，同时当日成交量也较大，应认定为乌云盖顶形态成立。

判断乌云盖顶的技术要点如下。

（1）上涨趋向已经维持较长时间，或具有相对较大的涨幅。

（2）两根 K 线的实体越大，则空头信号越强烈。

（3）第二根阴线的开盘价越高，侵入前一根中大阳线实体的比例越多，则空头信号越强烈。见图 2–26。

（二）倾盆大雨

倾盆大雨是指一根中大阳线后，第二根 K 线低开低走且收盘价明显低于前一根中大阳线的开盘价。见图 2–27。

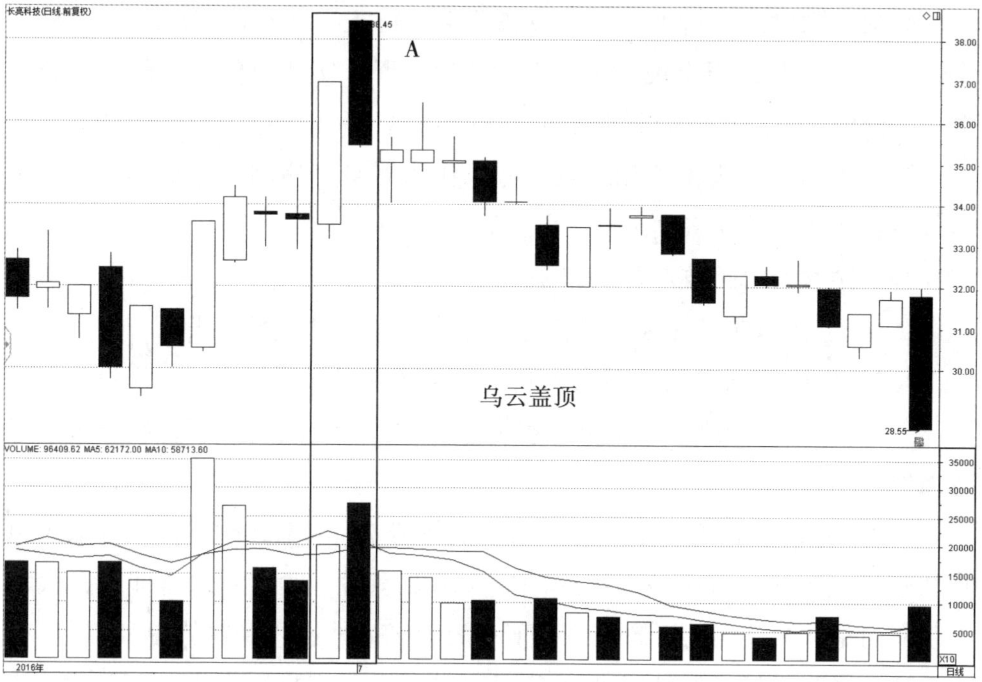

图 2–26

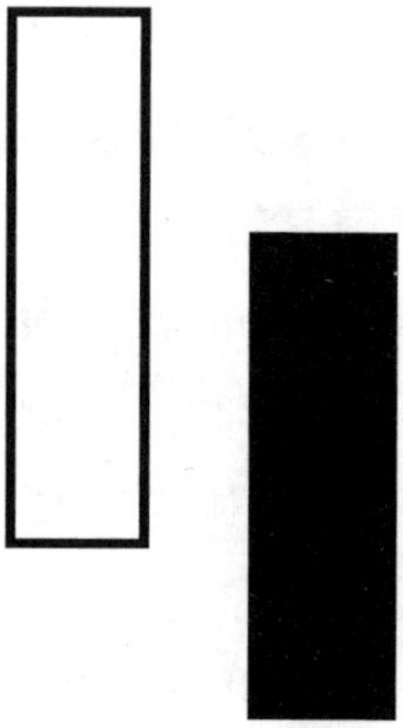

倾盆大雨

图 2–27

倾盆大雨，从股价上来说，应属于空头覆盖的特殊衍变形态，但 K 线实体上其第二根 K 线出现一个向下的跳空低开，实体上留存一段空白交易空间，价格上虽出现覆盖而实体并未完全覆盖，所以将其列为侵入线。

倾盆大雨与空头覆盖相比较，如果作为做空交易的参考依据，其空头信号强度和扎实程度略次于空头覆盖。

判断倾盆大雨的技术要点如下。

（1）上涨趋向已经维持较长时间，或具有相对较大的涨幅。

（2）两根 K 线的实体越大，则空头信号越强烈。

（3）第二根阴线收盘价低于第一根中大阳线开盘价越多，则空头信号越强烈。

如图 2–28 中 A 点所示，第一根阳线收涨 7% 以上，次日却低开低走报收跌停板大阴线。图中该股出现倾盆大雨形态后，股价并未立即展开大幅下跌，而是在倾盆大雨形态下方徘徊多日，随后才进入到跌势中。

这种看起来较为纠结的走势，其实是主力为了多出一份货，多套一些人，刻意营造的“明天还会继续反弹”的假象。该股后期由图中显示的高点 58 元多，一直跌至 24 元多才最终止跌回升。

对于倾盆大雨和乌云盖顶这种空头侵入线类型的 K 线组合，要充分认识其对多头凶悍的杀伤力。价格高位出现这类 K 线组合，短线持仓者不应抱有幻想，及时减仓或参与做空是较佳选择。空头侵入线出现后，即使不是最终趋势的拐点，也大多会引发一波较大幅度的回落。

实战中，空头侵入线的形态还有很多，例如图 2–29 中 A 点所示的空头对攻，一根大阳线后，次日出现一根和这根大阳线实体基本对等的大阴线。在形态上，空头对攻中的大阴线不像空头覆盖那样明显地完全覆盖前一根大阳线，而是与其基本对等，所以可以将其归入空头侵入线范畴。空头对攻也是强烈的空头提示信号。

需要注意的是，技术环境上如果是在低位区域或初期上升阶段出现空头侵入线，大多是主力为引发恐慌抛盘而制造的空头陷阱。

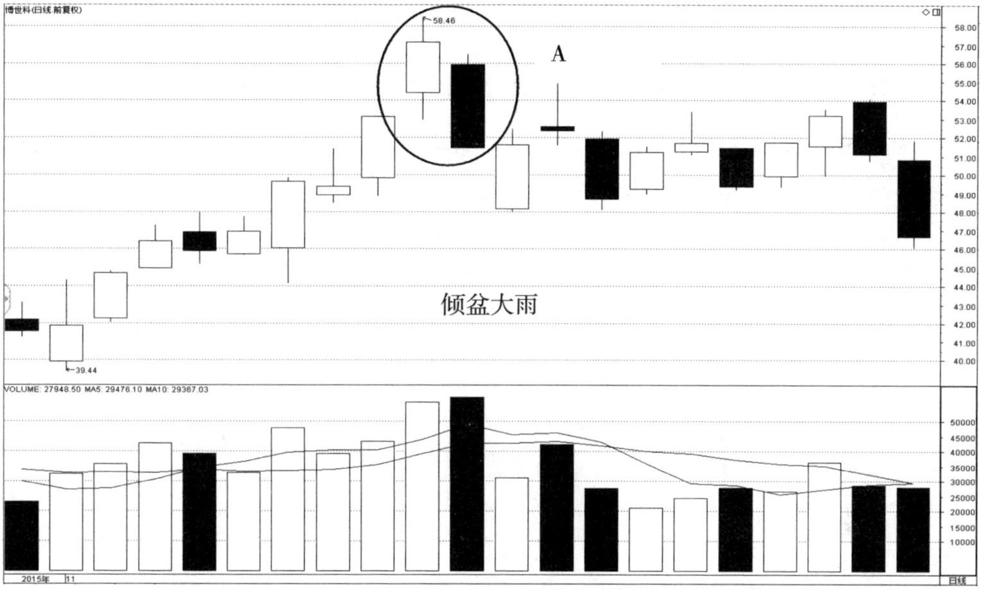
博世科(日线 前复权)
58.46
A
倾盆大雨
39.44
VOLUME: 27948.50 MA5: 29476.10 MA10: 29367.03
2015年
日线

图 2-28

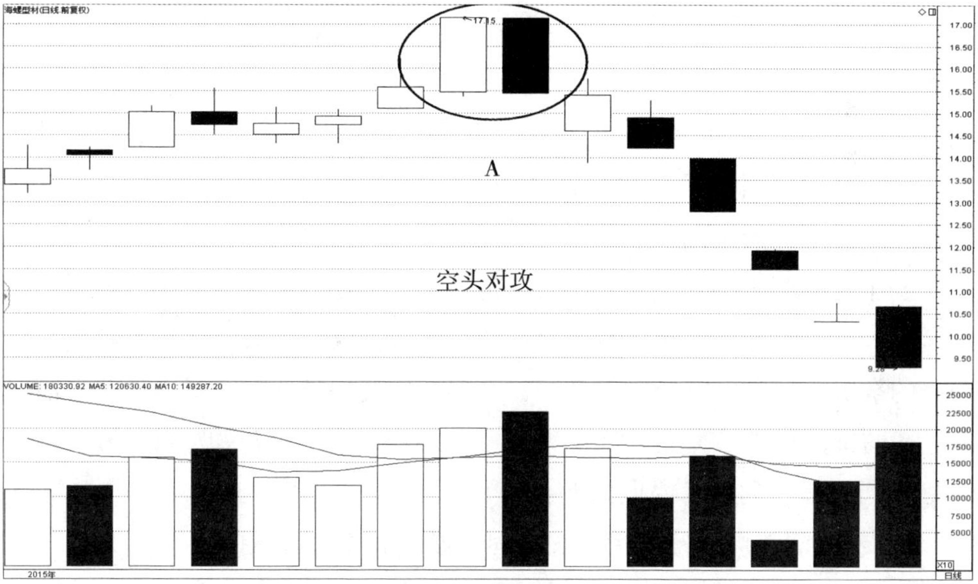
海螺型材(日线 前复权)
A
空头对攻
VOLUME: 180330.92 MA5: 120630.40 MA10: 149287.20
2015年
日线

图 2-29

四、揉搓线

揉搓线是由一根 T 字线和一根倒 T 字线组成的，见图 2–30。两根 K 线的下影线和上影线说明价格经过相对激烈的上下颠簸，持仓者的心态接连不断地受到来自两个方面的揉搓。

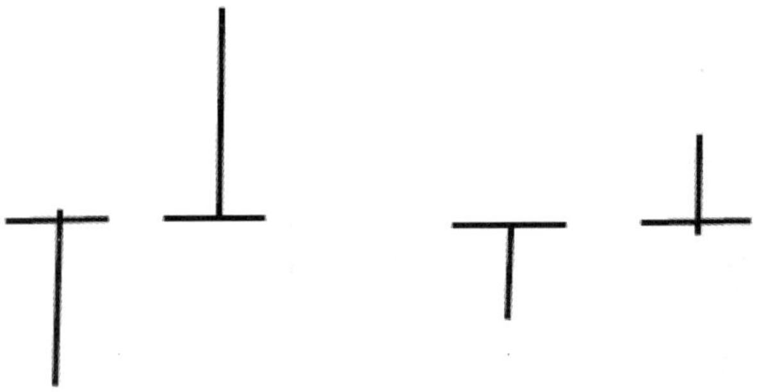

揉搓线

图 2–30

揉搓线的上下影线都很长，因为只有经过较大幅度的上下震荡，才能达到主力的目的。第一根 T 字线代表价格有一个先下后上的过程，部分持仓者会为没在下跌时卖出而庆幸："看看，又涨回来了吧，就知道是主力洗盘！"卖出者看到价格最终转跌为升会很沮丧，部分激进交易者会选择尾盘追回或第二天买回来。

当第二根倒 T 字线出现时，无论是继续持仓还是追高被套的人都不会太惊慌，因为大部分人仍会认为主力在洗盘，或仅仅是突破时遇到压制。"收回来的拳头，打出去才会有力量"，人们总会找到类似的安慰语。在大幅涨升之后的价格高位出现上下影线都很长的揉搓线，预示着一波涨势接近终点。

判断揉搓线的技术要点如下。

（1）上涨趋向已经维持较长时间，或具有相对较大的涨幅。

（2）两根 T 字线的影线越长，其空头信号强度越高。

标准形态的揉搓线并不常见，一旦出现，准确性较高。

揉搓线的衍变形态主要有：不是标准的 T 字线或倒 T 字线，有较短小的上影线或下影线或略有实体存在; T 字线或倒 T 字线的上下影线相对较短，这种揉搓线在涨升途中出现的次数较多，通常不是较强的做空信号，多为盘整形态。

五、三只乌鸦

三只乌鸦是指一根中大阳线之后，连续出现三根阴线，每根阴线高开低收或虽未高开但有较长上影线，最终三根阴线几乎或已经将第一根大阳线全部覆盖。见图 2–31。

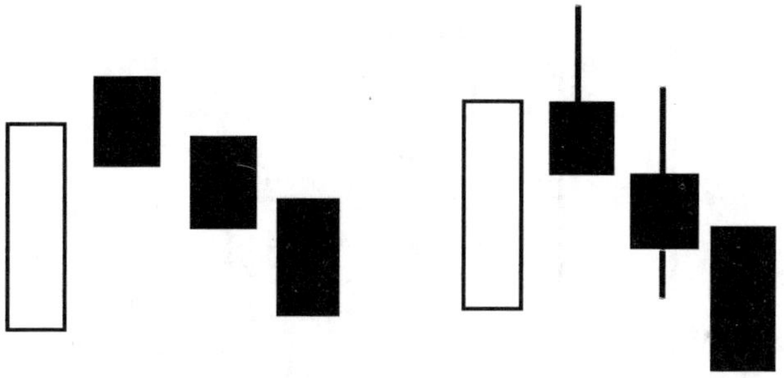

三只乌鸦

图 2–31

三只乌鸦的形态颇具迷惑性，每一根高开低走的阴线或其较长的上影线，最初都会给交易者“今天开始大涨”的感觉，但每天都会以交易者的失望告终。因为高开的缘故，单根阴线虽实体不小，但股价跌幅并不太大，所以并不会引起太大的恐慌。但三天累计下来，持仓者会发现，第一根中大阳线带来的涨幅几乎被消耗殆尽。

往往到了这时，持仓者更不愿意减仓：“赚了都没卖，不赚或亏了更不卖，等赚了再说！”这是最为常见的交易心理误区，殊不知真正的大跌此刻才刚刚崭露头角。出现三只乌鸦形态后，股价并非都是直接开始下跌，有时会先出现一个小反弹，然后才真正进入到下跌趋向中。

判断三只乌鸦的技术要点如下。

（1）上涨趋向已经维持较长时间，或具有相对较大的涨幅。

（2）三根阴线每一根都是高开低收，或虽未高开但有较长上影线。

（3）三根阴线整体几乎或已经跌破第一根中大阳线的开盘价。

还有一个与三只乌鸦相似的空头 K 线组合，即倒三阳。见图 2–32。

倒三阳是指一根中大阳线后（有时还会再出现一根中小阴线），连续收出三根低开高收的阳线，每根阳线的收盘价都低于上一根阳线的开盘价，和三只乌鸦一样，也几乎或已经将之前的大阳线全部覆盖。

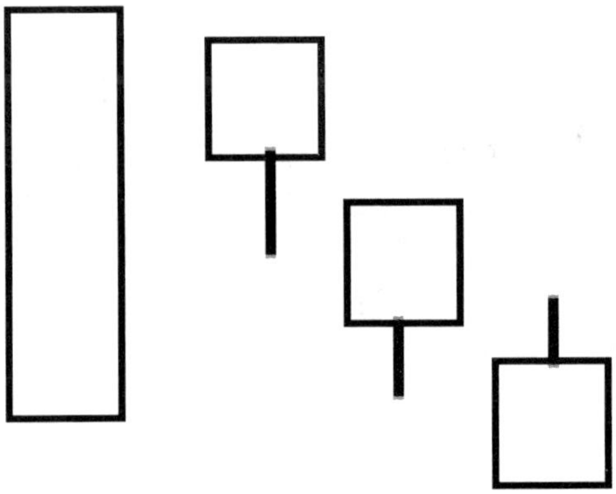

倒三阳

图 2–32

倒三阳和三只乌鸦的空头信号强度相仿。形态上，三只乌鸦是连续三根阴线下跌，而倒三阳是连续三根阳线下跌，可谓有异曲同工之妙。倒三阳对于交易者的迷惑性要甚于三只乌鸦，其连续的三根阳线会让持仓者每天都充满期待，但每天都由期待陷入彷徨，不知不觉间股价已出现较大的跌幅。

无论倒三阳还是三只乌鸦，主力用的都是温水煮青蛙的套路，让持仓者产生犹豫、彷徨的心理，买入就被套，卖出又不甘心。如此反复再三，主力达到阶段性减仓目的后，股价通常会进入到下跌阶段。

六、黄昏之星

黄昏之星是指连续上涨，尤其是一根中大阳线之后，再出现带长上影线、实体很小的 K 线或十字线（星），第三根 K 线为中大阴线。如果第二根 K 线是带长上影线的倒锤头线，则称为射击之星，见图 2–33。黄昏之星、射击之星是较为强烈的空头提示信号。黄昏之星和射击之星的技术意义基本相同，此处不做分别讲述。

有理论认为，黄昏之星、射击之星是一种单 K 线的空头形态，并不要求之前出现一根中大阳线等。结合技术环境分析和实战案例来看，黄昏之星、射击之星作为单 K 线空头形态容易发生误判，而以 K 线组合进行分析则更为有效和恰当。

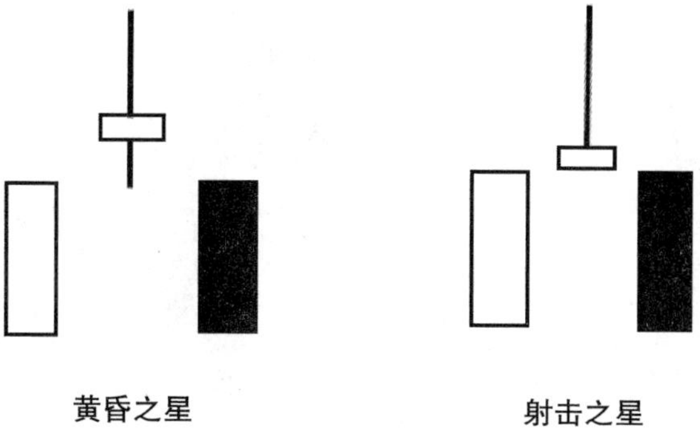

图 2–33

判断黄昏之星、射击之星的技术要点如下。

（1）上涨趋向已经维持较长时间，或具有相对较大的涨幅。

（2）第二根 K 线的上影线至少为实体长度的两倍以上。上影越长，则空头提示强度就越大。

（3）黄昏之星、射击之星出现当天成交量越大，行情发生转折的几率越大。

（4）第三根阴线未创出价格新高，实体未过多侵入第二根 K 线上影线。

至于黄昏之星、射击之星组合是不是必然就会像图 2-33 中描绘的那样，是前有大阳、后有大阴的形态，这在理解上已经进入了误区。

本书以及其他技术书籍所描绘或描述的，并不是标准的“标准图”。之所以这么说，是因为交易具有博弈性、复杂性和灵活多变性。不但是黄昏之星、射击之星组合，没有任何一个组合、形态是可以按图索骥、一成不变地进行傻瓜式应用的。在这里，所谓的“标准图”，是指理论描绘或描述最接近于实战中可能出现的图形形态，而不是指一个不准丝毫变形走样的模具。

如图 2-34 中 A 点三根 K 线形成黄昏之星形态，这个形态和图 2-33“标

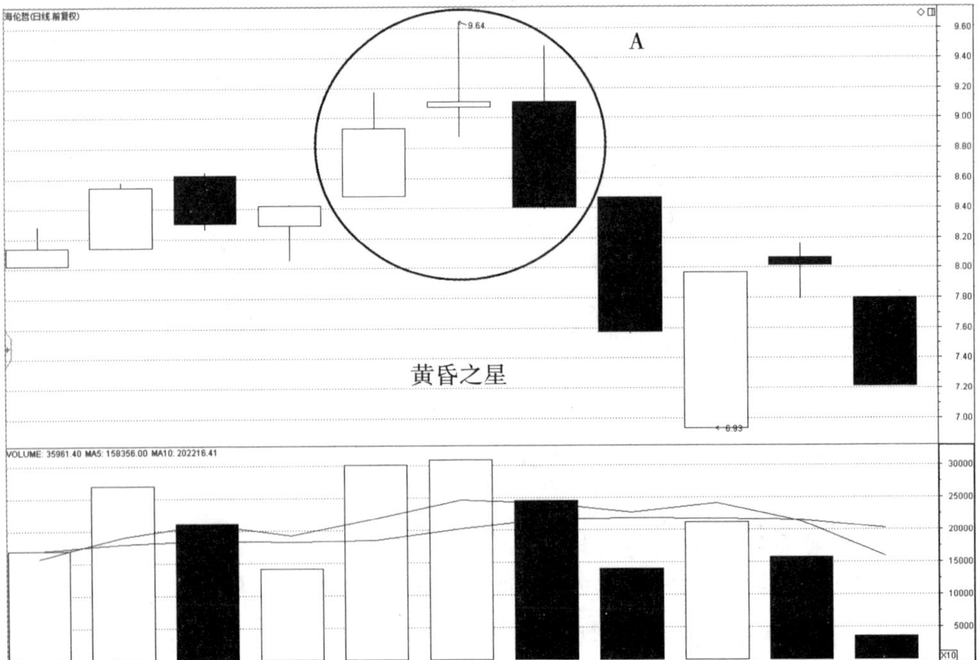

图 2-34

准图”中的形态还是有一定区别的，但并不影响据此进行认定。如 A 点的第一根 K 线，当天涨幅为 6% 以上，符合中大阳线的标准。第二根 K 线实体仅有 0.04 元，而上影线最高点至收盘价却有 0.53 元，符合上影至少为实体长度两倍以上的特点。至于第三根阴线，只要其影线部分并未创出价格新高，实体并未过多侵入第二根 K 线上影线（反之，则不构成黄昏之星），仍旧可以认定黄昏之星形态的有效性。

七、下跌三叠阳

下跌三叠阳，是指一根中大阴线之后，连续出现三根实体渐次缩小的阳线，之后再收一根中大阴线完全覆盖三根阳线。见图 2–35。

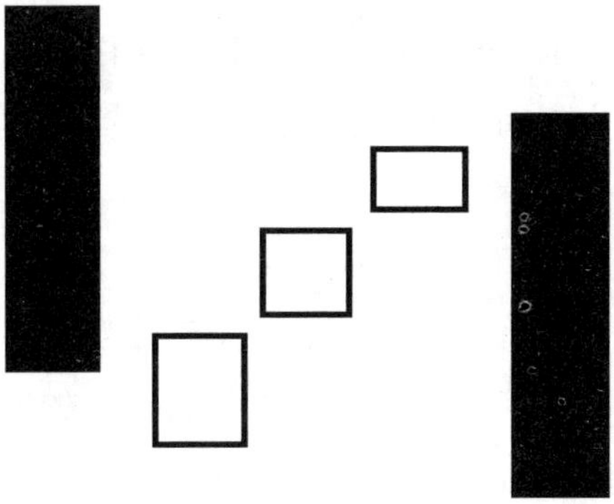

下跌三叠阳

图 2–35

判断下跌三叠阳的技术要点如下。

（1）经过连续上涨后，价格转入跌势初期。

（2）三根实体渐次缩小的阳线未能突破之前中大阴线的开盘价。

（3）后一根中大阴线完全覆盖三根阳线。

下跌三叠阳多出现在跌势的初期阶段。多方不甘心失去涨势，虽然出现抵抗，但终究大势已去，难以抵御空方的雷霆一击。

从资金出逃与回归的角度来说，主力在价格高点出货导致趋向发生转折后，因为处于跌势初期，空头主导的格局尚未完全显现出来，股价下跌出现折扣后，仍会吸引部分买入资金进仓。这部分买入者并不认为趋向已经改变，仍将下跌视为正常的回落调整。交易者在下跌低点买入的习惯还在保持，而主力也乐于在相对高位区尽可能多地抛出筹码。

这就是三根阳线资金与筹码的出逃与回归关系，也是三根阳线形成的原因。三根阳线实体渐次缩小，显示外部进场资金逐渐减少。当卖出大于买入并且引发更多持仓者跟随减仓或转而做空时，后一根中大阴线便自然而然地到来。

实战中，还有一种形态也需要交易者注意，即去除下跌三叠阳组合中的两根中大阴线，剩下三根实体渐次缩小的阳线形态，这也是一种空头提示信号，表现为升势受阻的技术含义。不过这种形态后市的变化较复杂，而且提示强度不如下文三种升势受阻形态。

八、升势受阻

上涨趋向运行一段时间后，在临近趋向拐点时，一些 K 线组合会悄然露出转折的端倪。这部分 K 线组合并不像前面提及的空头覆盖、空头侵入线、揉搓线等具有相对明显或强烈的空头指向，而是通过相对中性或逆向的 K 线组合，反映出趋向开始出现变缓、受阻或过度表现等可能引发转折的情况。这一系列 K 线组合将之命名为升势受阻。

升势受阻有多种表现形态，此处列举具有代表性的三种予以讲解。

（一）连续跳空阳线

当价格在上升趋向中连续数根阳线都留有向上跳空缺口时，需要注意升势可能发生转折。价格在单一方向过度表现，往往预示着拐点将至。见图 2–36。

这种 K 线组合导致升势受阻的原理，主要在于缺口的引力。在《短线

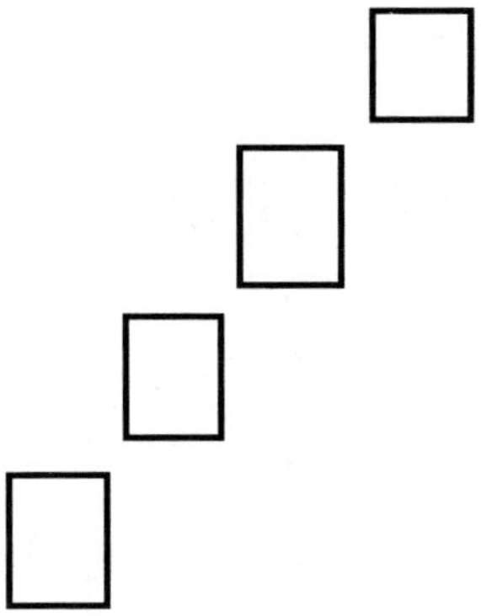

连续跳空阳线

图 2-36

追涨与低吸技术》一书中，我们讲过缺口引力交易理论。简单地说，向上跳空缺口越大越多，价格必然越来越高，参与买入的人就会越来越少。同时，持仓者获利越丰厚，其兑现欲望就越强。也许这两个方面并不是缺口引力存在的全部内容，但却是关键点。当买入量和卖出量发生逆转，股价必然随之出现拐点。

判断连续跳空阳线的技术要点如下。

（1）上涨趋向已维持较长时间，或具有相对较大的涨幅。

（2）连续跳空阳线的缺口未在盘中被回补。

（3）阳线实体越大（或一字线），缺口空间越大，数量越多，则空头提示信号越强。

向上跳空缺口会对价格带来向下回补的引力，而价格能否摆脱这种引力，则是由多种因素决定的。缺口空间大小及缺口数量多少，并不是价格回补与否的唯一因素，个股的强弱度（主力的控盘程度、股本大小、股性等）也起到很重要的作用。例如，某些连续一字线涨停的个股，往往会出现十几个缺口，但缺口引力并不能在短期内发生作用。

实战中，连续跳空阳线出现两个以上缺口时，就应该引起高度警惕。

如果股价和成交量并无任何异动，可继续持仓，直至后市出现缺口被补或放量空头提示 K 线。

写这段文字时，忽然感觉到想用文字把一种形态的多种可能性都表达出来，或者说把即时动态盘口说个一清二楚、毫无遗漏是非常困难的一件事。

例如，上段文字提到，“如果股价和成交量并无任何异动，可继续持仓”。但实战中也会出现在股价和成交量并无任何异动的情况下，下个交易日大幅低开直接“焖杀”的例子，尤其是 2015 年股灾过后，这种例子并不少见。

针对上述情况，能够有效化解的办法只有一个——技术环境分析。

技术环境分析已经多次在文中提及，生怕读者觉着啰嗦，但静态讲解动态的无数变化，而又能让一种技术继续“活”下来，也只能如此。

在大势走牛或相对平稳的技术环境中，连续跳空阳线出现两个以上缺口，股价和成交量并无任何异动，可继续持仓。在跌势反弹行情的技术环境中出现上述情况，一旦缺口被补，稳健的操作者宁愿踏空之后可能有的涨势，也要及时了结过重的仓位。

（二）双飞乌鸦与平顶

双飞乌鸦是指一根中大阳线后，第二根 K 线为高开低走回补缺口、带下影线的中小阴线，第三根 K 线仍旧高开低走并覆盖第二根阴线的实体部分。见图 2–37。

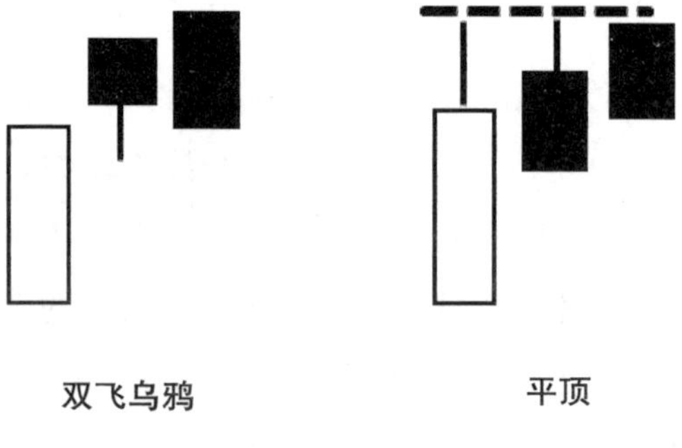

图 2–37

双飞乌鸦的特点是价格每天都会创新高，但后两根 K 线都出现高开低走，如同两只折翅下坠的乌鸦。双飞乌鸦的空头提示信号强度中等，多出现在阶段性高点或反弹高点附近。

判断双飞乌鸦的技术要点如下。

（1）上涨趋向已维持较长时间，或具有相对较大的涨幅。

（2）第二根阴线回补缺口。

（3）第三根阴线覆盖（价格或实体覆盖均可）第二根阴线的实体。

（4）三根 K 线都曾创出价格新高。

平顶与双飞乌鸦的形态较为接近，是指一根带上影的中大阳线后，第二根 K 线最高点与第一根中大阳线的最高点相近，第三根 K 线收高开低走的阴线，其最高点也在前两根 K 线的最高点附近。见图 2–38。

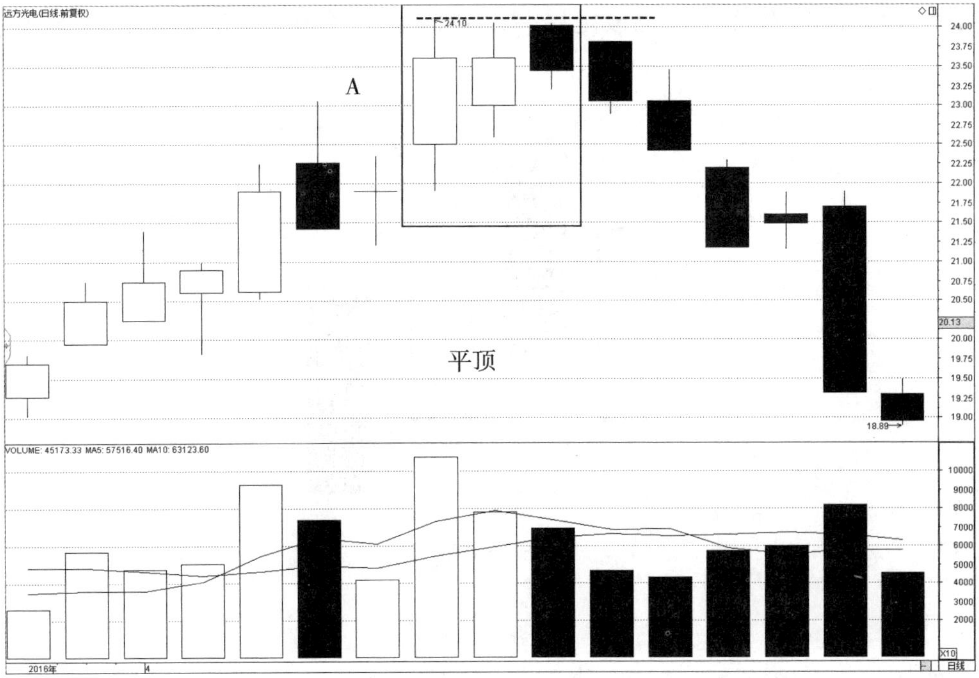

图 2–38

判断平顶的技术要点如下。

（1）上涨趋向已维持较长时间，或具有相对较大的涨幅。

（2）三根 K 线的最高价都在同一价位附近。

（3）第二根 K 线可以是阴线或阳线。

实战中，双飞乌鸦与平顶的空头提示信号并不强烈，所以经常无法引起交易者的重视，而主力往往会利用这种“熟视无睹”来完成阶段性减仓等任务。

如图 2–38 中 A 点，三根 K 线的最高价几乎在同一价位，而后在这种表面平淡、波澜不兴的情况下，股价却突然发出一波凌厉的跌势。

（三）多空交错

多空交错是指涨势中一根中大阳线后，次日高开低走与前根 K 线形成乌云盖顶或空头覆盖的形态，接下来价格却并未继续下跌，而是返身上涨报收中大阳线，似乎上涨已成定局，却不料之后的交易日价格再度发生下跌。见图 2–39。

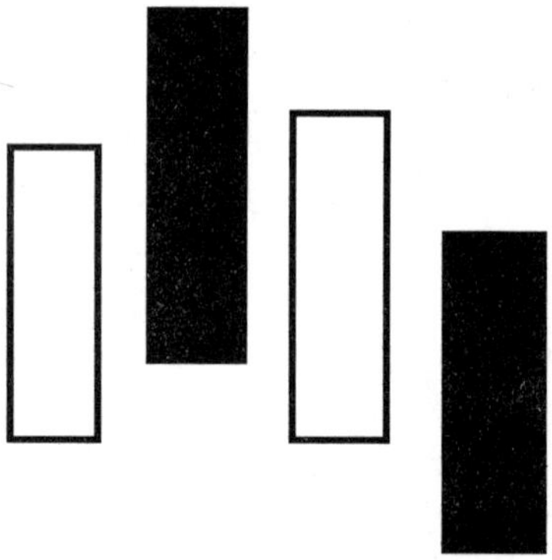

多空交错

图 2–39

这个组合中出现的乌云盖顶、空头覆盖或雨后初阳、倾盆大雨等 K 线形态，并不要求与原形态技术要点一致，即使与图 2–39 中组合不尽相同，只要能够反映出多空之间反复而激烈的缠斗即可。

判断多空交错的技术要点如下。

（1）上涨趋向已经维持较长时间，或具有相对较大的涨幅。

（2）阴阳 K 线交错出现，多为中大 K 线。

（3）总体上阴 K 线的成交量要大于阳 K 线。

一轮涨势运行过程中，多空争斗是必然的和相互依存的，但是当这种争斗开始改变股价原有的运行重心，并且是以较大的 K 线形式出现，则说明空方已经发起大规模、重量级攻势，并极有可能在之后的缠斗中夺取主导地位。

多空交错形态对于交易者具有很大的迷惑性，同时对短线交易者具有较大的杀伤力，因为很少有人能全部跟上变化的节奏，每一步都做对。面对这种形态，离场观望、等待局面明朗是最佳的选择。

多空交错形态反映的是多空之间的激烈缠斗，无论是大涨还是大跌之后出现类似的这种 K 线形态，都预示着趋向将要发生转折。

九、空头帽

空头帽是指一根中大阳线后，在其收盘价位附近连续出现数根小阴线或小阳线，之后突然出现一根中大阴线，打破了之前多头主导和之后相对平衡的局面。见图 2–40。

空头帽组合一前一后的大阳线和大阴线，以及夹杂其间的数根小阴线或小阳线，构成了一个类似帽子的形状，可以把它想象成空头给多头戴上一顶具有归属含义的“绿莹莹的空头帽”。

判断空头帽的技术要点如下。

（1）上涨趋向已经维持较长时间，或具有相对较大的涨幅。

（2）数根小阴线或小阳线的运行重心基本在中大阳线收盘价上下。

（3）小阴线或小阳线的具体数量并不固定，有的可达 6 ～ 7 根。

（4）中大阳线和中大阴线的实体，并不一定都像图 2–40 中那样对等、对称。

空头帽

图 2-40

和空头帽类似的还有一种高位盘旋组合，也需要引起注意。即在上涨高位一根中大阳线后，在其收盘价位附近连续出现数根小阴线或小阳线。高位盘旋也是一种空头提示信号，只不过与空头帽相比较缺少了后一根具有确认和加强含义的中大阴线。

有些高位盘旋组合会演化为空头帽，但更多地会采取其他下跌形式，如连续中小阴线等，或长时间延伸高位盘旋形态，直至达到主力出货的目标。

空头帽组合相对完整地展现了由多头主导到多空平衡，再到空头主导的过程，虽然这个过程相比趋势形态的多空转化属简化模式，但环节上却并不缺失。空头帽组合的空头提示强度中等，多数会成为阶段性的高点。

十、空头指路

空头指路是指一根带有较长下影线的中大阴线后，连续报收数根中小阴线或中小阳线，最后出现一根向下突破的中大阴线。空头指路形态中第一根带有较长下影线的中阴线，可以看作是空头发起大规模、重量级攻势前的一次试探行为，为之后的向下突破指明了方向，故称空头指路。见图 2-41。

判断空头指路的技术要点如下。

（1）经过连续上涨后，价格转入跌势的初中期。

（2）第一根中阴线的下影线至少超过实体一半以上。

（3）中小阴线或中小阳线的运行重心在长下影线中阴线实体内。

（4）中小阴线或中小阳线数量并不固定。

空头指路

图 2–41

实战中，空头指路组合中第一根带有较长下影线的中大阴线，往往都有较大的成交量，见图 2–42。从资金出逃与回归的角度来说，这根 K 线具有资金大幅出逃、小幅回归的过程。

某一阶段过于明显的资金出逃，其实并不利于主力有效减持仓位，跟风杀跌盘甚至会先于主力资金将股价打到跌停板上。对于想在相对高位减掉部分仓位的主力来说，让市场保持做多的信心和希望，是一项不可忽视的工作。基于此，在第一根带有较长下影线的中阴线上（加上下影线幅度，原应为大阴线），主力必然会先减掉计划中的仓位，然后借助盘口挂单、对倒、交易时间段选择等手法，通过小幅增加仓位，再将股价拉升到一定高度。

不要小看股价的这个回升幅度，也就是下影线的部分，它会给市场无限大的想象空间，使很多原本惶恐不安、意欲跟风杀跌的人收住了手，继而一步步恢复做多的信心。主力资金无疑就是看破了市场存在的这种心理，所以接下来空头指路组合中的中小阴线或中小阳线，就顺应市场心理作为反弹的主体出现了。

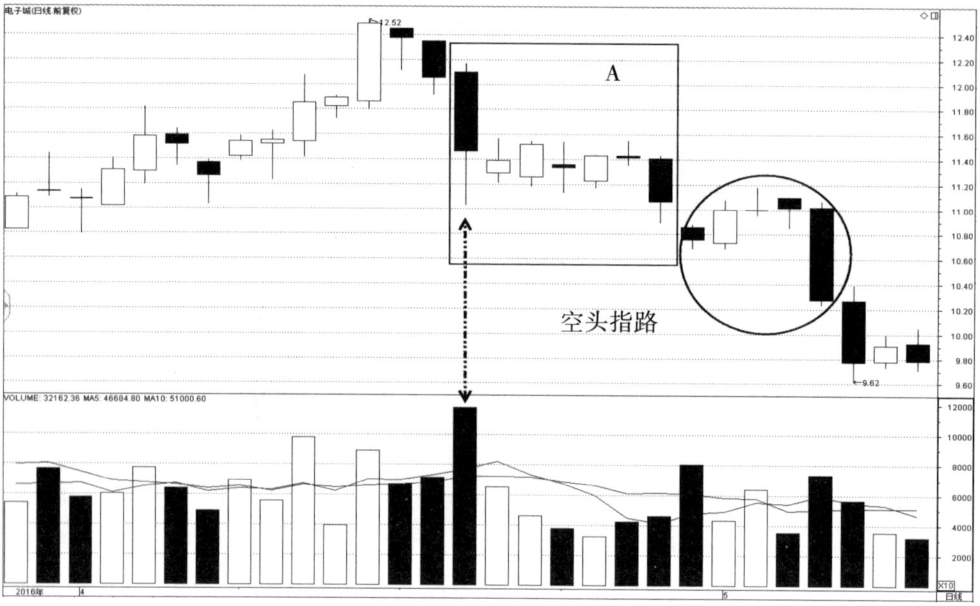

图 2–42

对于已经逐步恢复做多信心的人来说，判断对了股价运行的方向，不但会使自己很兴奋，还会进一步加重已有的仓位，以便让自己的盈利在“正确”的方向上飞奔。这一点，正是主力资金最乐于见到的。

上述步骤之后，如果主力顺利完成出货任务，那么一根向下突破的中大阴线就会出现。如果暂时还没达到目标，那么中小阴线或中小阳线还会多上几根，主力也就多陪市场玩上几天。如图 2–42 中 A 点所示，长下影中大阴线后出现五根中小阴线和中小阳线，最后以中阴线向下突破。也许是主力仍旧不满意减仓效果，A 点后又拉一个四根中小阴线和中小阳线后，才以大阴线向下突破。

十一、跳高出逃

跳高出逃是指在下跌初中期，连续的小阴线、小阳线后，突然出现一根高开低走的中大阴线，之后价格仍旧恢复原有运行节奏和状态。见图 2–43。

跳高出逃

图 2-43

顾名思义，跳高出逃是主力资金借助突然性的高开来迷惑和吸引市场追涨资金，以达到自己减仓的目的。

判断跳高出逃的技术要点如下。

（1）经过连续上涨后，价格转入跌势的初中期。

（2）高开低走中大阴线之前和之后的 K 线，多以小阴线小阳线为主。

（3）高开低走的中大阴线，高开幅度较为明显。

（4）高开低走的中大阴线具有相对较大的成交量。

跳高出逃这种 K 线组合多出现在跌势初期阶段，因为这个阶段跌势尚不明显，空头并没有显示出绝对的主导地位。市场各方对于后期走势仍旧存在不同的看法，所以选择这个阶段以高开的方式来完成减仓任务，对于主力来说相对容易达到目的。

如图 2-44 所示，在下跌初期阶段，K 线以小阴小阳的节奏运行，某日突然出现一根高开低走的中大阴线后，股价逐渐开始向下滑落。跳高出逃具有较大的隐蔽性和迷惑性，主力采用这种手法来减仓，不仅不会引起恐慌，有时还会勾起市场无限的遐想。

这里所讲的跳高出逃，是较为特别的一种形态。更为常见的形态是图 2-45 所示，即空头侵入线或空头覆盖线的形式。如果说空头侵入线或空头覆盖线是跳高出逃中空头霸气外露的类型，那么本节所讲的跳空出逃就是空头绵里藏针、暗下黑手的类型。

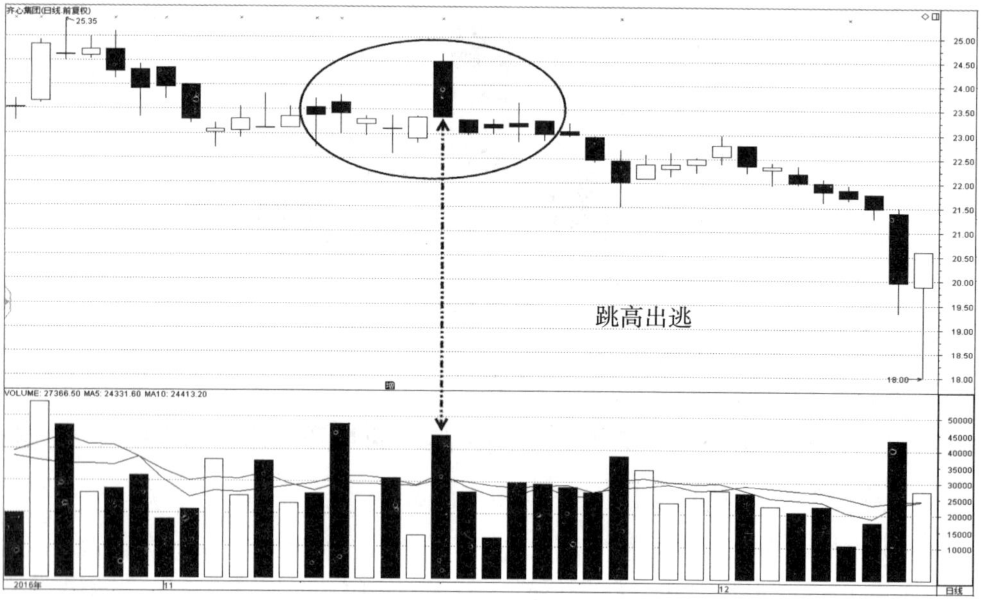
齐心集团(日线 前复权)
25.35
跳高出逃
18.00
VOLUME: 27366.50 MA5: 24331.60 MA10: 24413.20
2016年
11
12
日线

图 2-44

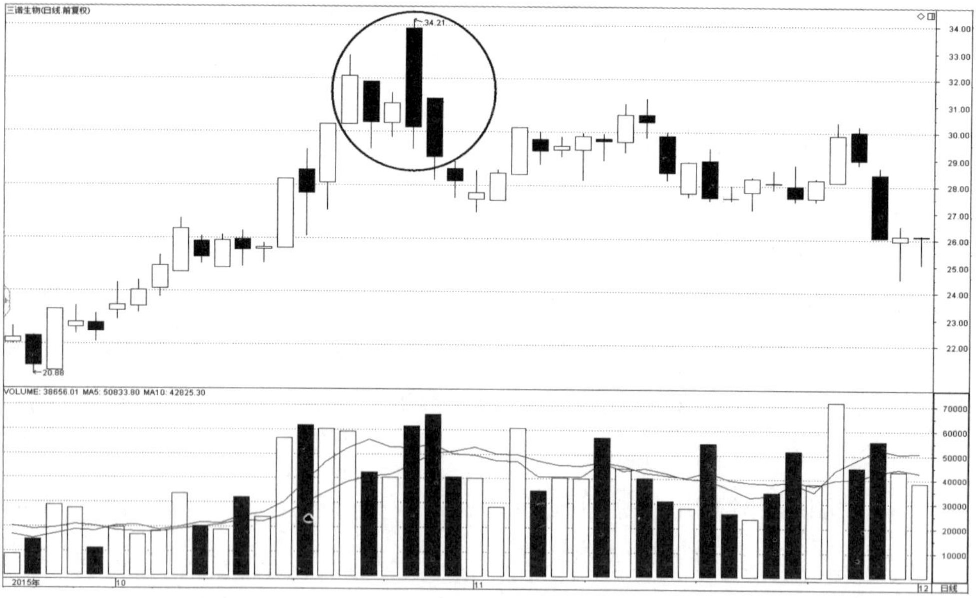
三诺生物(日线 前复权)
34.21
20.88
VOLUME: 38656.01 MA5: 50833.80 MA10: 42825.30
2015年
10
11
12
日线

图 2-45

第五节 K 线多头组合技术解析

空头组合的出现意味着减仓或做空，那么多头组合当然就意味着加仓或做多。对于不习惯于做空获利的国内 A 股交易者来说，做多获利仍旧是股票操作的主要内容。

一、多头覆盖

多头覆盖，是指一根中大阴线之后，第二根为大阳线且将前一根中大阴线完全覆盖在自身的实体之内。见图 2-46。多头覆盖显示出多方强劲的反攻势头，是强烈的多头提示信号。

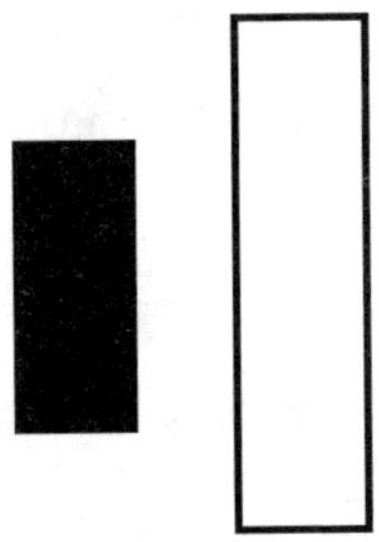

多头覆盖

图 2-46

多头覆盖的衍变形态在实战中有个认定的问题。例如，组合中第一根阴线达不到中大阴线的标准，那么多头覆盖组合算不算成立？这里的回答是：只要达到覆盖要求即可！定义中提及第一根阴线是中大阴线，其意义在于强调第二根大阳线覆盖强度和多头反攻力度。

打个比方，是消灭一个连的敌兵对敌方的打击大，还是歼灭一个军的敌兵对敌方的打击大？能回答这个问题，也就能理解多头覆盖衍变形态的认定问题。关于空头覆盖的理解与此相同。

无论多头覆盖还是空头覆盖，覆盖的幅度越大，则攻势越强烈，信号越明确。如果当天的 K 线实体能够覆盖前面好几天的 K 线，那么提示信号更为强烈。

完全覆盖是覆盖线最强烈的表现形式。在实战中，大家经常遇到实体基本对等的大阳线和大阴线组合，这种组合称为对攻线，一般将其归入侵入线的范畴。对攻线的提示信号强度，略弱于完全覆盖线。

判断多头覆盖的技术要点如下。

（1）下跌趋向已经维持较长时间，或具有相对较大的跌幅。

（2）第二根大阳线低开高收，将第一根阴线完全覆盖。

（3）第二根大阳线的成交量呈温和放量的态势。

图 2–47 中，该股经过一段下跌后出现小幅反弹，至 A 点出现一根向下跳空的中阴线，似乎预示着弱反弹终结。但下一交易日却低开高走报收大阳线，将前面那根阴线完全覆盖，构成多头覆盖组合，多头也由此展开一波向上的攻势。

多头覆盖组合的成型具有一定的突然性。原本处于下跌趋向或弱反弹过程中，但主力资金突然发力改变原有运行格局，因此不会有太多的市场资金大规模参与，所以组合出现当天的成交量一般不会过大。温和放量是多头覆盖组合第二根大阳线理想的放量形式，如果是巨量或阶段性大成交量，则后面出现调整或走成失败型的几率比较大。

二、上涨孕线

上涨孕线是指一根中大阴线后，第二根 K 线为高开的中小阳线或十字星（线）等，且第二根 K 线整体蕴藏在前一根中大阴线的实体之内。见图 2–48。孕线既是对这种 K 线组合形象性的称谓，同时也暗示着股价正孕育着趋势的扭转，将诞生一个新的方向。

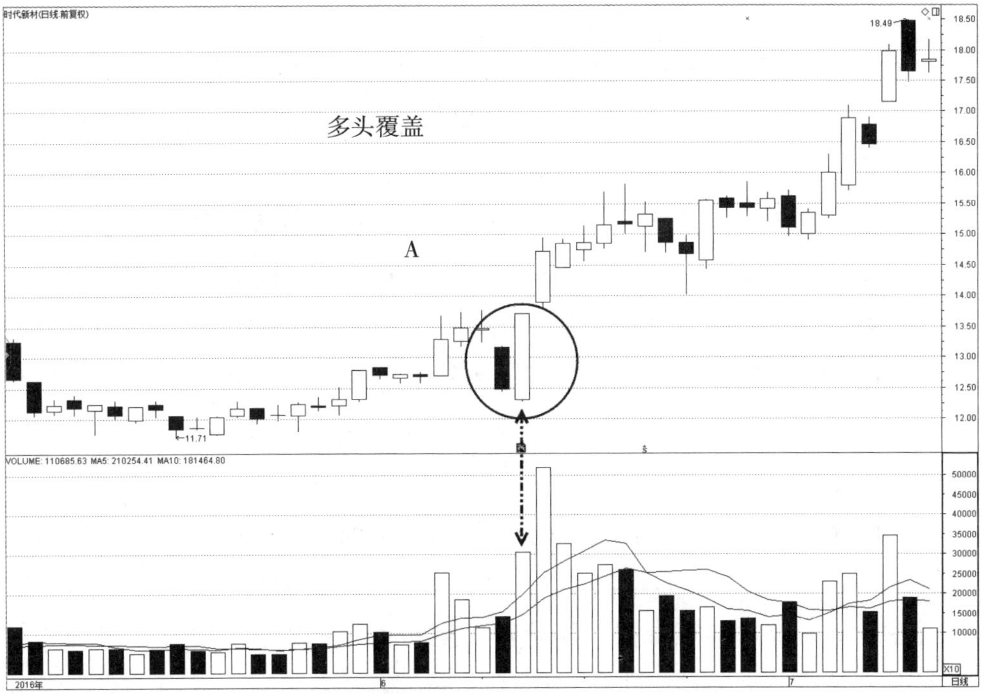

图 2-47

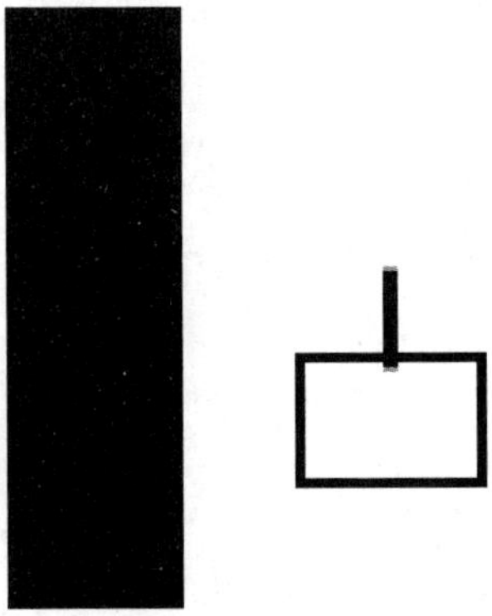

上涨孕线

图 2-48

判断上涨孕线的技术要点如下。

（1）下跌趋向已经维持较长时间，或具有相对较大的跌幅。

（2）第二根 K 线实体相对较小，影线较短，最高价和最低价都包容在第一根 K 线的实体之内。

上涨孕线和下跌孕线一样，衍变形态较多，既有大阴线和中小阳线的组合，也有大阴线和十字星（线）等组合形式，但技术意义相差不大。

上涨孕线组合多出现在跌势或级别较大的调整阶段。通常来说，中大阴线本身具有跌势扩展的意义，但上涨孕线组合第一根中大阴线之后，跌势并未随即扩展，而是向上跳收小阳。实战中遇到类似情况时，就需要多问自己几个为什么。

为什么空头拉出发威的架势时，却踟蹰不前？是引而不发，静候最佳时机，还是已然耗尽气力，拉不开弓？

答案就在技术环境分析。当趋向发生转折，跌势渐盛之际，出现类似的上涨孕线形态，多是空头故布陷阱，意在剿杀多头残部。当跌势已维持较长时间，或短期具有较大跌幅时，则必是空头式微，多头悄然反攻的开始。如图 2–49 所示，连续急促的大幅度下跌后，A 点出现上涨孕线组合，昭示空头至少在短期内已经无力逞强，之后股价随着多头反攻将会逐步走强。

上涨孕线出现时，第一根大阴线的成交量如果相对较大，第二根阳线的成交量相对缩小，则组合的确定性较为理想。但是组合出现后，必须有一个增量的过程。如果在之后的反弹中缺乏增量的过程，那么这个上涨基本可以肯定是一个短命的弱反弹。

三、多头侵入线

多头侵入线是指多头强力侵入空头的领域，并占据主导地位的一类 K 线形式，其多头提示强度相对较高。多头侵入线和空头侵入线一样，具有较多衍变形态，同时也是实战中最为常见的 K 线组合形式。本节选取多头侵入线中较为典型的两种，分别予以讲解。

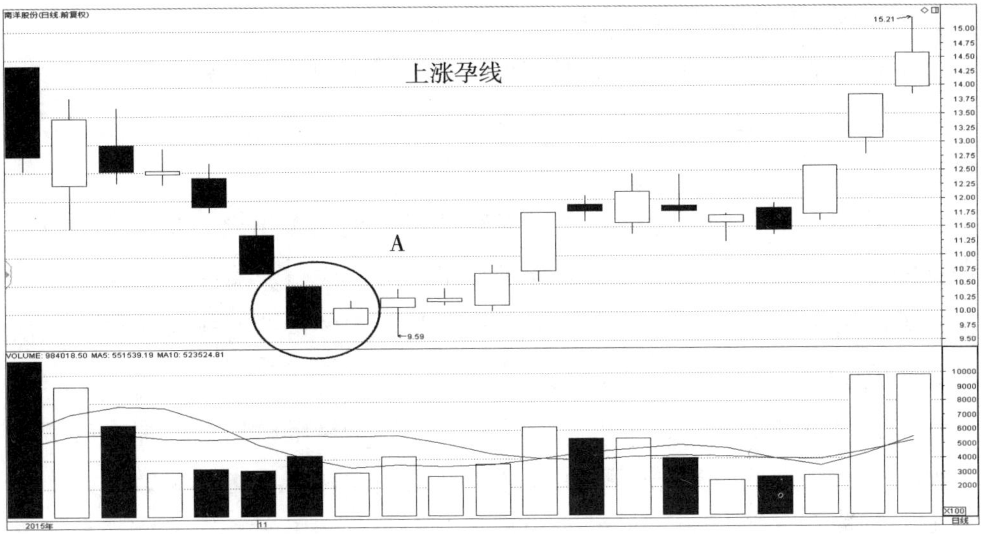

图 2-49

（一）雨后初阳

雨后初阳是指一根中大阴线后，第二根低开高走的中大阳线侵入前一根中大阴线实体之内。如果将跌势或阴线比喻成连绵雨季，一根多头强力反攻的中大阳线就像雨季结束后升起的第一轮红日，故名雨后初阳。见图 2-50。

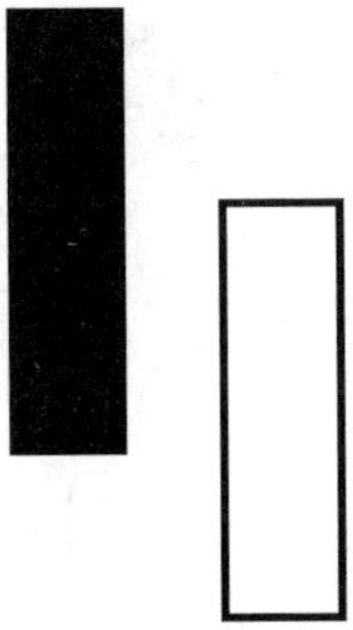

雨后初阳

图 2-50

判断雨后初阳的技术要点如下。

（1）下跌趋向已经维持较长时间，或具有相对较大的跌幅。

（2）中大阳线侵入前一根中大阴线实体的比例越大，多头提示信号越强烈。

雨后初阳组合的多头信号提示强度低于多头覆盖组合，是实战中较为常见的多头侵入线形式。这个组合成型于跌势之中，具有一定的突然性。因其未能覆盖前一根阴线，盘面上多头发起反攻的势头并未锋芒毕露，所以成交量通常不大。

需要注意的是，在这个组合出现后，如果价格继续升势，那么成交量必须有一个增量的过程，否则极有可能导致趋向转折，走出失败形态。如图 2–51 所示，A 点雨后初阳组合出现后，股价呈盘升态势，成交量也随之不断放大。

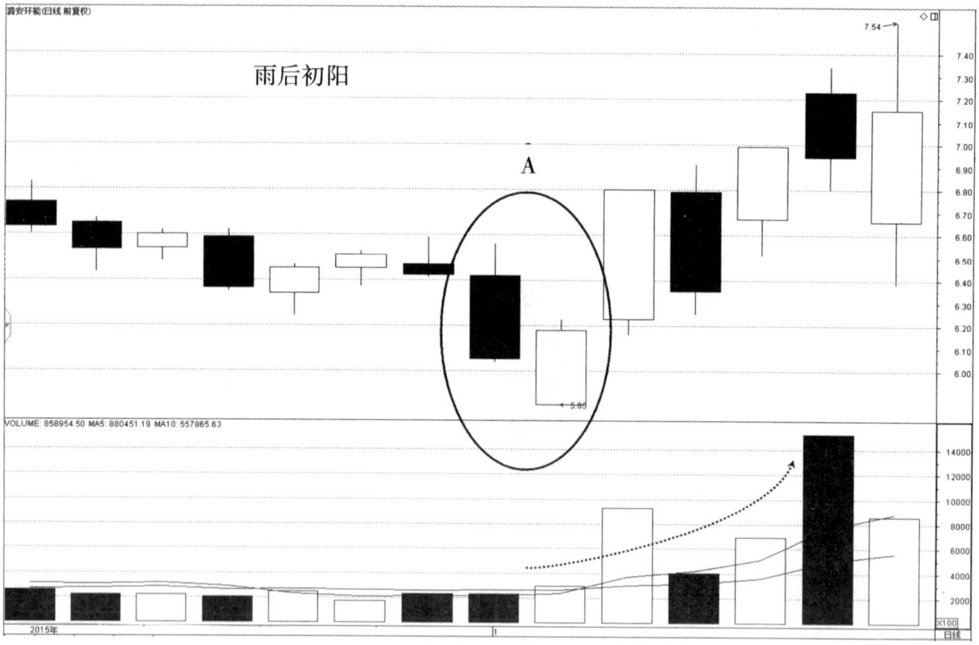

图 2–51

（二）旭日东升

旭日东升是指一根中大阴线后，第二根 K 线为高开高走的中大阳线，其收盘价超越前一根中大阴线开盘价。见图 2–52。

旭日东升

图 2–52

判断旭日东升的技术要点如下。

（1）下跌趋向已经维持较长时间，或具有相对较大的跌幅。

（2）第二根中大阳线的收盘价超越前一根中大阴线开盘价越多，则多头提示信号越强烈。

（3）第二根中大阳线当天的成交量应有明显放大。

如图 2–53 所示，一波快速下跌后，A 点出现旭日东升组合，之后股价盘整后进入升势。旭日东升组合的多头提示强度高于雨后初阳，低于多头覆盖。旭日东升组合虽在股价上覆盖了前一根 K 线，但实体上并未完全覆盖，故将其列入多头侵入线类别。

旭日东升下方存在一个向上的跳空缺口，这种形态不如多头覆盖组合从低点到高点一步步推进走得扎实。旭日东升组合多头似有取巧之嫌，实战中也有利用这种形式实施多头陷阱的案例。

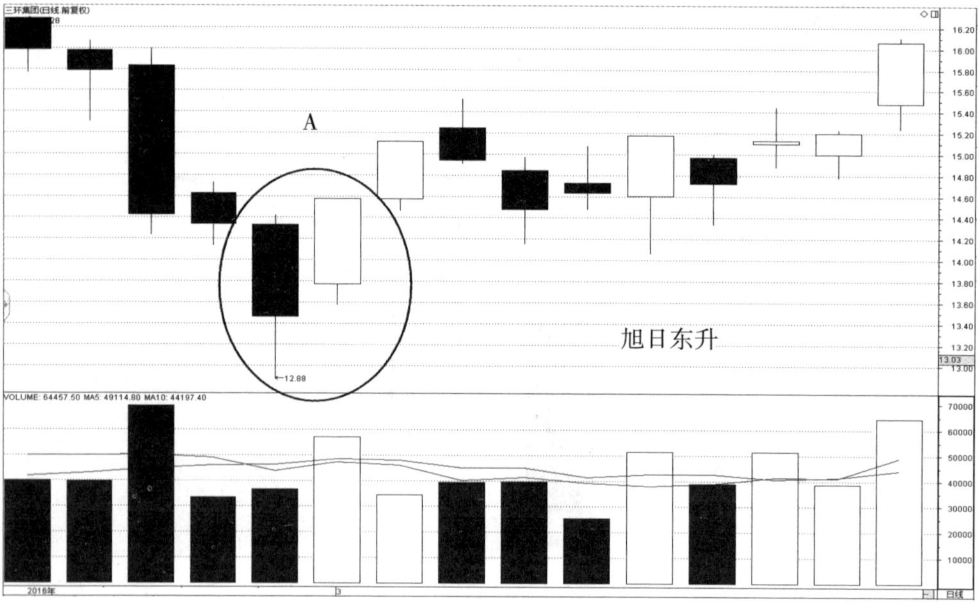

图 2–53

四、红三兵

红三兵是指连续三根上涨的小阳线每天都创价格新高，但并无跳空缺口（包括盘中回补）。见图 2–54。三根上涨的小阳线就像战斗中的尖兵，在悄无声息中拉开多头进攻的序幕。

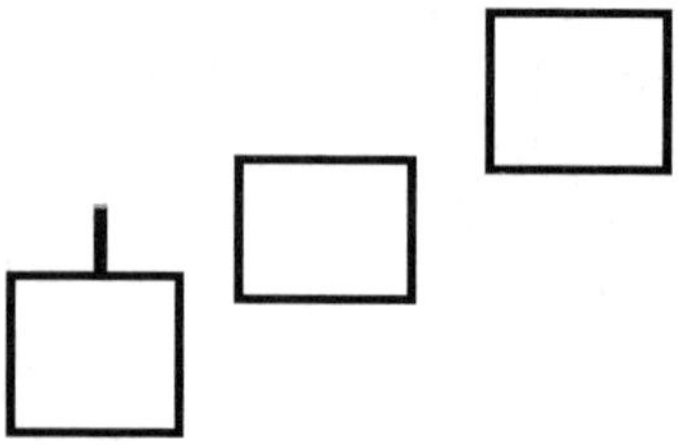

红三兵

图 2–54

判断红三兵的技术要点如下。

（1）出现在大跌之后的底部区域或盘整区域。

（2）三根小阳线依附向上的 5 日线上升，成交量也同步依次放大。

（3）短中期均线系统应为多头排列。

如图 2–55 所示，A 点出现红三兵组合，这时的短中期均线系统正处于多头排列，K 线依附 5 日均线缓慢爬升，成交量也同步增加。出现红三兵组合后，成交量应表现为回调时缩量，上涨时增量，表明上涨趋向正处于良性持续发展过程中。

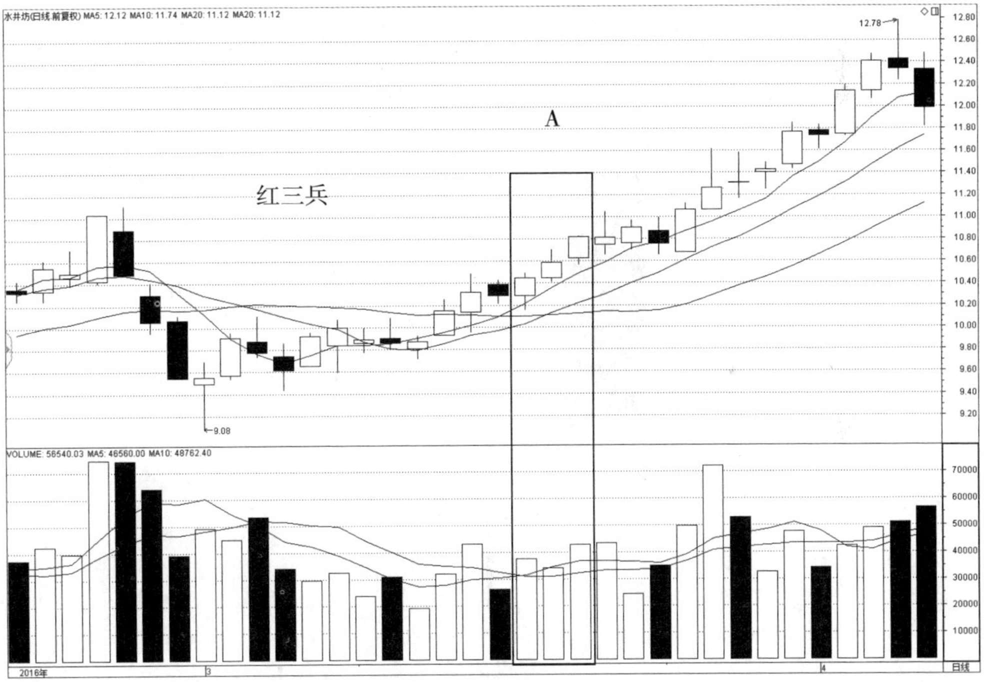

图 2–55

之所以强调红三兵组合和短中期均线系统的配合，原因在于避免骗线。下跌过程中也会出现连续三阳线或多阳线，但多数表现为弱反弹的过程，随时可能转升为跌。但在站稳短中期均线系统后，红三兵组合在量能的配合下，往往能够带来一波升势。

在底部区域或盘整阶段出现红三兵，意味着蛰伏多日的多方已蠢蠢欲动。同时可以观察在股价下跌过程中和红三兵出现后，成交量是否存在一个由逐步缓慢缩减到温和放大的过程。如果存在这个过程，那么随着股价继续延续升势，量能渐次增大，趋向的扭转就会逐渐显现出来。

红三兵形态出现在长期、大幅下跌趋势运行的末期，其见底提示的可信度较高。在下跌中段出现时，往往会成为下跌中继形态。

五、早晨之星

早晨之星指第一根是中大阴线，第二根是小阳线或小阴线（十字线）且具有上下影线，第三根为中大阳线的 K 线组合。见图 2–56。

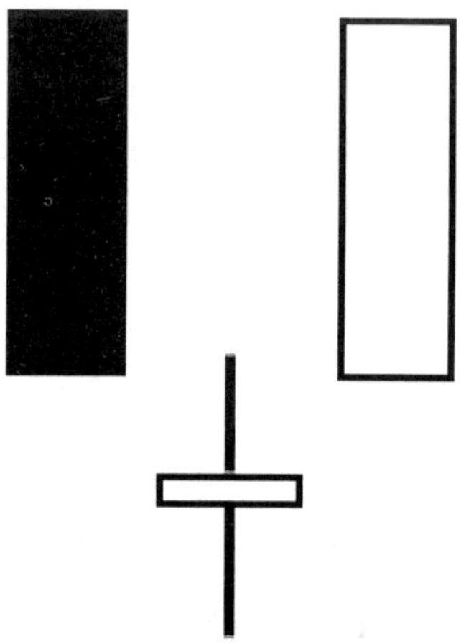

早晨之星

图 2–56

判断早晨之星的技术要点如下。

（1）下跌趋向已经维持较长时间，或具有相对较大的跌幅。

（2）第二根 K 线具有相对较长的上影线或下影线。

（3）第三根阳线侵入或覆盖第一根阴线的实体越多，多头提示信号越强。

（4）第三根阳线当天成交量应有所放大。

下跌趋向维持过程中或弱反弹结束后，市场普遍悲观地认为不可能有任何转机，于是以卖出或做空股票为主。在一根中大阴线之后，次日卖出要求未能得到实现的交易者，会选择继续卖出或做空，但不久就发现价格并没有延续上一交易日的深跌，而是开始缓慢回升。虽然回升幅度有限，却显现出极有韧性的支撑。出乎多数人的意料，第三个交易日空头似乎突然人间蒸发，而多方却释放出巨大的能量，价格开始迅速上涨。

早晨之星组合的第一根阴线，显示交易者被恐慌情绪控制，很难作出理性分析，只能跟随大众抛售。第二根小阳线、小阴线或十字线，则是非理性抛售到了极点，K 线形态上也具有跌势停歇的意义。第三根阳线说明行情趋向可能发生重要转折。

早晨之星组合有一个成交量上的筛选项，对于实战中辨别真伪有一定的帮助。下跌趋向中，在价格阶段性低点上出现的早晨之星组合，其第二根 K 线多数都有放量的现象，如图 2–57 中 A 点所示，这也是主力收集所谓“带血筹码”的缘故。如果是在价格低点反弹后的回落过程中出现早晨之星组合，则第二根 K 线放量现象并不明显，如图 2–58 中 A 点所示。早晨之星组合的第三根阳线必须明显放量，放量幅度至少不能低于前期的常量。同时，在之后的上涨过程中应能保持增量。如果出现逐渐缩量，那么可能会走出失败形态。

实战中，早晨之星的衍变形态较多，交易者不必按图索骥。只要掌握了早晨之星的技术含义，图形上的细微差异可以忽略不计。

六、跳低回收

跳低回收是指升势中，某一日股价突然大幅低开，但收盘时股价不但收复失地，而且有一定涨幅，之后股价继续升势。见图 2–59。

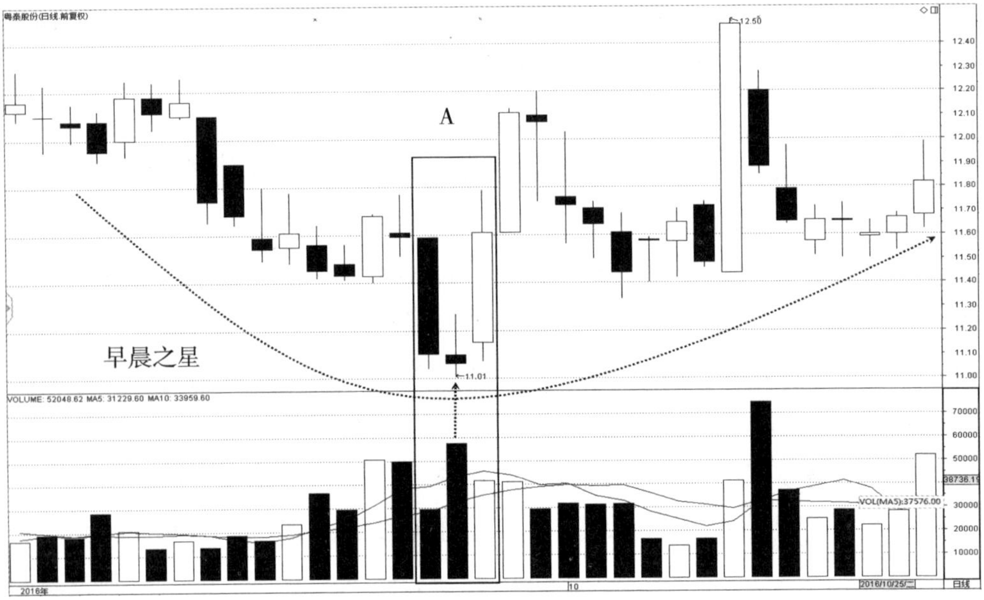
粤泰股份(日线 前复权)
A
早晨之星
12.50
11.01
VOLUME: 52048.62 MA5: 31229.60 MA10: 33959.60
VOL(MA5):37576.00
2016年
10
2016/10/25/二
日线

图 2-57

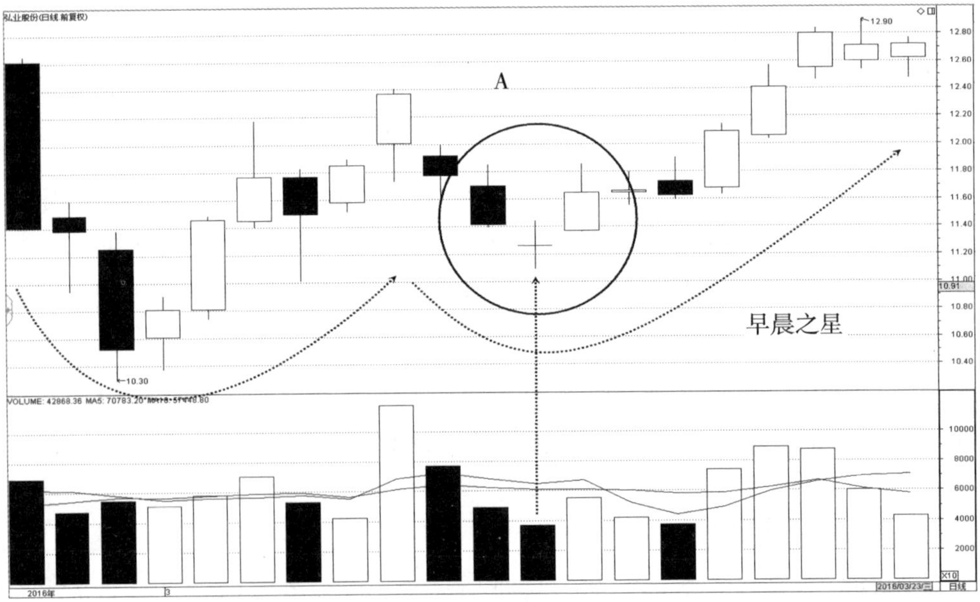
弘业股份(日线 前复权)
A
早晨之星
12.90
10.30
10.91
2016年
3
2016/03/23/三
日线

图 2-58

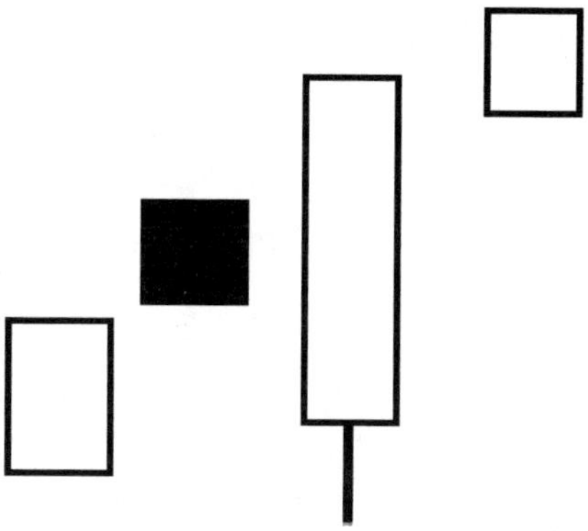

跳低回收

图 2–59

判断跳低回收的技术要点如下。

（1）经过大跌后，进入上涨趋向形成的初中期。

（2）跳低回收后，应能延续温和增量上涨。

经过大幅下跌后，多头主力重拾升势之初，K 线大幅、反复震荡是难免的必修课。在这个阶段，刻意的低开或借助利空大幅低开，都是常见的震荡手法。毕竟低点的筹码是珍贵资源，让散户在低点卖出“带血的筹码”，也体现了主力吸血鬼的本色。

跳低回收是一种比较“狠”的震仓手法，除非是“死猪不怕开水烫”的锁仓者，低点买入的交易者十之八九禁不住主力的这种“拷打”，往往会选择平手或微亏、微盈出局。毕竟大跌就发生在不久之前，谁也不敢肯定昔日不会重来。

如图 2–60 所示，一波迅猛的大跌后，A 点股价回升中突然大幅低开，这个低开和低点在价格上覆盖了前面三根 K 线实体，并接近阶段性最低点。如果身临其境，对于主力出手之狠，难免不寒而栗！

跳低回收当天的成交量一般不会过高，因为真正的低点是没有多少敢买的，敢于抄底的本来就是少数，所以被震仓出去的也就没有多少。前期被套的，在这个阶段通常都还在装死，因为价格反弹得不够高，所以很少有人会选择这时卖出。

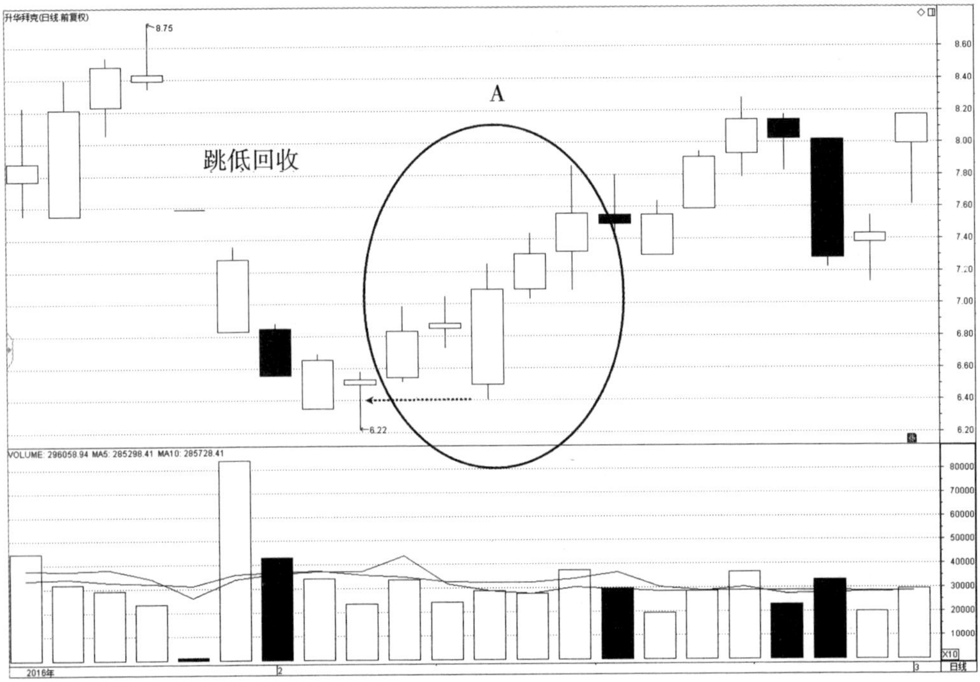

图 2-60

对于短线能力较强的交易者来说，跳低回收发生当天还是有一定机会的。这个机会的把握并不全在技术分析上，而在技术操作上。技术分析不可能神奇地预知价格变化的所有细节，而应对这些海量细节变化的唯一手段只有技术操作。

以跳低回收为例，当你在图 2-60 中 A 点之前已经买入该股，A 点跳低回收发生时，就是测试个人短线水平的时候。

如果在恐慌情绪控制下清仓离场，那么至少说明你不适合在市场恶劣环境下进行短线操作。在分时图显示股价穿刺般下跌时，敢于选择控制仓位买入（底仓的存在可以保证及时纠错和获利 T+0 卖出），这个操作的前提如果不是建立在盲目好动的基础上，而是有计划的、狙击恐慌杀跌的一种操作手法，那么你的操作技术在大部分市场环境下都可以生存。

可能有人会问：如果买入后股价继续下跌怎么办？对于技术操作者来说，在市场环境恶劣的阶段，仓位永远都处于流动的状态，做 T+0 或认错出局，都是常规性的应对方法。如果你无法认同这一点，还是尽量避免短线交易。

七、上涨三叠阴

上涨三叠阴是指一根中大阳线后，连续出现三根价量渐次萎缩的中小阴线，三根小阴线的最低价未能跌破前面中大阳线的开盘价，之后再收一根中大阳线。出现上涨三叠阴，多为主力清洗浮筹或借机吸筹等方面的需要。见图 2-61。

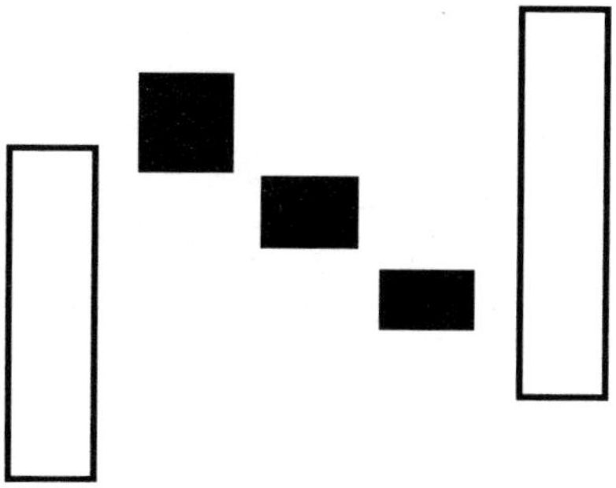

上涨三叠阴

图 2-61

判断上涨三叠阴的技术要点如下。

（1）经过大跌后，市场处于上涨趋向形成的初中期。

（2）三根中小阴线价量渐次萎缩，未破第一根中大阳线开盘价。

（3）三根中小阴线侵入第一根中大阳线实体的比例越小，提示的多头信号越强烈。

（4）最后一根中大阳线超越三根中小阴线最高点越多，提示的多头信号越强烈。

上涨三叠阴的衍变形态主要是中小阴线的数量有增减，如二叠阴或四至五根小阴线，在技术意义上并无过大差异。

还有就是最后一根K线具有上影线，而实体未能达到中大阳线的标准。这种情况只要上影线不是过长，同时实体收盘价接近三根中小阴线最高点，也算基本符合要求。如图2–62所示，A点上涨三叠阴组合中的最后一根阳线，其实体未达到中大阳线的标准，但收盘价已经超出三根阴线最高点，基本符合技术条件。

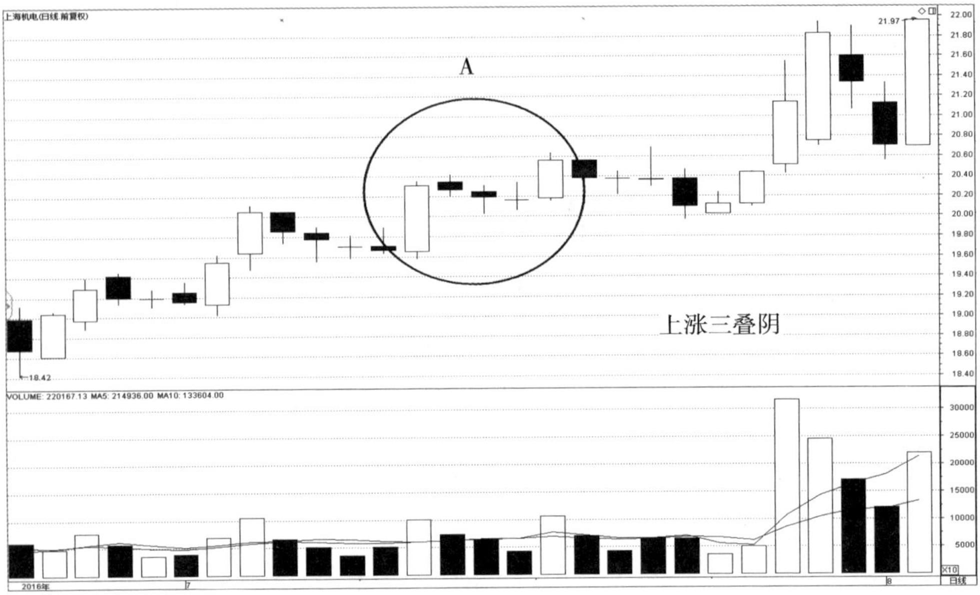

图 2–62

八、多头帽

多头帽是指一根中大阴线后，在其收盘价位附近连续出现数根低位盘整的小阴线或小阳线，之后突然出现一根中大阳线，引领价格转入升势。见图2–63。多头帽组合因类似帽子的形状且为多头提示信号，故名多头帽。

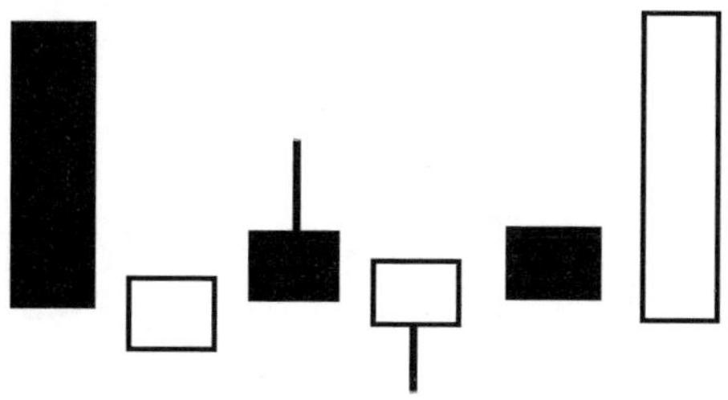

多头帽

图 2-63

判断多头帽的技术要点如下。

（1）下跌趋向已经维持较长时间，或具有相对较大的跌幅。

（2）数根小阴线或小阳线的运行重心基本在中大阴线收盘价上下。

（3）小阴线或小阳线的具体数量并不固定，有的可多达 6 ~ 7 根。

（4）中大阴线和中大阳线的实体并不一定对等、对称。

（5）最后的中大阳线应有明显的增量。

图 2-64 中，该股连续下跌后，在 A 点出现一根中大阴线，之后连续收出六根盘整的小阴线和小阳线，最后一根放量中大阳线构成多头帽组合形态。在多头帽组合中，最后一根放量的中大阳线具有确认的作用，这根 K 线是多头对于趋向强力扭转的开始。

实战中，一根中大阴线后，又连续出现数根低位盘整的小阴线或小阳线，缺少多头的主动攻击，此时并不能仅凭主观愿望就认定这是一个多头帽组合，否则一旦行情继续下行，交易就将面临失利。主观愿望是技术分析中必须坚决摒弃的，否则它会诱使交易者犯下难以挽回的错误，并导致技术分析完全失去效用。

九、多头指路

多头指路是指一根带有较长上影线的中大阳线后，在开盘价之上连续出现数根中小阳线或中小阴线，之后价格继续升势。见图 2-65。

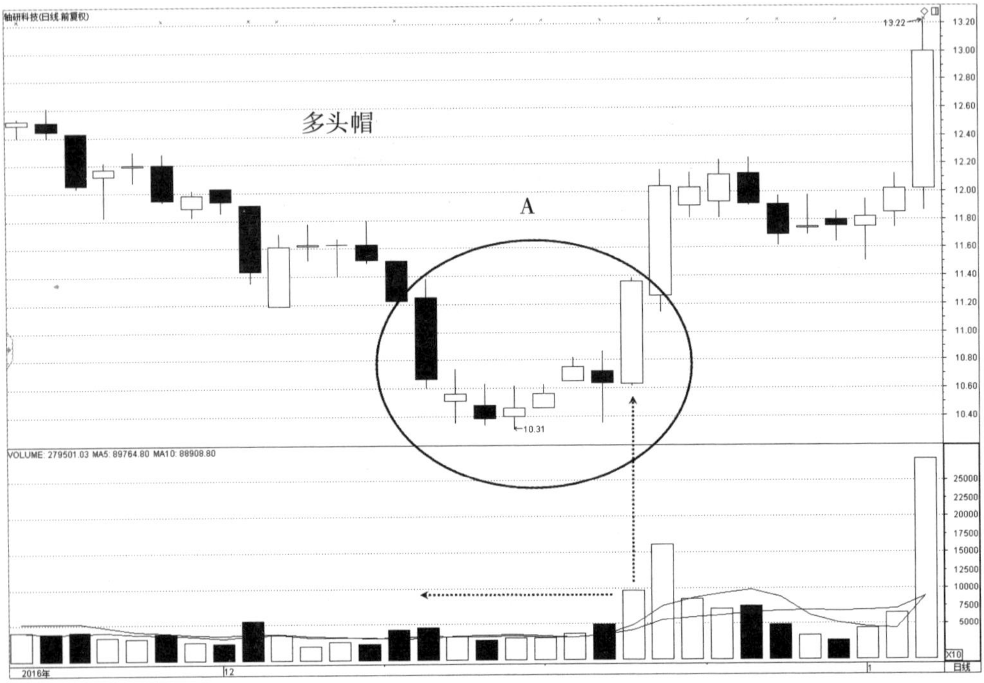

图 2-64

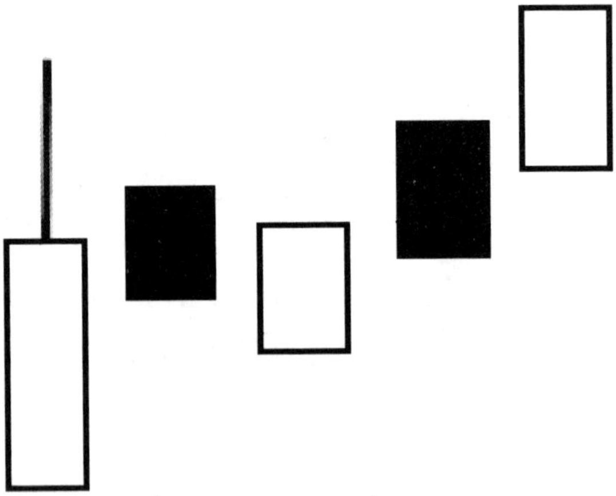

多头指路

图 2-65

判断多头指路的技术要点如下。

（1）经过大跌后，市场处于上涨趋向形成的初中期。

（2）第一根中大阳线的上影线至少超过实体一半以上。

（3）中小阴线或中小阳线的运行重心在第一根中大阳线的开盘价之上。

（4）中小阴线或中小阳线的数量并不固定。

多头指路组合的第一根带有较长上影线的中大阳线，具有测试上方压制或诱空的作用。通过这种测试反馈的信息，主力会作出不同的反应。例如，上方压制轻微或没有震荡洗盘的必要，则直接拉升。上方具有较强压制或接近密集成交区，或者需要震荡洗盘，则以连续出现数根中小阳线或中小阴线进行反复震荡，消化相关筹码，直至达到自己的标准。基于此，多头指路的中小阳线或中小阴线数量并不固定，多则 6 ～ 7 根，少则 2 ～ 3 根。

十、低位小阴价不跌

低位小阴价不跌是指在下跌趋势（或较长时间下跌趋向）中，连续出现数根小阴线，但价格累计跌幅并不大，之后量价突现迸发的阳线和量能。见图 2–66。

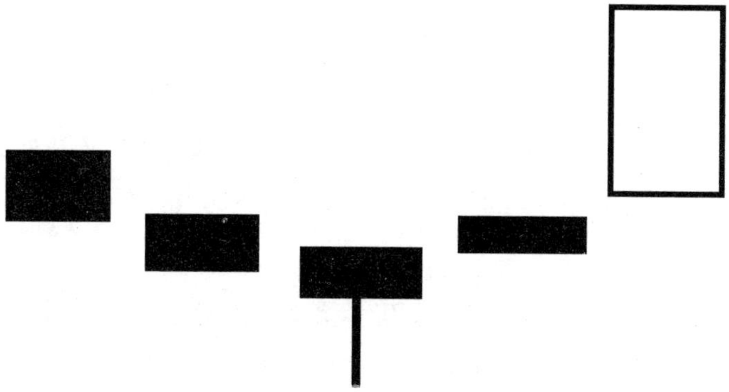

低位小阴价不跌

图 2–66

判断低位小阴价不跌的技术要点如下。

（1）市场处于下跌趋势，或处于较长时间的下跌趋向中。

（2）成交量与价格同步呈现出长时间的低迷态势。

（3）需要确认有起涨阳线和量能出现。

低位小阴价不跌组合多出现在中大盘股票上，尤其是一轮下跌趋势中，这些股票量价极度低迷，很少有人问津。即使其他小盘股出现中级反弹行情，这些中大盘股票也仍旧处于“黑暗”之中，似乎看不到任何希望。

然而，否极泰来的规律终究不会改变。市场大资金总是会寻找大多数人放弃或不关注的角落，因为这些“角落”才能在“与世无争”的状态下容纳大资金的体量。当大资金认为时机来临，这些原本运行迟滞的“庞然大物”，似乎一夜之间就变得轻盈起来，股价一飞冲天。

如图 2-67 所示，该股股价大幅下跌后，在 A 点形成低位小阴价不跌的 K 线组合，之后股价略经盘整后，便开启了极为迅捷的上涨势头。低位小阴价不跌组合，实质上是主力的一次洗盘行为，为将要开始的拉升做最后一次清理浮筹的工作。

有一点必须说明，并不是所有低位小阴价不跌出现之后，都会迎来股价的快速拉升。例如，图 2-67 中 A 点之前也出现过一个连续小阴的走势，但股价并没有由此拉升，其中原因是多方面的。比如，主力利用低位小阴洗盘时，发现资金流入远比筹码出逃得多或筹码出逃的程度不够，那么延长洗盘打压的过程就是必须的。当然原因各种各样，很难一一说明。

低位小阴价不跌组合需要一个确认要件，即有起涨阳线和量能的出现，用以打破之前空头沉闷下跌的趋向。没有这一点，就无法确认低位小阴价不跌组合成立。在漫长的熊市下跌过程中，类似低位小阴价不跌组合在中大盘股中很常见，并不能成为交易者建仓的依据。

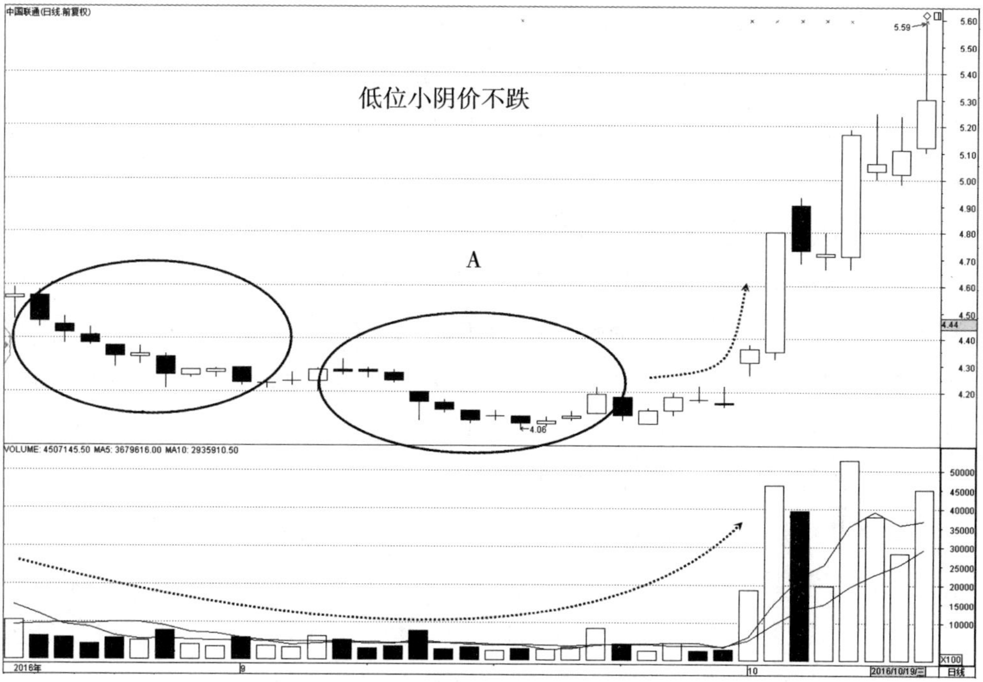

图 2–67

十一、漫漫小阳线

漫漫小阳线，是指经过大幅下跌后，在相对低位区域连续出现多根小阳线。见图 2–68。和低位小阴价不跌组合一样，漫漫小阳线组合也多出现在中大盘股票上，但多头信号提示强度高于低位小阴价不跌组合。

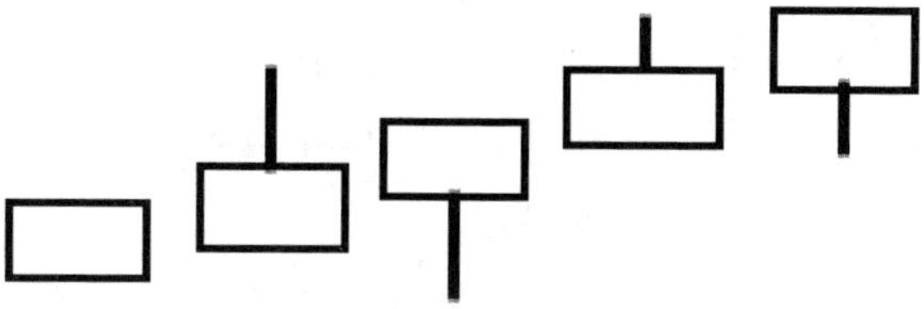

漫漫小阳线

图 2–68

判断漫漫小阳线的技术要点如下。

（1）经过大跌后，市场处于上涨趋向形成的初期。

（2）多根小阳线呈缓慢、小角度的向上运行态势，成交量同步温和增加。

漫漫小阳线因其量价均缓慢向上运行，并没有量价骤增暴涨的现象，往往并不被市场关注。同时，连续小阳线上下震幅有限，买点和卖点不易选择，因此追涨资金并不踊跃，主力也因此得以吸足筹码并蓄势待发。这种K线组合显示，多方正在构建底部，积蓄上涨动能。漫漫小阳线如出现在股价相对高位区域，则极有可能是主力制造的多头陷阱，往往小阳线连涨数十天，却抵不上一根大阴的下跌幅度。

如图2–69所示，该股跌势完结后，于A点出现连续的小阳线，形成小角度向上爬升的态势。对于漫漫小阳线组合的个股，并不适合性格急躁的短线交易者参与。经过连续多日的小幅度震荡和爬升，基本会让短线客耐不住寂寞而离场，很难获得较好的收益。这类个股比较适合波段交易者，介入时应遵循低吸技术的原则，避免追涨。

漫漫小阳线组合虽然走势缓慢，上升角度相对较小，但并不意味着中间不会出现挖坑。例如，图2–69中A点之后，就出现了一个回档或称挖坑的低点。如果交易者在这种图形的个股上追涨，高点介入遭遇挖坑，则在判断上容易出现错误。毕竟判断漫漫小阳线组合走出失败形态的技术条件上，偏离原有趋向就是极为重要的一点。

K线分析的复杂性，在于所有的K线形态都可能是虚假的，这也是博弈的本质特性决定的。正如《孙子兵法》中所说，能而示之以不能，不能示之以能，所以K线分析决不可以将技术环境置之不顾而以线论线，否则得出的最后结论必然是片面和偏颇的。

K线基础分析的内容至此告一段落。基础知识的重要性不言而喻，即使到了后面的章节，分析K线出逃与回归的本质，如果基础知识不稳固，就会在理解上出现偏差。

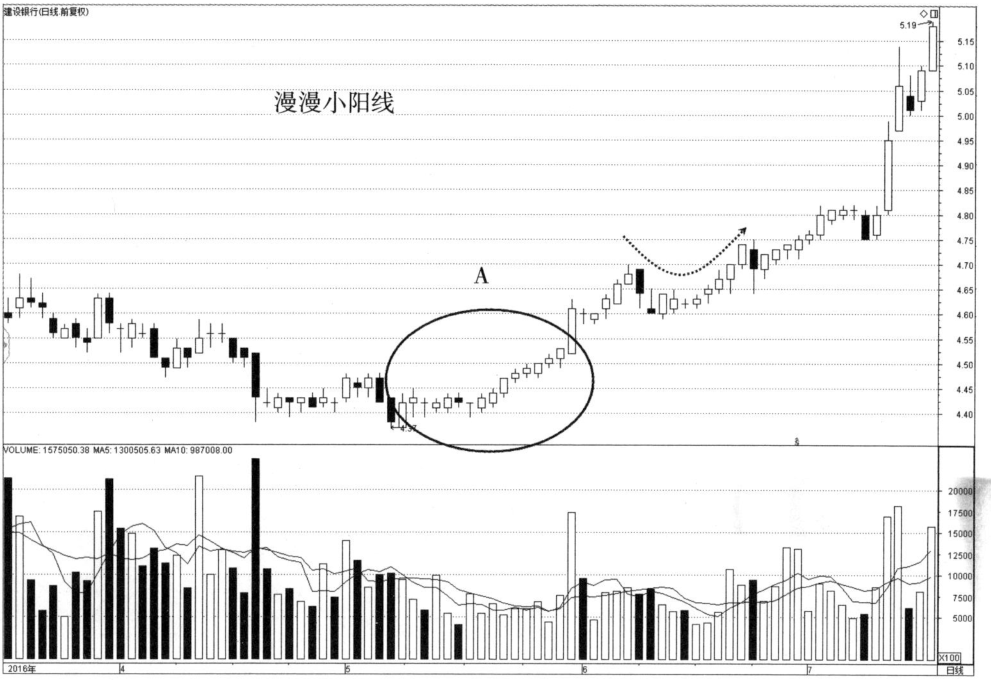
建设银行(日线 前复权)
漫漫小阳线
A
VOLUME: 1575050.38 MA5: 1300505.63 MA10: 987008.00
2016年
日线

图 2-69

第三章　K 线中级分析

由一段时间内的单 K 线、K 线组合汇聚而成的 K 线形态，能够显示出行情运行的趋势。K 线形态在反映行情发生转折的灵敏度上不及单 K 线和 K 线组合，但是在稳定性上则有其优越性。如果说单 K 线和 K 线组合提示的是趋向上的改变，那么 K 线形态提示的则是趋势上的变化。趋势一旦形成，往往短时间内难以迅速改变。

第一节　K 线盘整形态

趋势通常可以分为三类，即上升趋势、下降趋势和横向盘整趋势。在 K 线形态分类上，盘整形态有时作为一种单独趋势存在，有时则仅是上升或下降趋势的延伸（中继）形态。无论如何分类，盘整形态都明显异于其他两种具有明确多空倾向的趋势。在 K 线分析上，盘整形态最终突破之前，并不具有明确的多空倾向。

一、箱形实战分析

箱形，是指价格运行中的多个高点都在相近的价位上（上边线），而多个低点也在相近的价位上（下边线），价格大致保持在一个类似长方形箱体的范围内运行。箱形是最为标准的横向盘整形态，也称为矩形。见图 3-1。

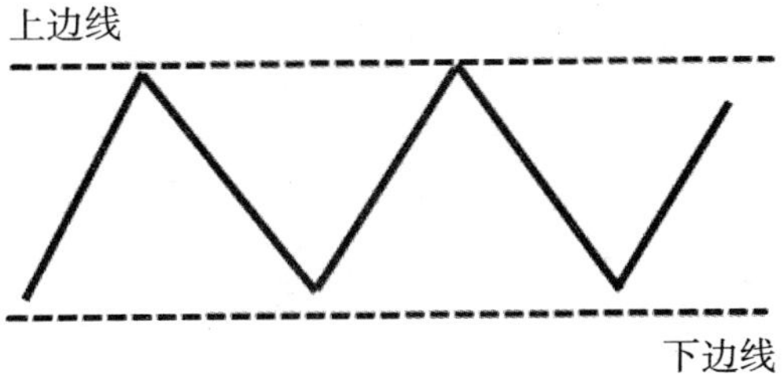

箱形

图 3-1

箱形形态是一个突破方向并不明确的形态，判断箱形的突破方向，技术环境分析是重中之重。具体原则如下。

其一，在价格整体涨幅或跌幅较大的基础上出现的箱形整理，其最后突破形成趋势性反转的可能性较大，这时的箱形为一种单独趋势存在。

其二，在价格整体涨跌幅较小的情况下出现的箱形整理，多为趋势运行途中的休整，这时的箱形是上升或下降趋势的延伸（中继）形态。

时间因素上，箱形本身维持的时间越长，其成为趋势性反转的几率越大。

上述第一种情况比较容易判断，也是多数个股长时间下跌后，有资金开始建仓的形态模式之一。如图 3-2 所示，该股长时间下跌后，在 A 段构筑箱形，这个箱形维持时间近一年，基本满足主力建仓的要求，之后股价出现趋势性反转。图中的箱形即为单独横向盘整趋势，而非下跌趋势延伸的技术形态。

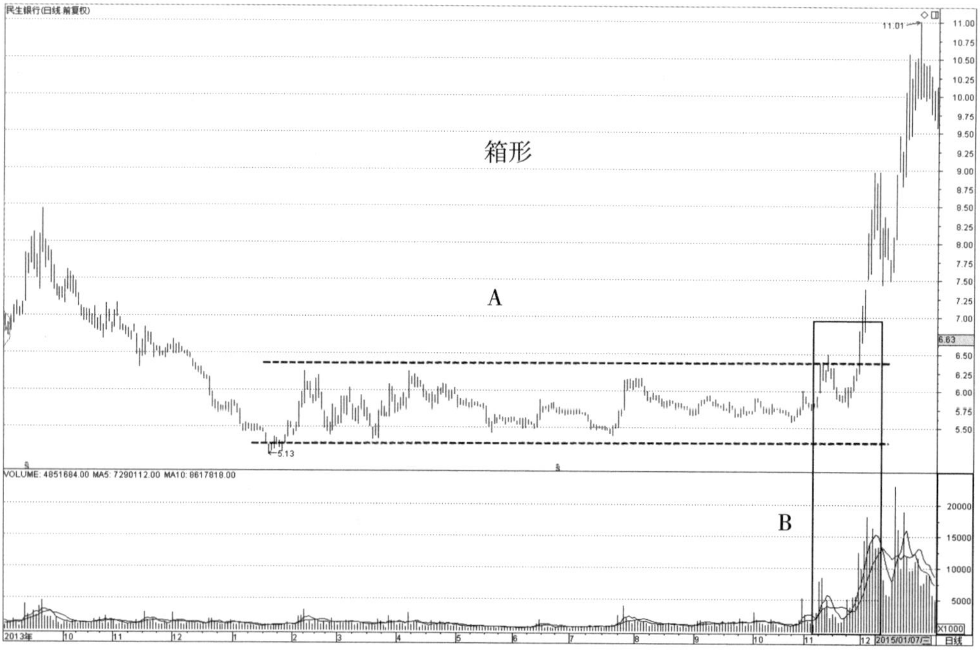

图 3-2

上述第二种情况比较复杂。作为上升或下降趋势延伸（中继）形态的箱形，其表现形式具有一定的迷惑性，往往会导致很多人误以为之前的趋势将要终结。

如图 3-3 所示，该股处于上升趋势形成的初期阶段，在 A 段构筑了一个长达 4 个月左右的箱形。在这个箱形出现的过程中，很多人会产生升势可能终结的忧虑，导致低位进仓的部分筹码在这个阶段流出，兑现利润，以回避之后可能出现的大跌。接下来的走势却出乎多数人的意料，股价向上突破箱形上边线，并迎来一轮幅度较大的升势。

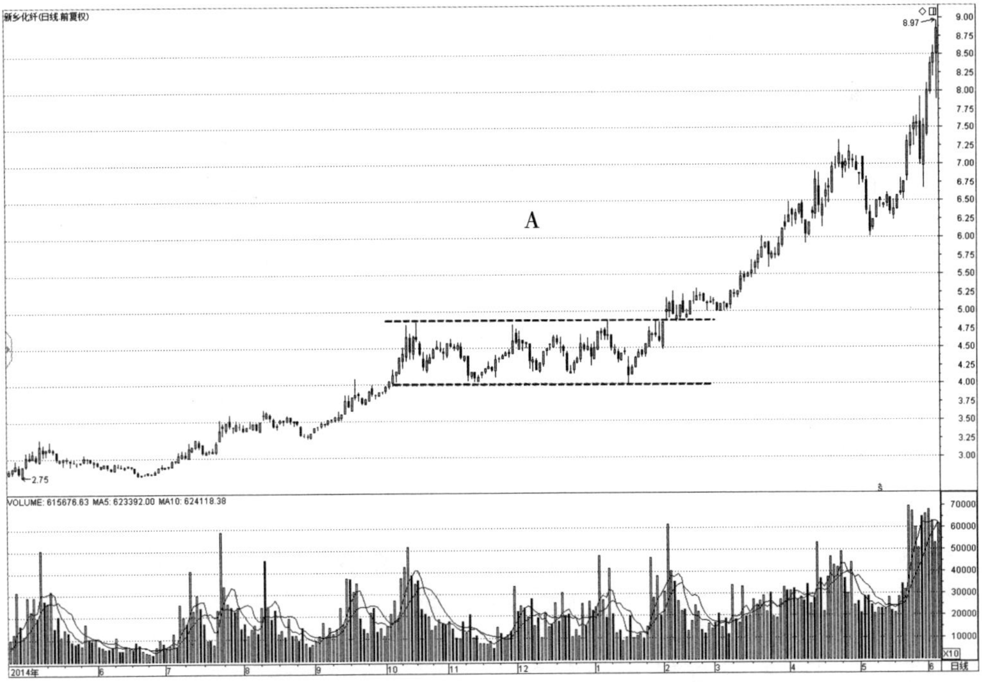

图 3-3

图 3-3 中 A 段的箱形并不是一种单独趋势，而是上升趋势的延伸（中继）形态。其作用主要在于清理浮筹，垫高市场平均持仓成本，同时主力也能够在此期间通过反复操作降低自身成本，为之后的拉升做好资金和筹码等

各方面的准备。

这里所举是上涨趋势中的案例，下跌趋势中的箱形，其技术意义与此相同，不再举例讲解。只不过下跌趋势中的箱形，主力的意图在于诱使更多的资金进场，以便利自己更快地兑现筹码。

下面谈谈箱形的突破。

在长期或大幅下跌之后出现箱形，价格突破箱形上边线的压力时，成交量应有一个明显放量和聚量的过程（见图 3–2 中 B 点），放量和聚量的原因在于，多方经过长时间的准备工作（建仓等），原有的空间已经难以收集更多的筹码，或难以达到降低成本等多方面操作，这时就需要更大的价格空间和更多的市场资金关注度，来配合完成接下来的任务。这也是股票由冷门逐渐走向热门甚至龙头个股的初级阶段。

在这个阶段，股价突破箱形上边线后，有的直接进入拉升，有的会出现一个回抽上边线确认支撑的动作。个别操作风格凶悍的主力，还会采取一个跌入箱形内部“挖坑”后再拉起的动作，但这个动作为时极短，成交缩量，主力不会随意让低价筹码流失。如果实战中出现跌入箱形内部后放量而股价不迅速拉起的情况，那么大多数是假突破或突破失败。

在长期上涨之后出现的箱形，或下降趋势延伸（中继）形态的箱形，当价格选择向下突破箱形下边线时，并不必然需要成交量出现放量和聚量的过程。大多数实战案例表明，这时候成交量有时会出现单日放量或保持常量状态，而聚量基本不会出现（常量和聚量的内容，请参看《短线追涨与低吸技术》）。部分个股跌破下边线后，还会有一个向上回抽的动作。对于这类回抽性质的反弹，不参与也许是最好的选择。

如图 3–4 所示，该股构筑箱形盘整形态，在 A 点跌破箱形下边线。跌破下边线当日成交略有放大，之后成交量基本保持常量和缩量的状态。跌破下边线后，该股出现一个向上回抽箱形下边线的弱反弹，对于这种触及下边线就踟蹰不前的弱反弹，因其反弹幅度大多数很有限，所以参与价值不高。

如果价格前期经过长期大幅下跌，构筑箱形后再次跌破箱形下边线，但很快跌幅收窄，成功收复下边线，同时成交量明显强于构筑箱形期间的常量，则极有可能是主力制造的空头陷阱，后市看涨。

图 3-4

二、旗形实战分析

K 线的盘整形态，并不都像箱形那样呈标准的横向波动，更多的是运行过程具有一定的倾角，或价格的高点低点并不协调一致。但 K 线盘整形态有一点是相同的，即改变了之前原有的运行方向。

旗形是指价格运行中的多个高点和多个低点之间，形成一个向上或向下的平行通道，因其图形像一面展开的旗帜，故称为旗形。旗形应为上升或下降趋势的延伸（中继）形态，当然，失败的旗形形态不包括在内。

旗形分为上升旗形和下降旗形。

（一）上升旗形

上升旗形是价格在上升趋势中出现一波回调整理。如果将其回调整理中的多个反弹高点相连（上边线），将多个下跌低点相连（下边线），则形成上下两条线平行的下行通道，即为上升旗形。见图 3-5。

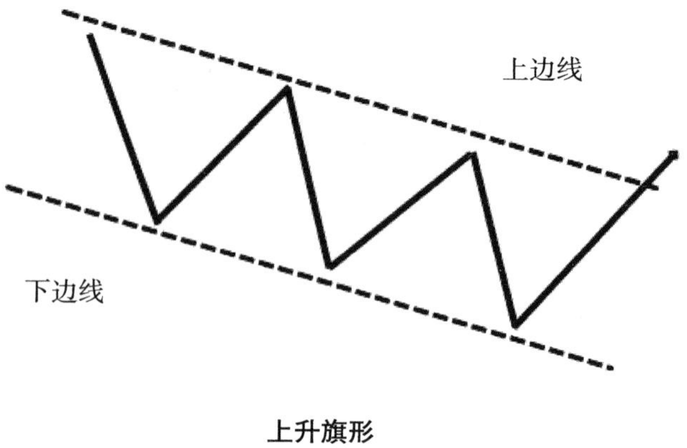

图 3-5

上升旗形是上升趋势的延伸（中继）形态。上升旗形回落调整的目的主要为主力震仓洗盘、提高市场持仓成本等方面的需要，调整完毕后，价格仍将回到原有的上升趋势中运行。如图 3-6 所示，该股在上升趋势运行过程中，A 段构筑一个上升旗形调整形态，股价完成调整，成功突破上边线后，回归到上升趋势中继续运行。

上升旗形的回落调整在实战中非常常见。相对原有的上升趋势而言，上升旗形向下运行的倾角会有较多的变化，有的角度较陡，有的则较为平缓，这和主力需要借此达到什么样的目的有关联。

比如，主力意图借此来清洗浮筹，那么一个向下倾角陡峭的上升旗形所制造的恐慌气氛，完全可以将大批浮筹压榨出局。如果主力意在吸引更多的资金关注，同时借机降低成本，那么一个向下倾角平缓的上升旗形就会比较符合要求。

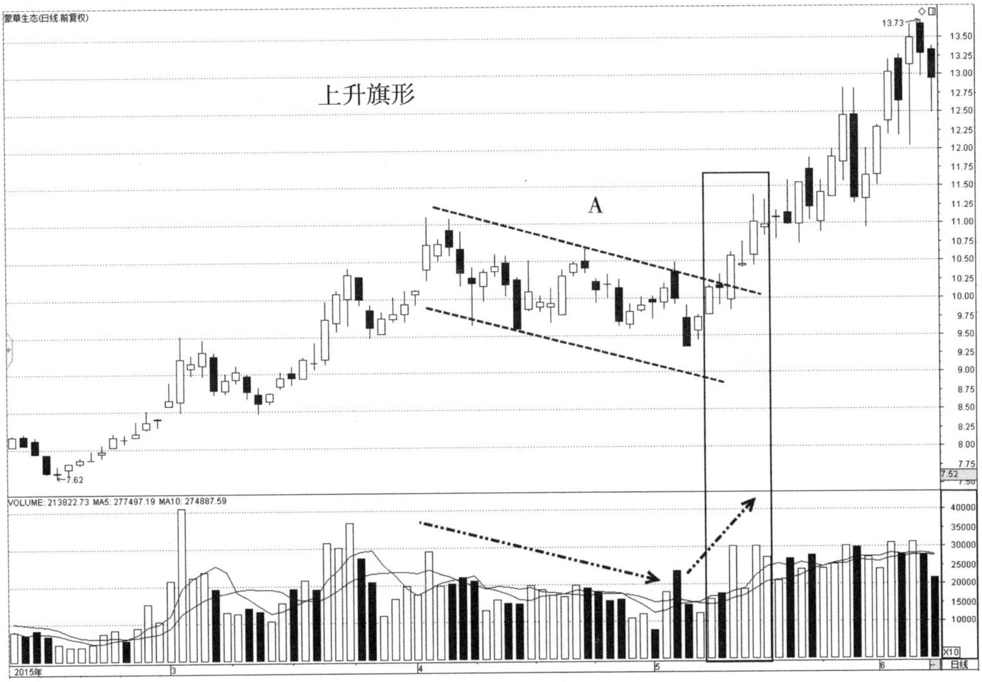

图 3–6

在上升旗形的构筑阶段，成交量呈现出递减的状态。但在突破旗形上边线时，成交量应当明显放大，否则有可能走出失败形态，如图 3–6 中的标示处。

上升旗形走出失败形态，意味着调整级别正在加大，或原有趋势出现反转。

有的理论认为，判别上升旗形可能走出失败形态的关键是时间因素。构筑上升旗形的时间过久，本身就已经失去了成为上升旗形的可能性，但机械地定义一个上升旗形为 10 ~ 15 天，而不考虑其他技术因素，则形同按图索骥，刻舟求剑，并不能给予实战更多有益的参考。

理解一个技术图形最好的办法，应该是从图形的本质属性开始。

以上升旗形为例，如果认定上升旗形是上升趋势的延伸（中继）形态，那么其中所有形式的回落都不会过度偏离趋势本身。具体而言，上升旗形的下边线不会轻易跌破，即使跌破也会迅速收复。同时，股价运行的重心在上升旗形构筑的尾声阶段，会悄然走平或上行，为即将到来的向上突破提供必要的助力。反之，股价纠结于下边线上下，运行重心偏下，时间因素上超过 20 个交易日，则是走出失败形态的高危信号。

（二）下降旗形

下降旗形是价格在下跌趋势中出现的一波反弹。如果将反弹中的多个高点相连（上边线），将多个低点相连（下边线），则形成上下两条线平行的上行通道，即为下降旗形。见图 3–7。

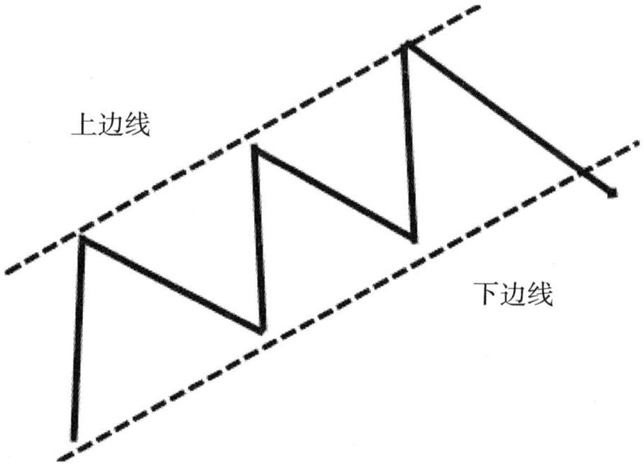

下降旗形

图 3–7

下降旗形是下降趋势的延伸（中继）形态，价格反弹完毕后仍将回到原有的下降趋势中。下降趋势运行一段时间后，和上升趋势一样需要一个休整的过程，以累积继续下跌的动力，下降旗形就是这样一个行情休整和累积动力的形态。

实战中，下降旗形以价格反弹的形式展开和构筑，在时间因素上和上升旗形类似，主力的目的是随着反弹的延长不断择机减仓。通常来说，下降旗形运行接近尾声阶段时，主力会制造虚假突破等用以迷惑交易者的烟雾弹，以吸引尽可能多的资金进场接盘。

虚假突破是主力惯用的结束下降旗形的手法，即先制造价格向上放量突破上边线的假象，而后突然下杀到下边线，继而结束下降旗形的构筑，价格回归下降趋势。

如图 3-8 所示，该股运行在下降趋势中，在 A 段走出下降旗形。股价放巨量上冲却未能成功站稳上边线，随后股价跌破下边线并进入到下降趋势中。

在下降旗形尾声阶段，最容易出现放量现象的就是如图 3-8 所示的情况，成交量在上边线上下出现过度放大，这个过度放大有时会达到下跌旗形起始阶段常量的数倍。量能过度放大，而股价却不涨反跌，就意味着下降旗形到了终结的时候。

图 3-8

下降旗形和上升旗形一样，同样也会走出失败形态，即价格发生趋势上的转化，由下降趋势转化为上升趋势。在这个过程中，价格突破并能够站稳上边线，随后价格重心不再跌落到下降旗形的腹地，并能持续保持稳定的升势。这是判别下降旗形走出失败形态的基本要素。

关于旗形形态的制图或标示法，主要有两点：一是两个重要低点连线，二是选择重要高点画一条和低点连线平行的直线。

三、三角形实战分析

三角形也是 K 线盘整形态的一个重要组成部分，它和箱形、旗形分别代表K线形态不同的盘整波动形式。在趋势上，三角形形态和箱形有些近似，即有时是趋势的延伸（中继）形态，有时却是独立的趋势运行形态。作为独立的趋势运行形态，三角形在实战中相对较少出现，多数情况下容易被箱形包容和替代。

三角形盘整形态可细分为三种，即上升三角形、下降三角形和对称三角形（收缩、扩散）。

（一）上升三角形

上升三角形是指升势运行过程中，价格每次涨升到大致相同的价位附近时就发生回落，每次回落的低点却在逐步上移，价格的波幅渐渐收窄，从形态上看类似一个水平边线在上的三角形。见图 3–9。

上升三角形有个理论上的升幅测量，即从三角形的水平上边线到三角形第一低点之间的垂直距离，这个距离即为价格未来可能达到的基本高度。实战中这个理论升幅只可参考，需要配合其他技术因素综合判断，不宜呆板执行。

上升三角形的技术环境应是上升趋势或级别较大的上升趋向，这种技术环境下出现的上升三角形，其向上突破概率较高。在下降趋势中出现类似上升三角形形态，其可信度较低，大概率会走出失败形态，多数为主力的一种诱多行为。

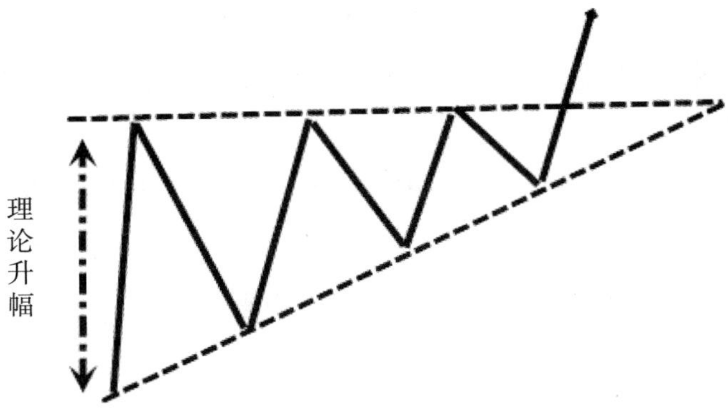

上升三角形

图 3-9

上升三角形的构筑原理主要是：升势达到一定阶段或升势的延续性并不为持仓者认可，所以当价格反弹到一定高点，便有持仓者开始卖出。价格随之出现回落，但并未跌破上一低点就再次出现反弹。反弹到前高点附近时价格再次发生回落，并由此形成规律，即价格到达此价位就会下跌。

多数持仓者对这一规律产生共识，并在下次价格反弹到临近价位时加入到卖出的队伍中。短线客会发现，卖出后想在前低点之下再补回仓位是不可能的，因为低点在抬高。要么放弃补回仓位的打算，要么只能提高买入价。

随着低点不断抬高，波幅渐渐缩小。价格接近前高附近时，抛盘已经极其微弱。之前卖出未回补的交易者恐高不敢买，已经加价补回仓位的交易者，目前价格并无多少利润，多数采取观望态度。在大多数人的等待和观望中，价格却突然发力向上涨升。

如图 3–10 中 A 点所示，该股上升途中出现盘整走势，构筑了一个水平线在上的三角形形态。对于上升三角形来说，价格并不是必须运行至三角形末端才会向上突破，越早向上突破上边线，股价上涨的动力越足。如果迟迟不能突破，则有可能走出失败形态。

通常来说，当价格运行到上升三角形上边线 2/3 左右的位置后，发生向上攻击上边线的几率非常大。被成功突破后，上边线将成为股价的强支撑。

突破上升三角形上边线时，一般都会出现较大成交量，如图 3–10 中的标示处。突破后成交量即使缩小，也应整体大于突破前的常量，并在一段时间内稳定在相应的水平，否则可能成为假突破。

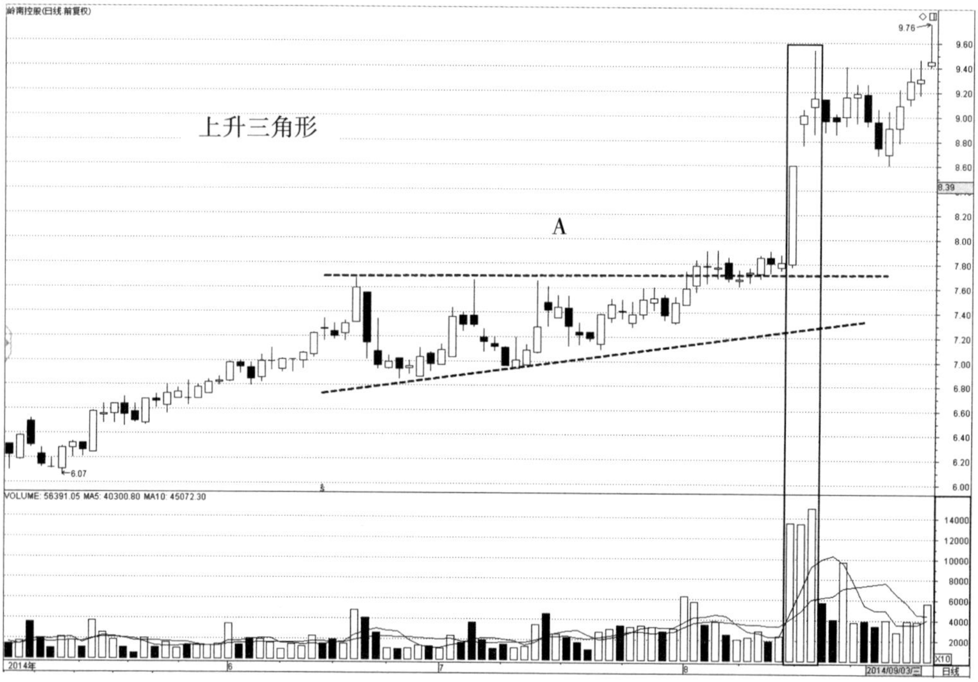

图 3–10

（二）下降三角形

下降三角形，是指跌势运行过程中，价格每次下跌到某个价位附近时，就会得到支撑并开始反弹，但每次反弹的高点却在渐次下移，价格波幅渐渐收窄，从形态上看类似一个水平边线在下的三角形。见图 3–11。

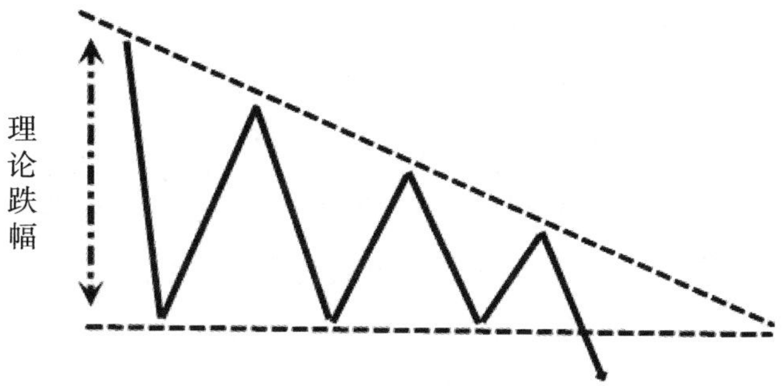

下降三角形

图 3–11

下降三角形和上升三角形一样，也有一个理论幅度测量，不过下降三角形是理论跌幅测量，即从三角形的水平下边线到三角形第一高点之间的垂直距离，这个距离即为价格未来可能达到的基本跌幅。

作为一种颇具迷惑性的盘整波动形态，下降三角形多出现在下降趋势中的反弹阶段。在价格反弹到一定程度后，出现这种盘整和波动，既合理也容易被市场接受。大多数交易者总是一厢情愿地认为，非突然性的、合乎情理的盘整和波动过后，继续上涨是必然的走势。博弈的对手却总是践踏这种“合乎情理”的思维，冷不丁地给你一闷棍。

下降三角形的水平下边线，在形态构筑过程中会对价格起到支撑作用，因此给持仓者带来稳定持有的信心。这个水平下边线每一次都能使下跌至此的股价产生反弹，给试图介入的资金一种规律性的暗示。发现规律就等于发掘到了财富，无疑会使场外资金迅速凝聚入场的欲望。这就是下降三角形的部分构筑原理。

和上升三角形一样，价格运行到下降三角形下边线 2/3 左右的位置后，发生向下攻击下边线的几率很大。成功突破后，下边线将成为价格的强压制。如图 3–12 中 A 段所示，该股在下降三角形下边线 2/3 左右的位置发生向下攻击，并成功突破下边线，之后股价略有回抽便进入到下降趋势中。

下降三角形突破下边线并不需要放量，这一点和上升三角形向上突破上边线有很大的区别。

从图 3–12 中 A 点的标示处可以看到，股价下破下边线之前，先有一个上冲高点连线的动作。这个向上的假突破（或称为假失败形态）最害人，很多短线交易者就是因追高这种上冲而被套在高点的。

需要告诫的一点是，当一个图形（比如下降三角形）定义为看跌图形，其可能走出失败形态（向上突破）时，必须等待形态上的确认，追涨在操作纪律上应是绝对禁止的，除非你有严格的止损保护。

图 3–12

（三）对称三角形

对称三角形是指当价格处于震荡盘整阶段时，其震荡的高点和低点形成对称性收缩或扩散的态势，因此对称三角形又可细分为扩散型对称三角形和收缩型对称三角形。

1. 扩散型对称三角形

扩散型对称三角形即价格在震荡盘整阶段的每一波反弹高点逐步抬高，每一波下跌低点逐步下移，价格震荡幅度呈逐渐扩大的趋向。见图 3-13。

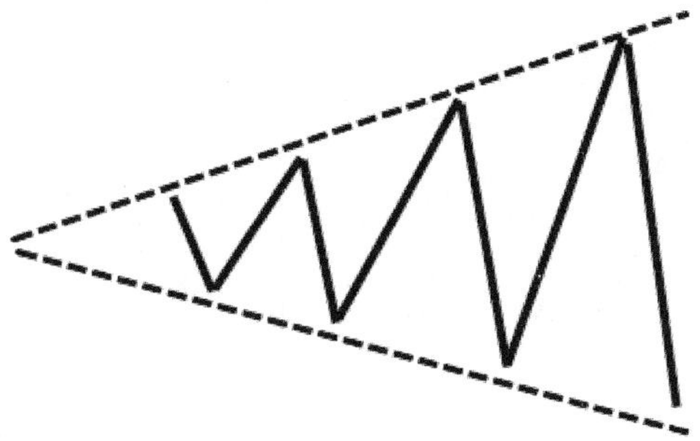

对称三角形（扩散）

图 3-13

扩散型对称三角形形态分析：在上方压制逐渐被一点点攻克时，下方的支撑也在步步失守，其显示的是市场参与资金由谨慎到狂热的过程。在价格波动幅度越来越大的过程中，无论做多还是做空的参与者，其想象空间无疑也随之扩展，这也是主力最乐于见到的一种市场心理状态。扩散型对称三角形是偏于空方的一种 K 线盘整形态。

如图 3-14 中 A 段所示，该股在股价上涨之后的高位区域，构筑了一个扩散型对称三角形。从图中标示处的成交量柱状图可以看到，成交量相较前期出现激增，而股价在大幅震荡中却再也难以攀登高峰。随后量缩价跌，该股最终向下突破。

在扩散型对称三角形构筑过程中，量能的突然激增应引起重视，其一方面预示股价将加大震荡幅度，另一方面也告诉持仓者，当量能不能持续保持目前的态势时，价格随时可能发生向下突破，下跌并不需要过多的成交量。

在价格高位区域出现扩散型对称三角形，是一种利于空方的盘整形态。经过一段时间下跌之后出现这种形态，往往也会成为空方的利器。

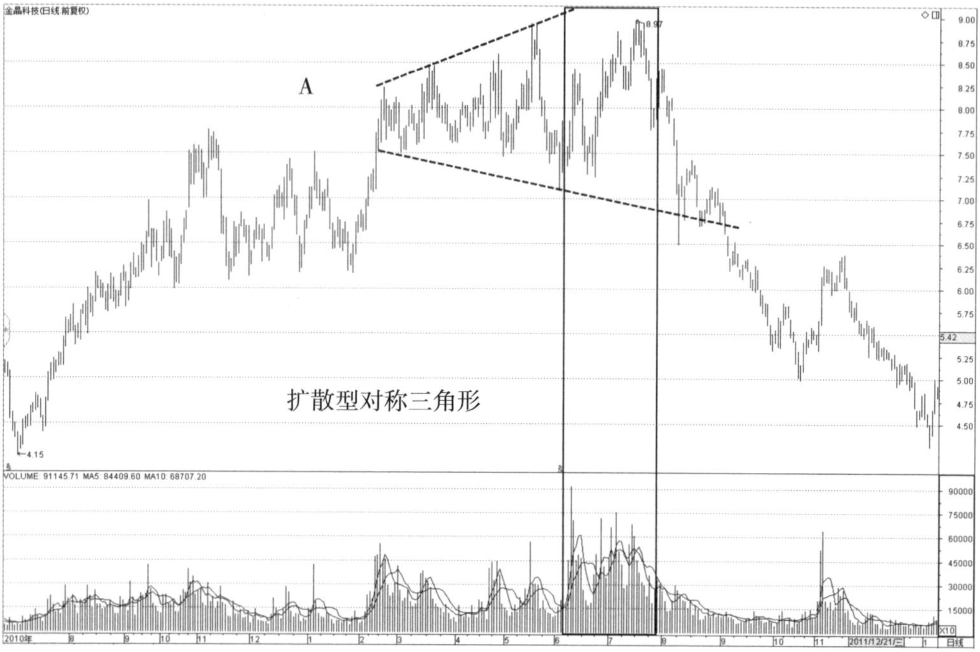

图 3–14

如图 3–15 所示，该股经过一段时间且较大幅度的下跌之后，在 A 段构筑了一个扩散型对称三角形。随着股价震荡幅度的扩大，激增的成交量难以保持稳定的状态。当股价偏离运行重心开始下行，量缩价跌的盘面就意味着扩散型对称三角形盘整形态结束，价格开始向下突破。

扩散型对称三角形尽管是偏于空方的一种 K 线盘整形态，但也并非绝不会成为多方可以利用的图形，只不过因形态延伸等因素的影响，容易被其他形态包容，或提前发出提示信号。

如图 3–16 所示，该股在长期低位震荡一段时间后，逐渐构筑了一个扩散型对称三角形。随着股价运行重心逐步上行，该股最终向上突破。

对图 3–16 进行观察分析，可以发现扩散型对称三角形构筑的底部，一是时间上较为漫长，形态上容易出现变化。二是在其构筑过程中，可以通过其他技术图形界定底部的形成，如图中标示的双底形态等。

重庆啤酒(日线 前复权)
39.80
A
股价运行重心
6.35
VOLUME: 20883.94 MA5: 24004.40 MA10: 18048.40
2007年
日线

图 3–15

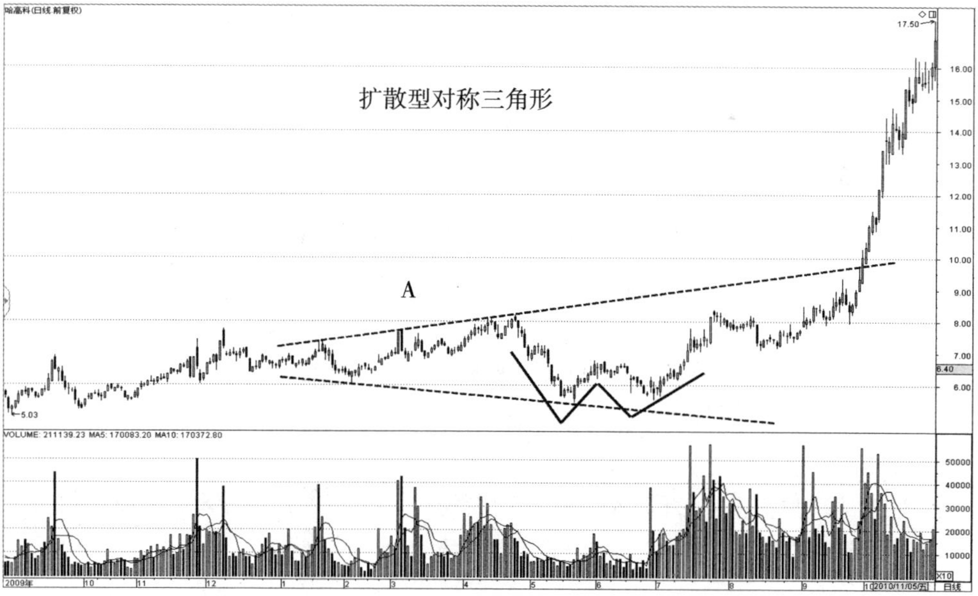
哈高科(日线 前复权)
17.50
扩散型对称三角形
A
5.03
6.40
VOLUME: 211139.23 MA5: 170083.20 MA10: 170372.80
2009年
2010/11/05
日线

图 3–16

对于上文中提到的价格运行重心的概念，可能有的读者不太了解。简单地说，价格运行重心就是价格波动和震荡的中轨线。以图 3–15 为例，A 段构筑了一个扩散型对称三角形，以股价波动震荡的相对中心位置（或最近高点和低点之间的均价位置）画一条直线，即为股价（价格）运行的重心。

价格运行重心的概念很重要，有些时候盘面上其他技术因素尚未发出提示信号时，根据价格和价格运行重心之间的偏离度，也可预估可能出现的走势。还是图 3–15 中的 A 段，圆圈标示处是股价反弹至运行重心时的情况：当股价触及原运行重心不能继续上升，而是再次下跌时，则意味着原运行重心的方向可能发生向下的改变，即使是惯性下行，也会让股价跌上一段时间。

2. 收缩型对称三角形

收缩型对称三角形，即价格在震荡盘整阶段的每一波反弹高点逐渐下移，每一波下跌低点却逐步抬高，价格震荡幅度呈逐渐收窄的趋向。见图 3–17。

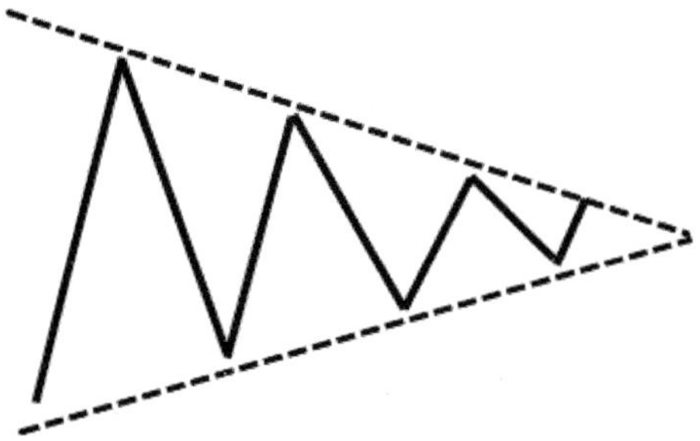

对称三角形（收缩）

图 3–17

收缩型对称三角形的形态分析至少说明，在上方压制逐渐增加的同时，下方支撑似乎也在不断增强，显示市场参与资金经历了一个由活跃到谨慎的过程。逐步从较大幅度震荡中平息下来的价格，越发证明多空双方到了最后亮出底牌的时间。收缩型对称三角形在不考虑技术环境分析的基础上，是一种突破方向不明的技术形态。

收缩型对称三角形出现在不同的技术环境中，分别具有不同的含义。如图 3-18 中 A 段所示，经过较长时间的大幅下跌后，该股股价从大幅震荡中逐渐平息下来，波动幅度越来越小，同时股价运行重心也逐步抬升。当股价放量突破并成功站稳上边线后，趋势的转折也由此开始。

图 3-18

当收缩型对称三角形出现在大幅上涨后的高位区域，则是一种高危空头提示信号。在价格高位区域，随着价格波动震荡幅度逐渐萎缩，多空之间已经不太可能继续维持激烈争斗的局面，一方主导的格局很快就会到来。如图 3-19 中 A 段所示，股价运行至收缩型对称三角形的尾声阶段时，先是出现一个向上的假突破，然后以自由落体般的下跌宣告空头主导阶段到来。

从资金出逃与回归的角度来说，收缩型对称三角形出现在价格高位区域，是主力利用大幅震荡逐步完成最后阶段的出货或减仓任务后，股价不再受到资金的刻意维护，于是随后便进入到下降趋势中。

图 3–19

第二节　K 线线索——发现顶部

价格不会一直上升，涨势终有尽头。就像树不会长到天上去，山再高也有峰顶。价格的峰顶和自然界山峰一样千奇百怪，云雾缭绕，难以确认。发现顶部需要一系列技术分析综合论证，K 线形态就是其中极为关键的线索。

一、尖顶实战分析

尖顶是指在上升趋势中，价格以陡峭的角度向上快速涨升，达到某一高点后，价格突然急转直下，以相似的速度和角度开始下跌。因价格由急升迅速转化为急跌，运行角度像倒置的英文字母“V”，所以也称为倒 V 型顶。见图 3-20。

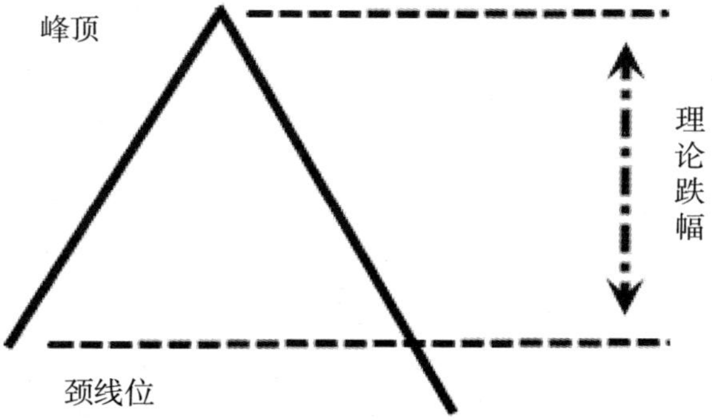

尖顶

图 3-20

尖顶有个理论上的跌幅测量，即尖顶起点和峰顶之间的距离。理论上认为，尖顶成立后的基本跌幅，可能不会小于尖顶起点到峰顶之间的距离。

尖顶的起点，是指最后一波急升启动时的价位，这个价位也被称为颈线位。当价格跌破颈线位而不能有效收复时，即认为价格顶部成立。在经过长时间大幅上涨之后，价格出现急升和急跌的现象，极易形成尖顶。

在尖顶的认定上，有个形态时间周期的问题，即尖顶形态是不是一个长时间周期的形态？笔者认为，尖顶是中短期顶部形态，不应成为长时间周期的形态。

如图 3-21 所示，图中尖顶的认定，起点（即颈线位）应为 B 点而不是 A 点。尖顶的构成中不应有明显的中短期盘整走势，如以图中 A 点为起点，则 B 点为一个短期盘整走势，不符合尖顶形态的条件和要求。

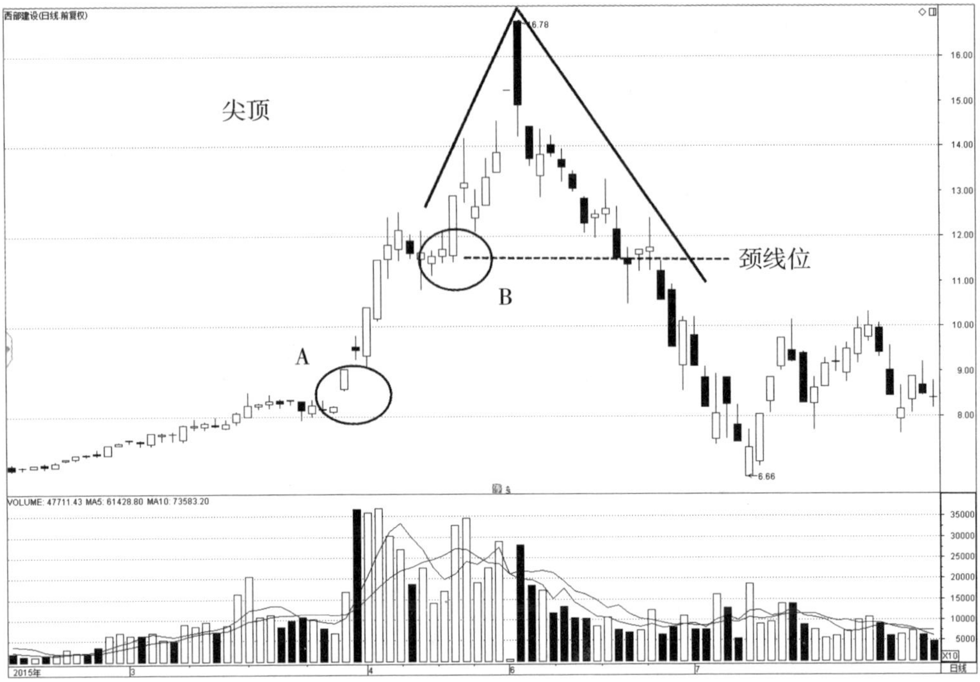

图 3-21

可能会有人认为，将中短期盘整形态忽略不计，尖顶就可以视为一个长时间周期的顶部形态，这是一个悖论，依此而言，尖顶将不复存在，因为一个毫无技术参考作用的形态，连谈论的价值都没有。

为什么这么说呢？

还是用案例说话，图 3-21 中的个股走势似乎缺乏说服力，下面以沪指为例进行讲解。图 3-22 为沪指 2014—2016 年前后的图形。

如果忽略中短期盘整形态，那么沪指 2015 年 6 月股灾时形成的尖顶，其起点（颈线位）应在图中 A 点，这个点位在 2000 点附近，而峰顶的点位为 5178 点。也就是说，股灾的数轮大暴跌都未能完成尖顶的构筑，那么这个尖顶对当时交易者的参考意义何在？而且按照尖顶的理论跌幅计算，沪指将会跌向负值区。

如果选择 B 点为尖顶的起点（颈线位），这个点位在 3100 点左右，和股灾第二轮结束的点位相差无几。股灾中伤痕累累的交易者看到这个颈线位，可能会骂娘："我都被整残了，你还说尖顶才刚刚形成！"这样来认定尖顶，确实显得很无厘头。

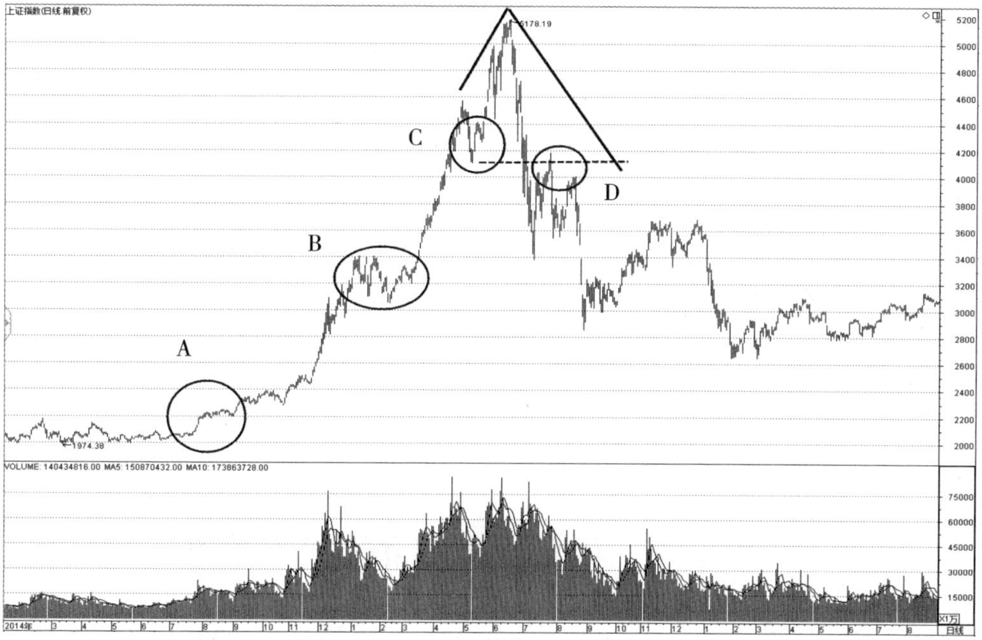

图 3-22

综上所述，尖顶是中短期顶部形态，不应为长时间周期的顶部形态，同时尖顶的构成中不应有明显的中短期盘整形态。

如图 3-22 中的 C 点，应为尖顶的起点和颈线位。一个短期调整结束后，出现急速上升和急速下跌，跌破颈线位后短时间内不能成功收复，则尖顶成立。成交量上，股价在峰顶涨跌转换之时，大都有一个集中放量的现象。

尖顶形态具有迅捷性和凶悍性的特点，因而存在着很大的交易风险。跌破颈线位后，部分走势会有反抽颈线位的反弹，这个反弹如果没在低点提前低吸的话，最好不要追涨。如图中 D 点是 2015 年 6 月股灾第一轮结束后对于尖顶颈线位的反抽，这个反抽上冲颈线位的时间极短，因此很难在追涨中获取较好的收益。

尖顶成立后，并不是都具有反抽颈线位的动作。对于尖顶成立后的个股，当满足理论跌幅时，可以根据技术环境综合判断是否符合低吸的要求。

同样的顶部结构，所处的技术环境不一样，其本身蕴含的下跌能量也具有较大的区别。比如，一波较大级别反弹结束后营造的顶部，其带来的下跌动力，要比上升趋势整体结束时出现的顶部弱许多。如果顶部结构出现在上升趋势的初中期，那么只是趋势的延伸形态，可能很多个股连理论跌幅都达不到。

实战中，技术环境还需细化分析。若这个大级别反弹出现在上升趋势整体结束后不远的价位上，那么接下来的跌幅并不见得比趋势整体结束时小。若这个大级别反弹出现的位置远离上升趋势整体结束的点位，那么相较之下，这里的跌幅会小很多。

二、双顶实战分析

双顶是指价格上升到一定高度后出现回落，回落后价格又开始上涨，但这次上升到前一高点位置时再次下跌，并跌破前回落低点（颈线位）。如短时间内不能成功收复颈线位，则双顶成立。双顶的形态与英文字母“M”较相似，故也被称为 M 顶。见图 3–23。

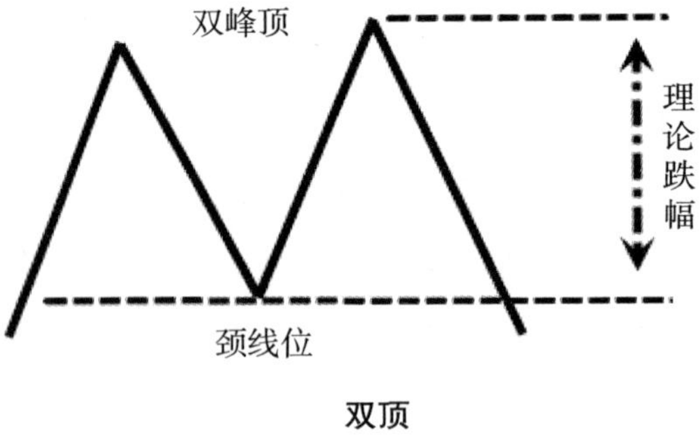

图 3–23

双顶的理论跌幅为回落低点和双峰顶之间的距离。理论上认为，双顶成立后的基本跌幅不会小于这个距离。双峰顶之间的回落低点也被称为颈线位，当价格跌破颈线位而不能在短期内有效收复时，即认为价格顶部成立。

双顶形态形成的位置和时间周期，与之后的跌幅和下跌持续时间具有重要的关联性。经过一定幅度的下跌后，中短期内由反弹行情形成的双顶形态，其跌幅和持续时间不会太大和太长。

如图 3–24 所示，该股经过大跌之后，在反弹中形成一个为期 2 个月左右的双顶形态。图中可见双顶形态成立后，该股股价跌幅大约在理论跌幅上下，而下跌持续时间也并不长，之后便展开一轮上涨行情。

图 3–24

如果是在长期上升趋势发生转折的节点出现双顶，同时营造双顶的时间周期也比较长的话，那么未来的跌幅将极为可观，下跌持续时间也将会比较漫长。

如图 3–25 所示，该股经过长期大幅上涨后，构筑了一个时间周期较长、形态较为复杂的双顶。当价格跌破颈线位后，该股双顶形态成立，随即进入漫长的下跌趋势之中。

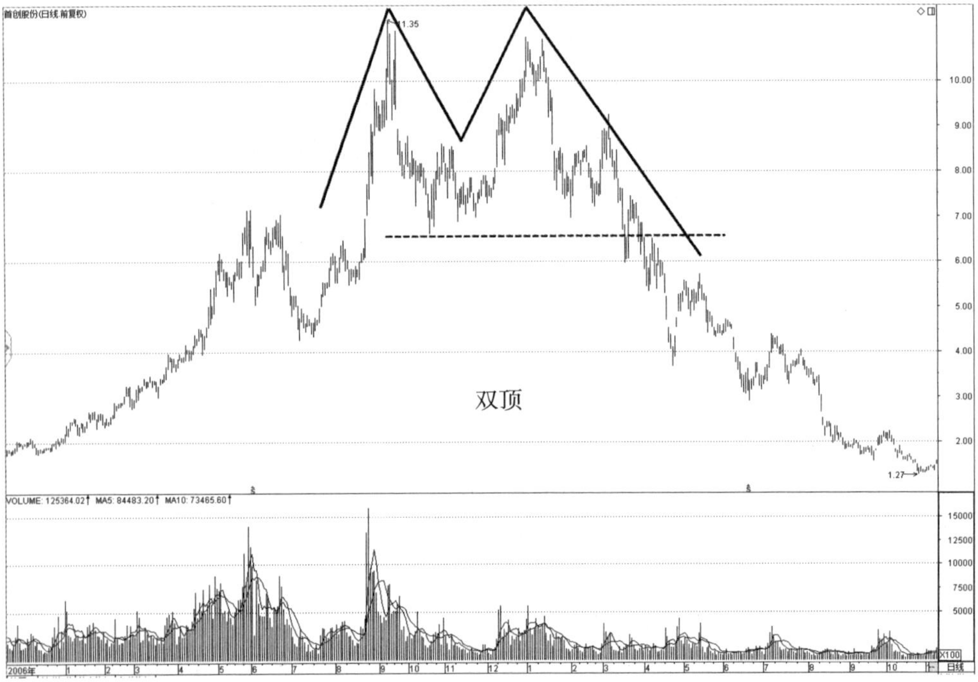

图 3–25

所有的顶部形态，其构筑过程越复杂，耗时越久，未来的跌幅也会相应越大，下跌持续时间也会越长。

上述两种双顶形态不仅在跌幅和时间周期上有区别，其性质上也有较大不同。图 3–24 中的案例其实是一种下跌趋势的延伸形态，而图 3–25 中则是趋势转化形态，这也是二者后续跌幅和下跌持续时间不同的重要原因。

双顶图形中，两个峰顶之间的成交量变化值得探讨。

（1）左峰顶放量，右峰顶缩量。对于坐庄的主力来说，从吸筹建仓到拉高出货，必然有一个完整的操盘计划。其仓位除底仓外，也是始终处于流动状态的。在整个坐庄过程中，主力可以不停地高抛低吸，降低成本，直至达到计划中的出货阶段。

坐庄主力的出货并不像散户认为的那样，在高位形成顶部结构来完成出货。通常来说，主力在拉高的过程中就会开始减仓。顶部结构开始显现雏形时，主力的出货任务应该已经基本完成。

如图 3–25 所示，图中双顶的左侧峰顶在形成（拉高）过程中成交量创出新高，经过回落后再次构筑右侧峰顶时，这时的成交量已经大不如前。

这个成交量的变化基本可以说明，主力在左侧峰顶形成（拉高）过程中已经大幅降低仓位或基本完成出货任务。右侧峰顶之所以还能够减量拉高，一是左侧峰顶的市场追高资金成本在那里摆着，获利并不丰厚，所以抛盘很少。二是主力已经没有多少需要集中抛出的筹码了，股价的受压力度明显减轻，右侧峰顶可以说基本上是由市场追涨资金做出来的。

实战中，左侧峰顶放巨量、右侧峰顶缩量拉高的双顶形态，其右侧峰顶多数难以创出价格新高。

（2）双峰顶放量或右峰顶放量。这种成交量表现可能是坐庄主力遇到了问题，导致前期出货不理想，左侧峰顶在形成（拉高）过程中没能完成预定的降低仓位的任务，只能通过右侧峰顶继续拉高减仓。这种情况下形成的双顶形态，右侧峰顶多数会创出价格新高。

价格创新高在实战中颇具迷惑性。很多交易者认为股价能够创出新高，说明主力仍在运作，因此股价还会继续上行。双顶形态中的双峰顶放量或右峰顶放量，会使这部分交易者被套在峰顶仍不明白，主力为什么创出价格新高后却从此不见了踪影。

三、三重顶实战分析

三重顶是指价格上升到一定高点后出现回落，回落后价格又开始上涨，上升达到前期高点附近时再次发生下跌，跌至前期低点附近时价格又一次开始上升，这次上升到达前两次高点附近价位后，价格转为下跌并跌破前两次形成的低点（颈线位），且不能在短时间内成功收复颈线位，则三重顶成立。见图 3-26。

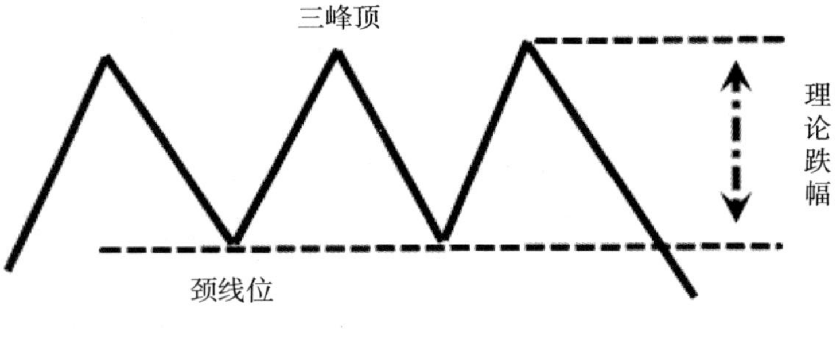

图 3-26

三重顶的理论跌幅，为两次回落低点平均值（两次回落低点不一定完全相同，可取其平均值）和三峰顶高点平均值之间的距离。理论上认为，三重顶成立后的基本跌幅，可能不会小于这个距离。三峰顶之间的回落低点平均值也被称为颈线位，当价格跌破颈线位且短期内不能收复时，即认为价格顶部成立。

三重顶比双顶多了一次上升的过程，既多消耗了一次多方能量，也增加了对追涨资金的迷惑性，因此三重顶比双顶更具杀伤力。三重顶如三座大山压在多头身上，多头想再次翻身，需要相当长的时间和过程来消化三重顶带来的巨大压力。

所有的形态分析都是相对而言的，还需要参照技术环境的制约因素进行分析。不同阶段、不同价位出现相同或相似的图形，其技术意义很可能存在较大的区别。

如图 3-27 所示，该股经过长期大幅上涨后，构筑了一个形态较为复杂的三重顶。股价跌破颈线位后，虽然出现一个较有力度的反抽，但最终还是未能挽回下跌趋势的命运。该股股价之后的跌幅和下跌持续时间都极为惨烈。

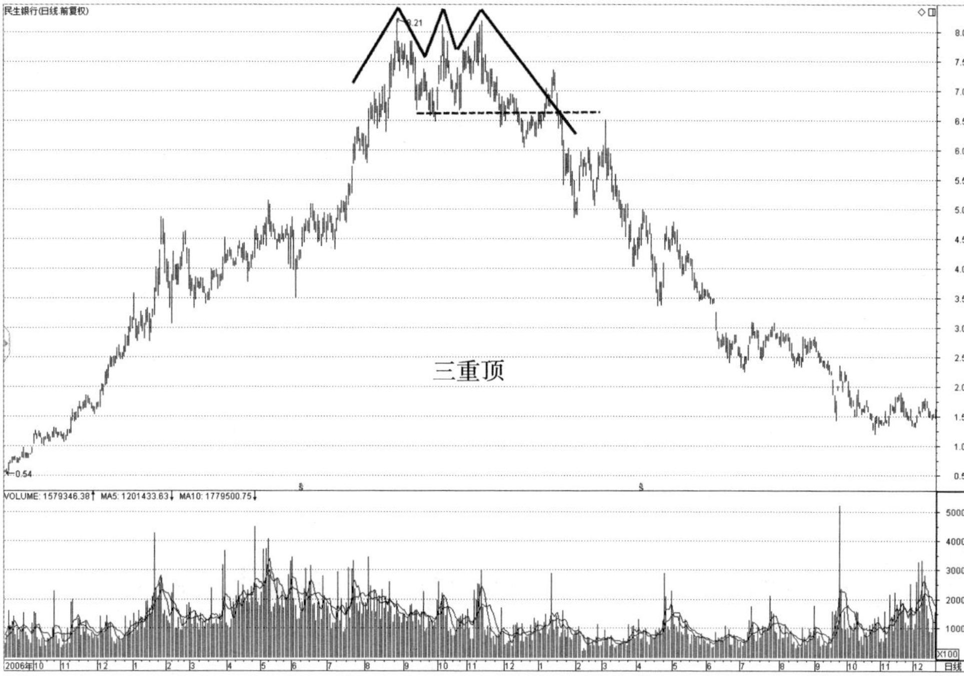

图 3-27

图 3-28 所示的个股，其股价经过大跌之后，在反弹行情中构筑了一个三重顶形态，其后的下跌幅度和下跌持续时间都要远小于图 3-27 所示的个股。

三重顶不像尖顶那样对顶部具有强烈的、明显的提示和警示效果。在三重顶构筑过程中，股价来回折返的走势能够起到一定的迷惑作用，使交易者并不认为顶部已然到来，甚至会认为这是一个极其正常的盘整。个别交易者还会认为股价正在构筑一个双底，于是会选择持仓等待或积极进场，从而失去最佳做空或卖出时机。

和尖顶、双顶比较，出现三重顶形态至少说明主力前期减仓过程并不顺畅，未能采取较为简洁的形式和较短的时间来完成出货任务。

前面说过，顶部形态构筑越是复杂，其后的跌幅相对越大，用时越长。这既是对某种顶部形态而言，也适合不同的顶部形态。

图 3–28

比如，同样是双顶，一个短期内构筑的简单的双顶形态，大多数跌幅都会比中长期内构筑的复杂双顶要小得多。如果是短期内构筑的简单双顶和三重顶之间进行对比，那么这个三重顶无疑比双顶要复杂（多了一次上攻的过程），所以后期跌幅一般要大于同等程度构筑的双顶。

从技术原理上说，顶部结构构筑的复杂程度，和主力想要达到的出货比例息息相关。顶部形态构筑得越复杂，主力出货量越大。同时也说明前期由于某种原因，主力未能较好地完成大部分仓位的减持，所以只能通过构筑中长期顶部来完成相关减仓。

短期内构筑的相对简单的顶部，结构上也存在多种可能性。以尖顶这种最为简洁明了的顶部形态为例，尖顶形态大多说明主力按照计划、分阶段顺利完成了减仓任务，在这种情况下，尖顶的峰顶几乎是市场资金惯性冲击而来。

另一种可能性是，出于某种突发的情况，主力或游资根本未能完成减仓任务。比如，2015 年爆发的股灾，指数和很多个股大多以尖顶的形式下跌，很多主力根本来不及出货，也只能徒唤奈何！

四、头肩顶实战分析

头肩顶和三重顶十分类似，区别在于头肩顶的第二次上涨明显超出第一次上涨的高点，第三次上涨则明显低于第二次上涨的高点，于是形成了一个类似人的头部和双肩的图形，故名头肩顶。见图 3–29。

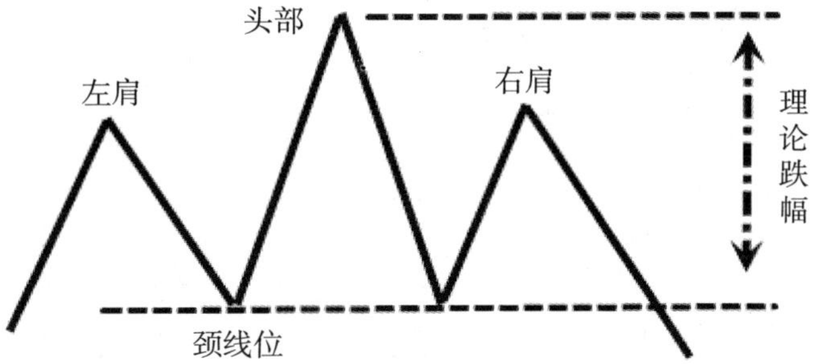

头肩顶

图 3–29

头肩顶的理论跌幅，为两次回落低点平均值与头部高点之间的距离。理论上认为，头肩顶成立后的基本跌幅，应不会小于这个距离。两次回落低点平均值也被称为颈线位，当价格跌破颈线位且短时间内不能有效收复时，即认为价格顶部成立。

前面一再讲过，顶部形态构筑得越复杂，其后的跌幅相对越大，下跌过程越长，头肩顶就是这样一个构筑得较为复杂的顶部形态。

如图 3–30 所示，在长时间大幅度的涨升之后，该股构筑了一个复杂的头肩顶形态。当股价跌穿颈线位后，随即进入下跌趋势。虽然在下跌途中该股出现了一个强力反弹并一度收复颈线位，但股价的短期波动终究难以抵御趋势的力量，最终还是回归到下跌趋势之中。

图 3–30

当头肩顶形态的构筑具备雏形时，交易者至少应保持足够的警惕。在市场前景不明朗的情况下，宁愿相信这个形态可能带来的巨大风险，也不要自作聪明地认为这是主力洗盘或刻意制造的空头陷阱。交易市场上，钱是赚不完的，但可以亏完。

实战中价格跌破头肩顶颈线位后，有时会出现一个反抽颈线位的动作，如图 3–30 所示。这是多方不愿束手就擒做出的反击，也是不甘寂寞的部分市场资金，每逢价格出现超跌之后就会搏反弹造成的。对于这种类型的反弹，短线交易技术欠缺、缺乏严格止损纪律的交易者，最好避免介入。

短线交易金律：价格在任何方向的短期激烈波动都不会持久，终究还是会回归到原有的趋势之中。

头肩顶形态一旦确立，其蕴含的杀伤力极大，原因无外乎以下两点。

（1）头肩顶形态构筑的复杂性超过前面讲解的几种顶部形态。越是复杂的顶部形态，后期跌势越严重。

（2）头肩顶形态在构筑过程中具有极强的迷惑性。顶部形态的迷惑性越大，意味着套牢的资金越多。随着主力资金的出逃，这些套牢盘会形成极重的压力带，股价在中短期内无法聚集起足够的能量予以化解。

为什么说头肩顶形态具有极强的迷惑性呢？

不妨从形态构成上进行分析。头肩顶的左肩在形成之初会被认为是尖顶，当价格摆脱尖顶的预期再次上涨，并大幅刷新价格高点时，所有的看空者都会被打脸，市场必然由恐慌杀跌迅速转向狂热追涨。

因为价格大幅刷新高点，没有多少人敢于选择此时再度看空，所以市场氛围几乎一边倒地看多做多。头肩顶的头部下跌在这种氛围里出现，并不会引起过多的恐慌，反而会被认为是“千金难买牛回头”。尤其是在右肩的上涨开始后，做多几乎就是唯一的选择。

当股价从头肩顶的右肩开始下跌，甚至跌破颈线位后，仍会有人在做多的心理惯性下继续买入。只有在跌幅达到一定程度后，巨亏的痛苦才会让人慢慢清醒过来，但这时一切都已经晚了。

五、混合顶实战分析

所谓混合顶，是指多种变形的顶部形态共存，或难以辨别形态特征的顶部构造形式。见图 3–31。混合顶形态因其形态构成上驳杂，难以确定颈线位等技术因素，实战中应以价格运行重心作为判断顶部构成的依据。

图 3–31 中的 1 号图形为传统理论中的圆弧顶，这种顶部因价格上升和之后下跌的角度构成一个圆弧形状，所以称为圆弧顶。圆弧顶在实战中并不常见，远不如圆弧底出现的频繁。

如图 3–32 所示，这是一个最接近 1 号图形的圆弧顶形态。在这个形态中可以发现，其顶部似乎也具有尖顶的特点（图中标示处），甚至也具有箱形的特点。但就股价整体运行重心的情况来看，还是呈现出圆弧状的运行轨迹。

混合顶

图 3-31

图 3-32

圆弧顶形态中，价格运行趋向从缓涨到走平再到逐渐加速下跌，这种顶部构造方式如同温水煮青蛙，持仓者会误以为该股运行节奏较为稳健，比较让人放心，从而放松警惕。主力正是利用这种市场心理进行缓慢减仓。当完成预定计划后，主力不再刻意护盘，于是股价以逐渐加速的方式展开下跌。

对于圆弧顶，当价格从盘整态势逐渐进入下滑轨道，有脱离向上运行的重心而向下加速滑落的迹象时，持仓者最好不要产生反弹即将发生之类的幻想。

混合顶形态在实战中具有很多变化形式，图 3–31 中的 2 号图形也是其中之一。这个图形类似于圆弧顶，但并不具有明显的圆弧状运行轨迹。

如图 3–33 所示，该股股价先是出现一波快速上涨，之后横向盘整，再后则进入快速下跌，形成了一个类似帽子的形状。其实这种形态可以认为是圆弧顶的变形，应对这种图形，可以参照圆弧顶的方法。

也许有人认为，图 3–33 所示的第一个股价高点，可以视为尖顶。但是如果认定为尖顶的话，那么等股价跌破颈线位，利润将大幅流失。对于这类图形，还是依据股价运行重心向下偏移为原则，至少在锁定利润上更为理想。

如果大家已经忘记股价运行重心的内容，请重新阅读对称三角形一节的相关内容。

图 3–31 中的 3 号图形也是混合顶的变化形式。从图中可见，价格本已构筑一个头肩顶形态，但价格并未继续下跌，反而向上创出新高。实战中，无论这个头肩顶是否跌破颈线位，当价格再度转跌并跌破股价运行重心时，即便不参与做空，至少也应该减掉部分仓位。

混合顶的变化形式极多，不可能一一举例讲解。当顶部形态共存或难以辨别形态特征时，应该意识到遇见的可能是混合顶。

图 3-33

第三节　K 线线索——发现底部

山有峰顶便有谷底，价格的起伏变化亦同于此。价格见高点（顶部）转而下跌，终会见低点（底部）转而上涨，俯仰之间考验的是参与者的定力和技术。

发现底部，需要确认是哪种级别的底部。不同技术环境下的所谓底部，后期升势和持续时间有天壤之别。比如，长时间或大幅下跌之后，在价格低位构筑的具有趋势扭转意义的底部，和短期超跌所形成的底部等，后期下跌的时间和跌幅是无法相比的。辨明这种区别，有利于交易者选择不同的交易策略和操作手法。

一、尖底实战分析

尖底是指在下跌趋势中价格以陡峭的角度向下快速跌落，达到某一低点后又突然逆转而上，以相似的速度和角度开始上升。因价格由急跌迅速转化为急升，运行角度像英文字母“V”，所以也称为 V 型底。见图 3–34。

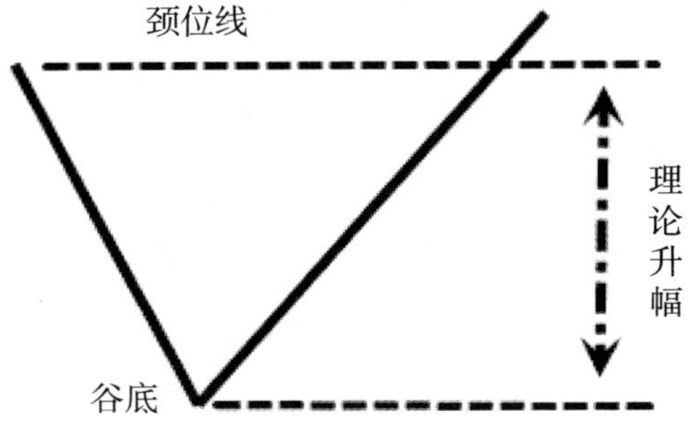

尖底

图 3–34

尖底理论上的升幅测量，即尖底起点到谷底之间的距离。理论上认为，尖底成立后的基本升幅，不小于尖底起点到谷底之间的距离。

尖底的起点是指最后一波急跌开始时的价位，这个价位也被称为颈线位。当价格突破颈线位并再续升势时，即认为价格底部成立。

如图 3–35 所示，该股运行于下跌趋势中，盘整过后，出现一波角度陡峭的快速下跌。当股价收出一根阳锤头线，成交量随之增加时，该股迎来了一波同样迅速的上涨，突破颈线位后股价继续升势。

尖底是价格的一次快速探底过程，时间大多极为短促，价格从跌到涨转换较为迅捷，通常不会出现明显的盘整。但颈线位上下会遇到阻力，这时是验证尖底是否成立的关键时刻。

在尖底的整个构筑过程中，价格下探的这个部分，成交量一般都呈现缩量的态势。在由跌转涨的过程中，成交量会出现温和放量和聚量的现象。

有些个股在突破颈线位后，会出现回抽确认支撑的动作，这时的成交量可适度缩小，但要比下跌阶段的常量大。

图 3–35

突破颈线位后的升势或盘整走势中，成交量不能出现由聚量到量能消散的状态，否则很可能走出尖底的失败形态，也就是多头陷阱。

如图 3–36 所示，该股构筑尖底形态，但股价在颈线位附近遭遇压制，迟迟不能突破。成交量在由跌转涨后，虽然出现放量，但综合前期量能来看，只能算是常量的等级。在颈线位附近的盘整过程中，成交量更是呈现量能消散的迹象，这对一个突破在即的图形来说是致命缺陷，基本预示着将走出一个失败形态。

出现类似图形时，交易者应暂时放弃做多或控制仓位，以防形态构筑失败的风险。

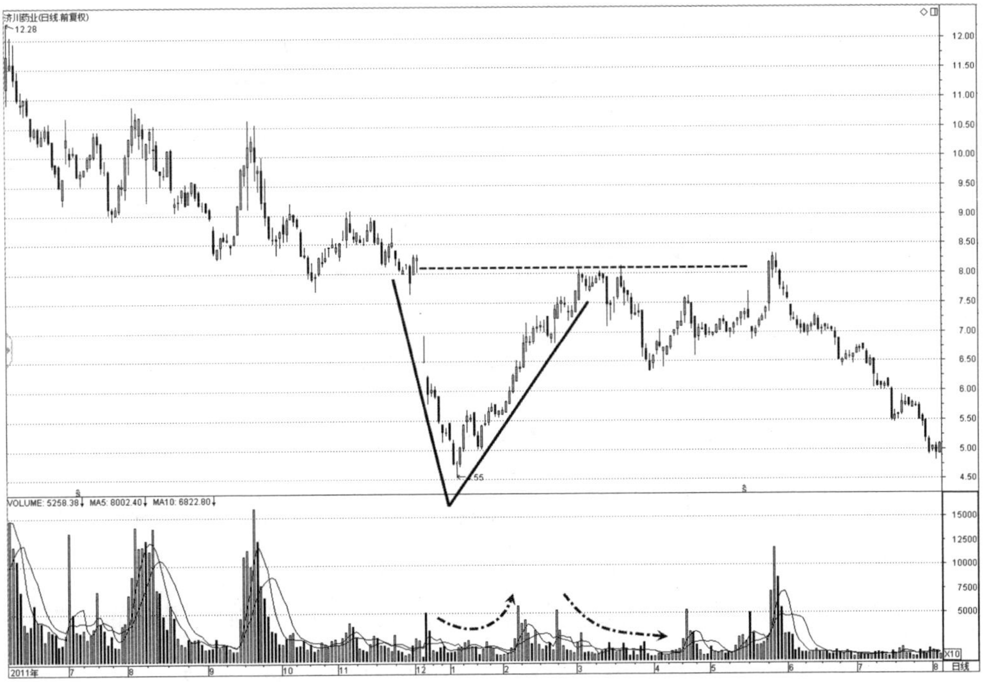

图 3-36

二、双底实战分析

双底是指价格下跌到某一低点后转为上升，升至一定高位时再度出现下跌。这次下跌在前低附近企稳，随后价格又转为上升并突破前一高点（颈线位）。在确认颈线位之上得到支撑，则突破有效，双底成立。双底也称为 W 底，见图 3–37。

双底形态中，双谷底之间的弹升高点也被称为颈线位。当价格突破颈线位后得到支撑，则突破有效，价格底部成立。

双底的理论升幅测量，为颈线位至双谷底平均值之间的距离。理论上认为，双底成立后的基本升幅，应不小于这个距离。双底的两个低点并不一定在同一价位上，升幅测量时可取其平均值。

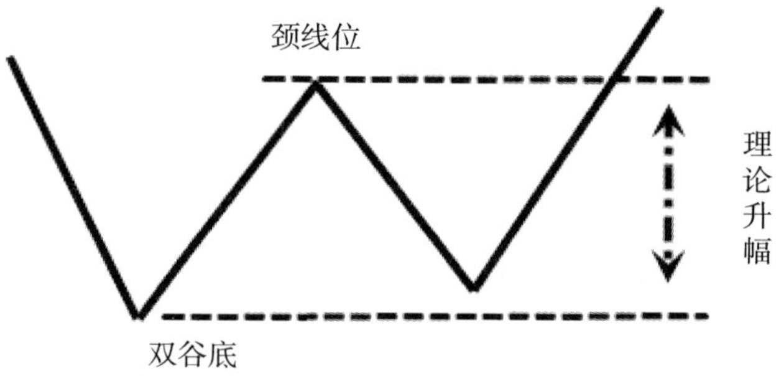

双底

图 3–37

前面讲顶部结构时提到，顶部形态构筑的复杂程度、时间周期以及形态出现的位置，与之后的跌幅和下跌持续时间具有重要的关联。

底部结构和顶部结构在技术环境分析，从原理上来看是相同的，同样受到形态构筑的复杂程度、时间周期以及形态出现位置的影响。

一个构筑时间较长，构筑过程复杂，在长时间或大幅下跌之后出现的底部形态，一旦有效突破颈线位，其迎来的可能就是趋势上的扭转。

如图 3–38 所示，该股下跌周期将近两年，股价从 40 多元跌至图中双底时的十几元，无论下跌时间周期还是跌幅，都符合趋势扭转的条件。在构筑双底的过程中，股价也是一波三折，锯齿形波动明显。其颈线位居然出现两个高点，有故意营造双头的假象，用以骗取低价筹码。之后股价突破颈线位，略经盘整后开启上升趋势。该股股价最终高点达到 90 多元。

短期内在价格超跌过程中构筑简单的底部形态，其升幅和上升持续时间可能不会太大。同时，对于这种底部形态，还需要防备主力制造多头陷阱（即假突破）带来的风险。

有一点需要特别提醒，无论是顶部结构还是底部结构，首先要注重分析其性质是趋势扭转还是趋势延伸。例如，下跌趋势中途，会出现多个次级的顶部或底部结构，这些结构由反弹引发，最终价格仍将回归趋势。

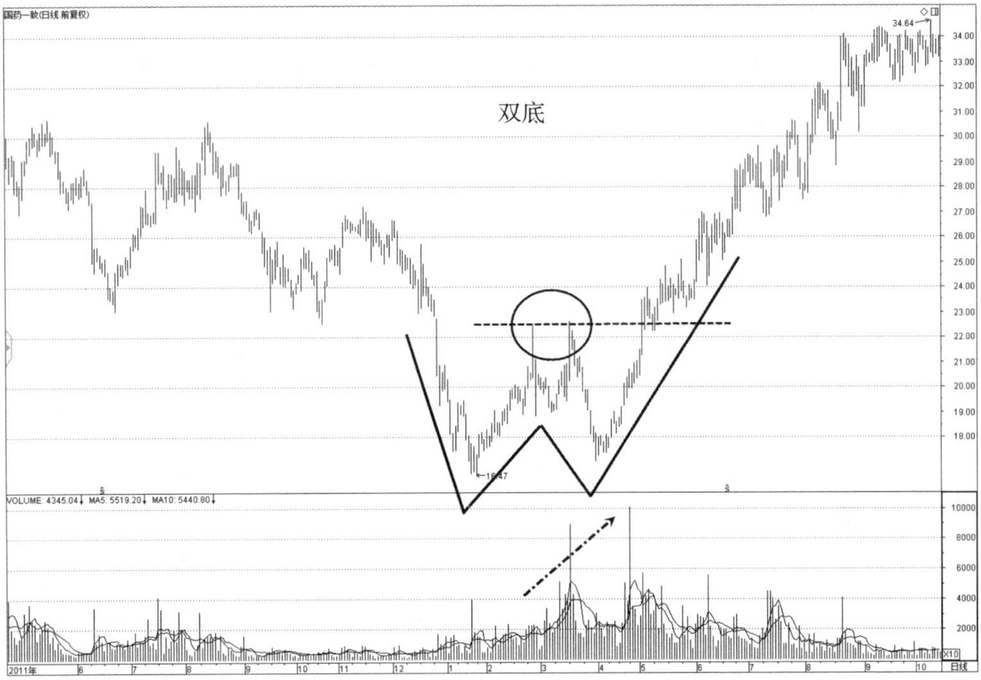

图 3–38

趋势延伸性质的顶底结构，其未来的涨跌幅度和时间周期，注定无法与趋势扭转性质的顶底结构相比，这一点是毋庸置疑的。实战中，具有趋势延伸性质顶底结构的个股，很多都达不到理论上的涨跌幅度。

下面谈一谈双底构筑过程中成交量的变化。

在双底构筑过程中，第一个低点（左侧底）的成交量通常不会有明显的变化或呈零散放量，但整体上还是处在下跌阶段的常量状态。

当价格开始弹升并构筑颈线位时，成交量呈现温和聚量，之后价格再次回落（右侧底）时，成交量随之缩小，但仍大于下跌阶段的常量。价格再次上升并突破颈线位时，这里的成交量应该是最大的，并呈现明显的聚量状态。如图 3–38 所示。

整个双底构筑过程中，成交量是由低到高分布的，这种分布方式符合量价关系的健康状态，也能够显示出资金的回归路径。

实战中会遇到构筑双底失败的形态，这些失败形态从成交量上就可以提前预判。如图 3-39 所示，该股在下跌趋势中构筑了一个失败的双底形态。

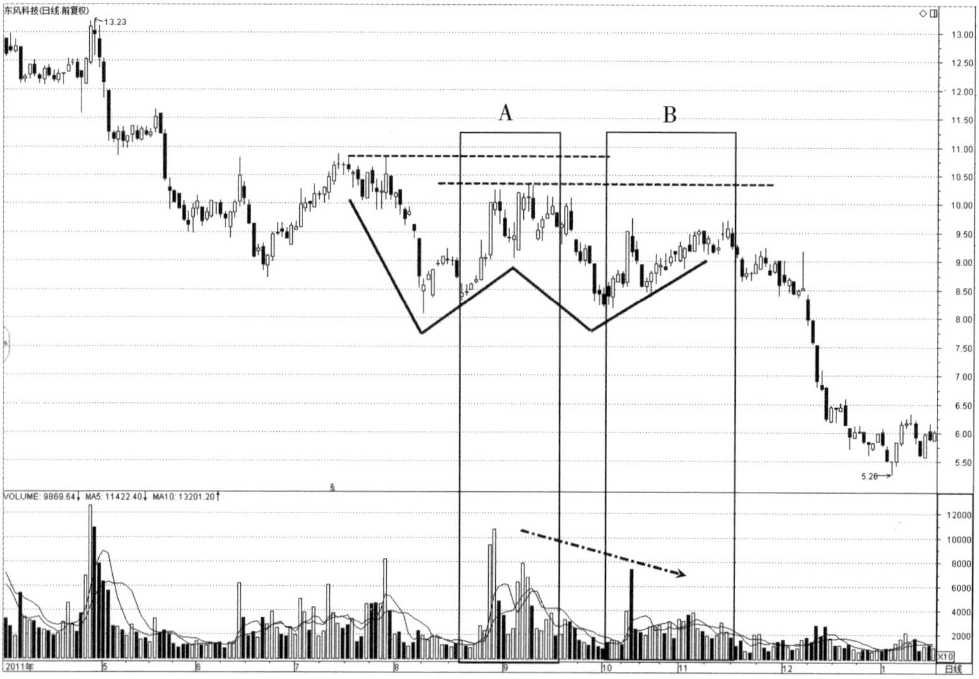

图 3-39

图中 A 点及之前的急跌，可以先把它当成构筑尖底形态。A 点明显放量却不能突破尖底颈线位，随着股价再次下跌，表明这个尖底构筑失败。

图中 B 点股价下跌后再次上涨，这时候之前的 A 点就成了双底的颈线位。B 点股价两次尝试向上突破，却迟迟不能成功，最终向下跌落，表明双底形态构筑失败。

双底走出失败形态，其实从 B 点和 A 点的成交量对比就可以提前预估。B 点不但股价难以企及颈线位，整体成交量也明显小于 A 点，这是极不正常的现象。

一个即将突破的形态，没有成交量的聚集和支撑，大概有以下两种解释。

其一是上升趋势中的控盘庄股，这种类型的个股无需放量也能斩将夺关，原因是主力掌控了较大比例的流动筹码（相关内容见第四章）。

其二是这个即将突破的形态是用来骗人的，诱骗更多的资金相信形态即将突破。

图 3–39 中，该股处于下跌趋势运行过程，在跌势中构筑双底，由于没有量能的持续支撑，首先可以排除趋势扭转的可能。其次就是前面讲过的趋势延伸形态。跌势中做反弹底，很多连理论涨幅都达不到，更多的都是图中显示的走出底部构筑失败形态。换个容易理解的说法，即主力制造的多头陷阱或诱多。

三、三重底实战分析

三重底是指价格下跌到一定低点后出现上升，随后价格又转为下跌。跌至前低点附近时再次回升，这次回升到前高点附近时又一次出现下跌。价格跌至前两次低点附近时，最强烈的升势开始启动，并突破前两次形成的高点平均值（颈线位），确认颈线位之上得到支撑，则三重底成立。见图 3–40。

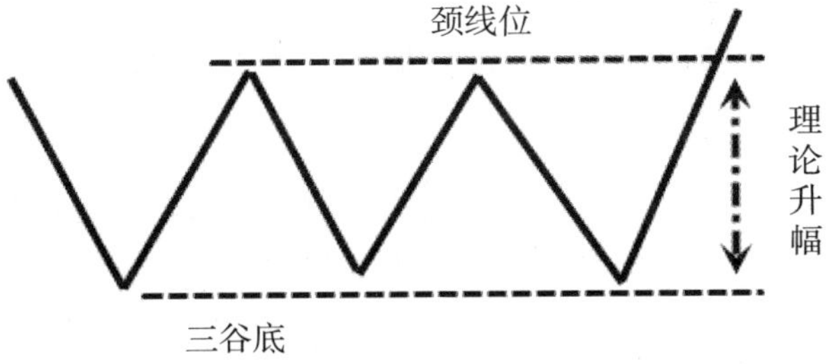

三重底

图 3–40

三重底的理论涨幅测量，为三次下跌低点平均值至两次上升高点平均值之间的距离。理论上认为，三重底成立后的基本涨幅，应不小于这个距离。

两次上升高点的平均值位置，也被称为颈线位。实战中，三重底在形态构筑上具有多种多样的变形，远不如图 3–40 中那样容易辨别。

从形态构成上分析，三重底和双底图形定义很相似，只是多了一次回落和上升的过程。不要小看这个过程，多一次下跌和回升，意味着对于交易者心理又多了一次野蛮的蹂躏，很可能会成为压垮骆驼的最后那根稻草。

相同的技术环境下，三重底比双底更可靠，其蕴含的做多意义也更强烈，但对持仓者来说受到的折磨也更多。

不少持仓者可能承受住了前两次价格的大幅波动，却在最后一次下跌中承受不住心理压力而抛售离场。有的还会在最后一次下跌完成后的价格回升途中清空仓位或反手做空。之所以出现这种操作，问题主要出在心理上。价格虽然回升，但持仓者的心理调整却并不能同步，空头的阴影仍旧厚重，交易者这时的想法大多是："不借着反弹卖个好价，难道等着股价再跌回来！"

如图 3–41 所示，该股股价急跌过后出现反弹，反弹高点在尖底颈线位上，但股价未能继续升势。尖底构筑失败后，股价下跌但未创下新低就又一次出现上涨，这为市场点燃了构筑双底的希望之火。

然而，市场普遍期望的往往都不会成为现实，之后再一次下跌开始了。这次下跌是失望和恐惧相互汇聚的过程，多数人会选择在此时离开。图 3–41 中小圆圈标示处，可以看到一根带有极长下影线的锤头线，这是该股启动上升行情前的最后一个低点。

这个长下影锤头线形成的低点是血淋淋的，长长的下影线可以看成是刺杀散户的尖刀。很有必要回顾一下当天的分时走势，也许可以从这种残酷走势中学到点儿什么。

图 3–42 的分时走势，就是这根长下影锤头线形成的整个过程。当天股价低开后略有回升，便在昨日收盘线下震荡。11:00 左右股价开始跳水，午盘下跌超过 –5%。午后开盘股价继续下跌，图中可见 13:30 之前这个阶段成交最为密集，股价一度跌逾 –8%。这就是典型的恐慌性抛盘，争相出逃的目的是回避股价近在咫尺的跌停板。

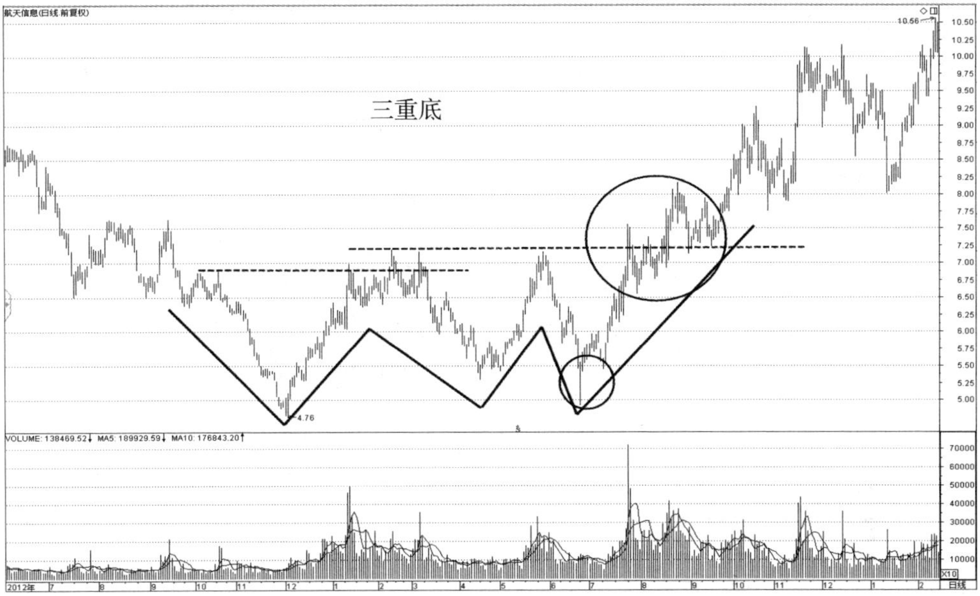
航天信息(日线 前复权)
三重底
4.76
10.56
VOLUME: 138469.52 MA5: 189929.59 MA10: 176843.20

图 3-41

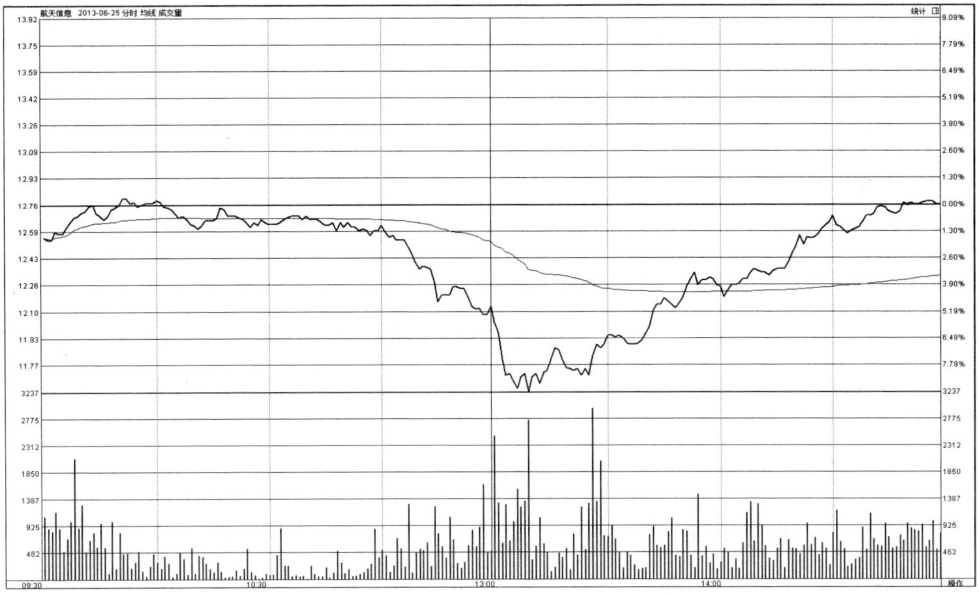
航天信息 2013-06-25 分时 均线 成交量

图 3-42

然而，大部分抛售筹码的人却发现当天股价并没有按照大家推断的那样跌停，反而在波动中不断反弹。惊魂未定的卖出者打死也不愿再把股票买回来，只能眼睁睁地看着股价从 –8% 一直回升。

图 3–42 中的分时走势，从细节上再现了三重底下跌阶段的恐慌场景。底部构筑过程中，不但下跌阶段让人心惊肉跳，回升阶段同样使人坐立不安。

如图 3–41 中，三重底的第三次上升突破颈线位时（见图中大圆圈标示处），股价在颈线位上下大幅波动，必然使交易者心理遭受煎熬。能够持仓不动的只怕是少数，这也是少数人能够赚大钱的潜在原因。

图 3–41 中大圆圈标示处，股价突破颈线位时的成交量，是构筑底部结构以来最集中、聚量最明显的地方，这种量价关系是突破形态的最佳配合。

实战中遇到这种情况，不妨问自己几个问题：

主力构筑这么复杂多变的形态，多处使出恐慌打压的手段，最后却在突破颈线位这种明显的价格关口时放量出逃吗？他逃得过散户吗？在颈线位并不确定突破成功与否时，散户是恐慌多一些还是狂热多一些？

问明白这几个问题，主力想干什么也就清楚了，我们也就不会在技术关口上被主力蒙骗。

四、头肩底实战分析

头肩底是指价格下跌到一定低点后出现上升，随后又转为下跌并破前期低点，创出价格新低。之后开始回升，至前高点附近时价格又一次出现下跌。但这次下跌并未刷新价格低点就开始回升，并突破前两次回升形成的高点平均值（颈线位）。确认颈线位之上得到支撑后，则头肩底成立。见图 3–43。

头肩底的理论升幅，为两次回升高点平均值与头部低点之间的距离。理论上认为，头肩底成立后的基本升幅，应不小于这个距离。两次回升高点的平均值也被称为颈线位。

头肩底是较为复杂的底部形态，所以一旦构筑成功，未来的升幅往往都会超过理论幅度。头肩底形态也具有不同的时间周期，不同时间周期的同一形态，未来的价格表现会有较大的不同。

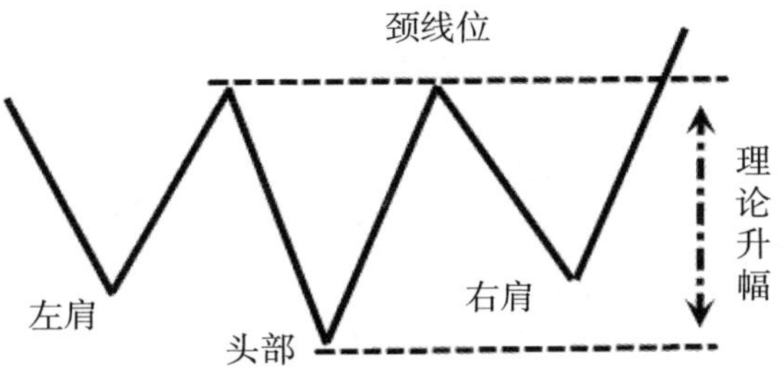

头肩底

图 3–43

图 3–44 所展示的是一个时间周期相对较短的头肩底形态。图中该股经过一波幅度较大的急速下跌后，完成头肩底形态的构筑，股价最终达到了理论上的基本升幅，之后开始进入震荡盘整走势。

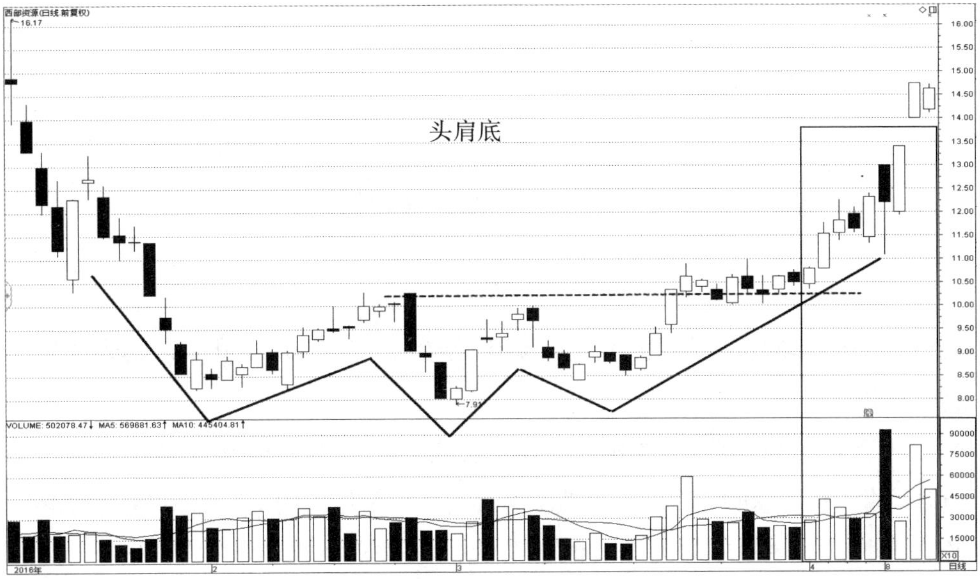

图 3–44

图 3–45 所展示的是一个时间周期较长的头肩底形态，这个形态的构筑极其复杂。从图中可见，该股构筑了一个复合型的头肩底：大头肩底套着小头肩底。股价突破两层颈线位时，都出现了较大幅度的震荡。该股成功构筑头肩底形态后，之后的升幅也非常惊人，远远超过复合头肩底的理论基本升幅。

图 3–45

底部形态的构筑过程中，震荡幅度越大，震荡次数越多，其未来的升幅通常越大。

从资金出逃与回归的角度来说，价格在相对低位凶狠震荡，非常有利于筹码集中。在价格进入拉升期之前，打击持有者的信心，不断垫高参与者的成本，会使坐庄主力今后的日子比较好过。

当一个底部形态获得突破之后，筹码往往具有一定的集中度，这时的震荡就不仅仅是为了集中筹码，还有其他方面的需要。比如，主力通过大幅震荡来降低自身成本，增加个股的活跃度，测试和消化上方压力盘等。脱离底部形态后，股价的震荡次数会减少，升速也会加快。

头肩底形态的成交量分布，和其他底部形态很相似，即成交量通常是由低到高的方式分布。见图 3–45 中的成交量分布。

在构筑时间周期较长的头肩底形态中，左肩和头部的成交量可以略有放大，或基本呈下跌期间的常量态势。但是在价格突破颈线位时，必须有成交量明显放量和聚量的过程，如图 3–44 中成交量在颈线位前后的表现。

价格突破颈线位是一个分水岭，之前沉闷的走势可能由此迅速转为异常活跃。对于主力来说，这是激活或改变市场认识的时机。能够吸引市场眼球的，无外乎股价和量能表现，所以通常不会放弃此间的运作。

当价格在颈线位上下震荡时，如果成交量仍旧不温不火，处于前期常量状态，就要注意可能会出现形态上的假突破。当然，如果可以确定这是一个高控盘个股，那么就要考虑会不会出现变形的问题。

五、圆弧底实战分析

圆弧底是指价格下跌和之后上升的角度，构成了一个弧顶在下的圆弧形状。见图 3–46。

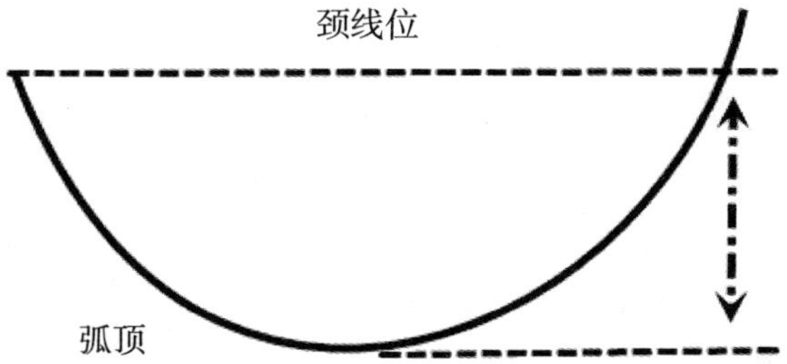

图 3–46

圆弧底理论上的升幅测量，即起点和弧顶之间的距离。理论上认为，圆弧底成立后的基本升幅，应不小于起点和弧顶之间的距离。圆弧底的起点，是指最后一波下跌开始的价位，这个价位也被称为颈线位。

实战中的圆弧底，往往并不是非常显著的半圆形，仅在分析和观察价格运行重心时，才会发现呈弧顶在下的圆弧形状。圆弧底的构筑过程一波三折，弧顶区域的 K 线多为小阴小阳线，最低点也不一定就出现在弧顶。

圆弧底的构筑过程中有一个“快—慢—快”的特点，即价格运行速度通常是两边弧线加速，弧顶慢速运行。在圆弧底的起点到弧顶区域的下弧线部分，价格下跌速率较快。到达弧顶后，价格涨跌速率变慢，K 线实体较小，价格重心表现为横向震荡；从弧顶到颈线位的上弧线部分，价格速率开始变快。

如图 3–47 所示，该股为上市新股，打开连续涨停板后，构筑了一个时间周期较短的圆弧底。从图中可见，在上下弧线部分股价都出现了加速的态势。

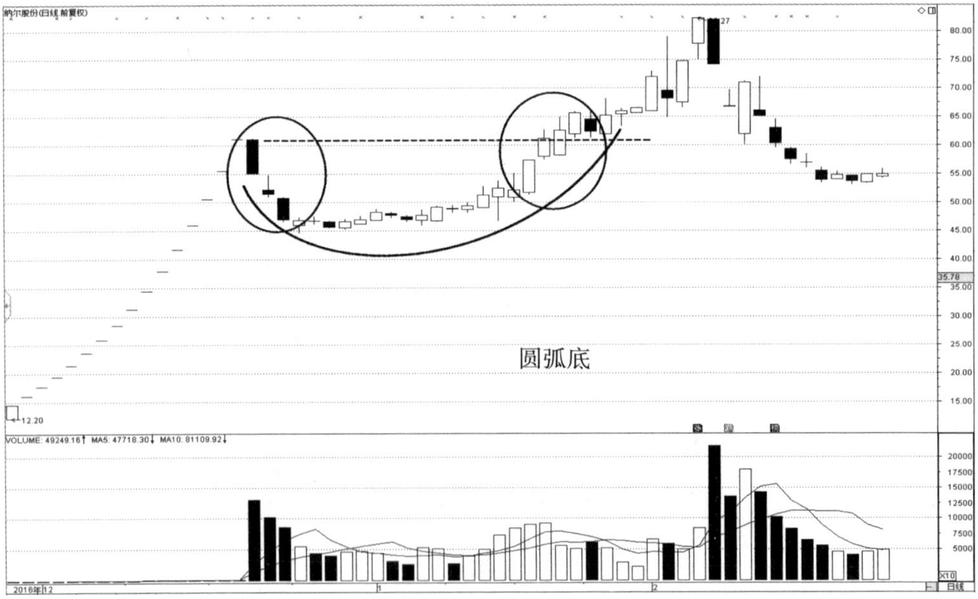

图 3–47

实战中，股价呈下弧线加速下跌时，不要有任何猜底、赌底的交易行为，未能从跌势中平息下来的股价，会将一切多头碾得粉碎。同样，股价呈上弧线加速上涨的态势时，也不可轻易选择做空。

图 3–47 所展示的是一个时间周期较短的圆弧底，其下跌和弧顶震荡时间都较短，持仓者可能相对容易承受。在一些时间周期较长的圆弧底构筑过程中，很少有人能够持仓坚持到上弧线加速阶段的到来。

如图 3–48 所示，该股构筑圆弧底的时间长达两年。过早在下弧线和弧顶区域介入的交易者，肯定较为煎熬。在股价的反复揉搓中，中短线交易者很难守住仓位。即使在波动中艰难地反复做 T+0，过长的做底时间也会使交易者怀疑股价是不是会有美好的未来。类似图 3–48 所示的个股，较理想的介入做多时间，至少要等到上弧线加速阶段出现。

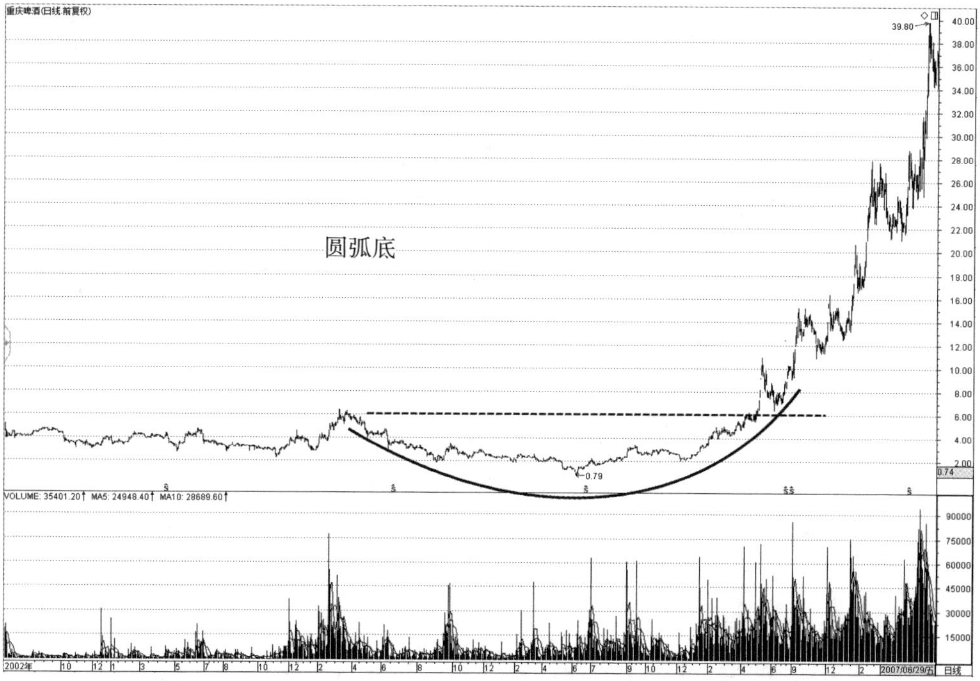

图 3–48

对于图 3–48 中长时间构筑的圆弧底形态，也可以选择在颈线位突破之后介入做多。但对于一些构筑时间较短的圆弧底，突破颈线位时并不一定是理想的介入点。

以图 3–47 为例，该股突破颈线位后，虽然股价涨幅也达到了理论幅度，但其突破颈线位后，量能并未继续保持聚量，而是处于不稳定的状态中，显示股价的冲高具有较大的投机性。这种投机性多出自市场某一阶段资金的跟风效应，当热度消退过后，股价会迅速回落。介入这类个股，可选择在上弧线出现的初期，并做好止损的准备。

短期圆弧底在介入点选择上比较难，如上面提到的图 3–47 中的个股，其后期的涨幅具有一定的偶然性，另外一些个股可能就不会有这样大的涨幅。如图 3–49 所示，该股构筑的圆弧底与图 3–47 中的较为相似，但其最终却走出了失败形态。

图 3–49

短期圆弧底在量能上有个极为重要的条件，即突破颈线位后，成交量不能出现明显的萎缩。

如图3–49所示，该股股价突破颈线位后，成交量几乎是大幅萎缩，同时股价并不能稳定地保持在颈线位上方，说明做多能量难以维持向上攻击的继续展开。出现这种情况之后，如量能继续萎缩，股价重心下移，选择卖出是一个较为稳健的办法。

新股的操作往往是短炒资金蜂拥而来，之后乘风归去，炒作过程短暂而迅猛，不但是散户容易亏损，一些实力游资如果反应稍慢，也难免被套或斩仓。如果你是一个超短交易者，并且热衷于这种交易模式，那么介入前必须做好止损准备。没有止损保护的参与，用不了多久就会告别这个市场。

实战中还会有多种变形的底部形态，或难以辨别形态特征的底部形态，我们统称为混合底。混合底因构成形态上驳杂，大多难以确定颈线位等技术因素，实战中应以价格运行重心作为判断底部构成的依据。相关内容可借鉴混合顶的技术原理，这里就不再深入讲解了。

第四章　K 线升级——出逃线与回归线理论

股票交易的博弈特性，决定了诡诈是 K 线的血和肉，真实性一览无余的 K 线从未存在过。作为一名交易者，你必须时刻谨记博弈的诡诈性。伴随每一个交易行为的，应该是如履薄冰、如临深渊的谨慎和理性。

可能有人会问：既然诡诈是 K 线的血和肉，那么 K 线分析在实战中还能发挥作用吗？

无论多么高明的魔术师，总要用行动来完成魔术；躺着不动的魔术师，只能表演装死。

无论坐庄主力如何费尽心机地制作 K 线，无论其制作的 K 线欺骗性有多大，总会有行为轨迹毁灭不了。我们看的是 K 线，而要分析的是 K 线形成的真实轨迹，这里才有我们需要知道的秘密！

第一节　出逃线与回归线理论的实战基础

传统图形分析为人诟病，批评者认为用曾经出现过的数据、图形来预测未来，总是不太靠谱。诚然，经验主义的按图索骥，告别市场初期阶段后，就已无用武之地。

越是成熟的市场，博弈越是尖锐如刀。同样的 K 线图形，也许会走出天壤之别。K 线背后的资金流动和 K 线之间的关系，才是我们分析的重点。

一、出逃与回归的概念

看懂 K 线，不是指看到阴线就知道跌了，看到底部组合就以为要涨了，K 线分析远不是这么简单肤浅。一根下跌的巨量大阴线，也许经过分层分析后，得出的结论是资金在买进。类似这种表里结合的分析方法，才能让你真正读懂 K 线。

很多收费软件宣传有所谓的主力资金监控功能，就接触到的一部分这类软件而言，其所谓的主力资金监控功能，无非是以大单和累计大单的买卖方向来认定主力资金及其动向。说白了，和免费软件里的很多功能并无太大区别，不花这份冤枉钱也罢。

主力资金的运作动向，对于交易者来说确实非常重要，但要说通过软件可以侦知主力资金的一举一动，就显得有点不靠谱了。且不说博弈的诡诈性会使软件计入大量错误的数据，当主力资金化整为零，以小单行动时，软件十之八九会将其计入市场的散单。

软件不是 007，不会深入对方内部窃取机密。软件只是个干粗活的，和街头巷尾收废品的差不多，只是把你可能需要的东西挑拣出来，至于用不用得上，还是要靠你自己判断。

股票交易是博弈的艺术，是资金的战争，股票市场信奉丛林法则，弱肉强食。

你必须动用全部的脑力来破译主力资金的行为趋向，不要妄想掌控对手的一切动向。连操盘手几点上厕所都想猜的人，注定会迷失在细节里。

我们只需要知道主力资金的大方向和目前所处的阶段就足够了，虽然做到这一点有难度，但只要找到合适的方法，也不算太难。

价格运行的过程，其实就是资金不断进出的流动过程。鉴于交易的博弈特性，笔者将这一过程定义为出逃与回归。

从原理上来讲，资金出逃为主，则价格下跌；资金回归为主，则价格上涨。原理有时候仅仅是原理，实际变化却是无穷的。日线系统的盘面上收出一根放量大阴线，似乎应该是资金出逃，但如果深入分析分钟系统上这根阴线的多层构成，可能会发现其中放量的部分其实是资金回归。

出逃与回归分析理论以 K 线和量能综合分析为基础，分析过程是一个先假设后求证的过程。某一根 K 线是否存在主力资金的出逃与回归，并不是 K 线本身收阴线还是阳线决定的，而是由这根 K 线细化分析过程来确认的。

（一）出逃线与回归线

出逃线是存在资金流出的 K 线的统称。由一系列 K 线构成的以资金流出为主的 K 线组合、形态，称为出逃组合和出逃形态。

回归线是存在资金流入的 K 线的统称。由一系列 K 线构成的以资金流入为主的 K 线组合、形态，则称为回归组合和回归形态。

出逃（回归）线、出逃（回归）组合和出逃（回归）形态，和前面讲解的 K 线空头（多头）组合、K 线顶部（底部）形态并不完全等同，二者之间还具有一定的差异性。

举例而言，当一个K线空头(多头)组合形成后，仍有可能走出失败形态。而出逃（回归）组合一旦确认，则不存在失败的概念。资金的流出（流入）是真实的，关键因素在于确认流出（流入）资金的性质是主导资金（这个概念包括但不限于主力资金，因为有些个股并无长期坐庄主力，只是短期资金炒作，故统称主导资金，意指主导一段时间内行情的资金)还是市场(包括但不限于散户）跟风资金。

如果说前面讲解的K线及组合、形态是一种外在的、图形上的分析方法，那么出逃与回归理论则是内在的、图形与资金关系的分析法。二者之间并非是割裂的，而是互为印证，相辅相成。

如 K 线及 K 线组合、K 线形态的一些技术压制与支撑关系，对于出逃与回归具有反证其逻辑关系的作用，而出逃与回归可验证 K 线多空形态对应的资金流动的真实性。

实战中要避免以主观愿望来认定出逃线或回归线的性质。比如，出现一根阴 K 线，做空者就很愿意相信这是主导资金的行为，认为后市将持续下跌。做多者则愿意相信这是市场行为或主力诱空，后市仍将上涨。

一根阴 K 线从其形成过程来看，至少表面上显示出逃资金大于回归资金，不然也不会收阴线，因此将其定义为出逃线没有问题，但没必要过早过急地认定出逃线性质。

没有逻辑分析和充分依据的情况下做出的判断，必然是受主观愿望干扰的结果。缺乏客观分析，判断的准确性也必然会打折扣。界定出逃线或回归线性质，主要采用的是后面将要讲解的分层透视法。

我们可以先把所有的阴 K 线都视为出逃线，把所有的阳 K 线都视为回归线，不必理会哪些可能是主力刻意营造的骗线。然后在一些技术压制与支撑关系上，分析这些出逃或回归的逻辑关系是否存在。

符合逻辑关系的，至少初步证明出逃或回归是主导资金所为。不存在逻辑关系的，其虚假性反指的方向就是我们关注的地方。例如，出现出逃线后，股价有没有大幅下跌？出现回归线后，股价有没有大幅上涨？通过分析这些逻辑关系，能够发现哪些 K 线在说谎，哪些 K 线如同草蛇灰线，隐藏了未来行情的“伏笔”。

当然还有一个问题需要关注，即资金流入或流出程度，也是决定行情发展趋向、趋势的重要因素。

如图 4–1 所示，该股下跌途中，在 A 点报收一根中阳线，这根 K 线可以先视为有资金流入的回归线。从图中可以看到，A 点出现回归线后，股价并未反转向上，而是继续跌势。

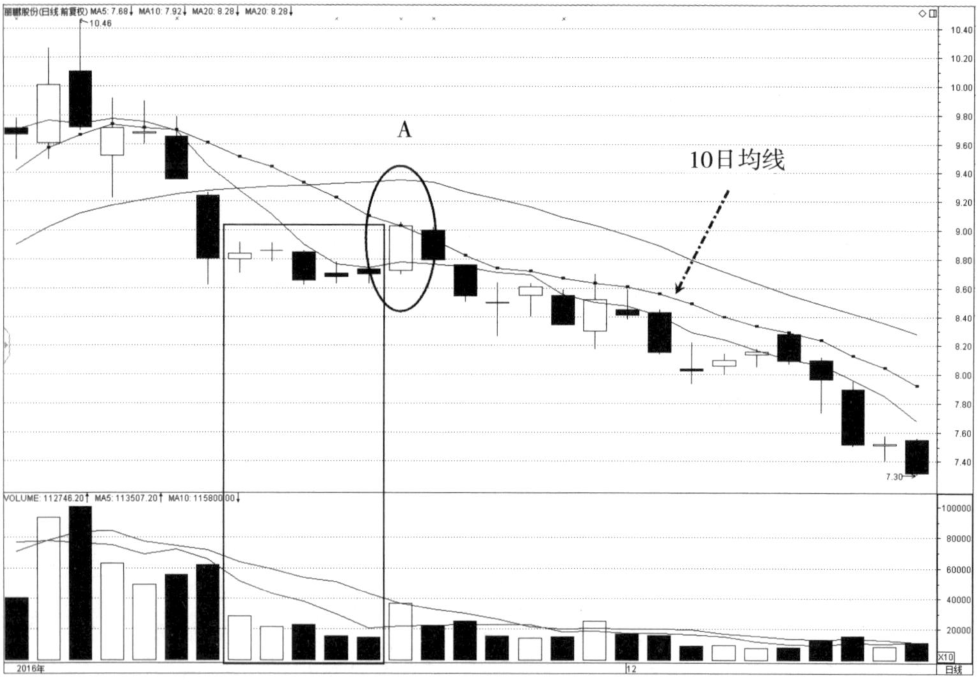

图 4–1

图 4–2 是 A 点回归线当日的分时图。当天股价稳定上涨，成交量呈价升量增的良好态势。仅分析 A 点这根回归线本身，在未进行分层分析前，初步判断资金流入不存在异议。

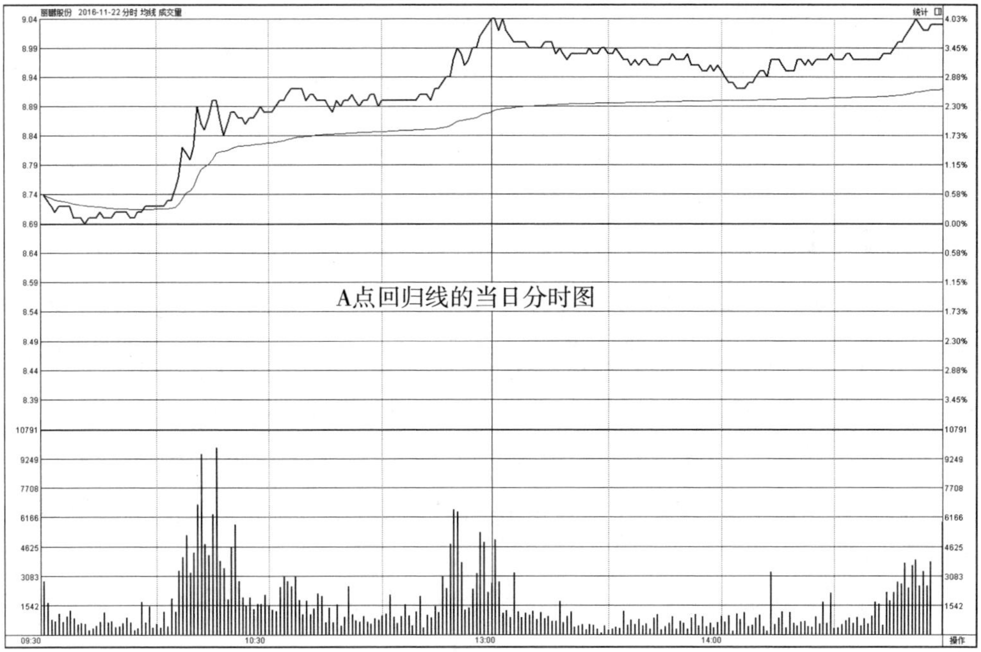

图 4-2

那么问题来了，既然 A 点出现回归线，股价为何还继续下跌？

仍回到图 4-1 中，我们发现在 A 点之前，该股股价其实已经止跌。止跌的过程由 5 根实体较小、成交量日渐萎缩的 K 线（其中的阴线实体稍大）组成。这种止跌过程只能说明一件事，即止跌不是因为资金回归得多了，而是因为出逃的资金少了！

由此可见，A 点的回归线即使本身是真实的，但之前缺少持续回归的基础，当日 K 线明显受制于 10 日均线，也说明当日涨升强度不足。之后更是接连收出出逃线，可见资金回归程度远远达不到股价持续反弹的需要。

对于下跌途中出现的回归线，不能轻易认定为买入机会，因为资金的介入程度才是决定行情持续发展的动力。当出逃现象占据主流，同时资金回归现象并未大量出现时，交易者应当放弃诸如低吸之类的想法，静候局势变化。

偶然一次的资金回归或出逃，并不必然引起价格的大幅或持续反应。从主导资金运作的角度来说，仓位和价格的调整都需要一个时间过程。当资金出逃或回归达到一定程度，才会引发行情出现明显的趋向以及趋势上的改变。

（二）出逃组合与回归组合

单一的出逃线或回归线所能显示的资金流动太过片面，偶然一次的资金回归或出逃，说明不了太多的问题。由一系列 K 线构成的出逃线或回归线组合，能更充分地说明资金流动的程度和相应的价格趋向。

出逃线组合或回归线组合，并不一定都是由连续的阴 K 线或阳 K 线构成，因为在这种构成方式下，价格趋向过于明显，往往出现在趋势形成后的运行过程中。

在趋向或趋势不明的情况下，出逃线组合或回归线组合中，往往阴阳 K 线间杂其间，较难看出价格将要选择的方向。有句股谚说："当涨不涨，必然下跌；当跌不跌，必然上涨。"某些出逃线就如这句股谚所说，由一系列看起来马上就要上涨的 K 线组成，但其中资金却一直在出逃，最终价格启动下跌。类似于这种情况的回归线，实战中也有很多。

如图 4–3 中 A 点所示，就是一个具有一定迷惑性或看起来将要上涨的出逃线组合。

图中 A 点第一根 K 线是一根缩量阴线。缩量阴线并不少见，但如果出现在如图中所示的价格关口上，就要引起注意。不少人认为放量阴线才可怕，其实高位的缩量阴线同样可怕。

高位缩量阴线，至少说明多空并没有发生激烈的交锋。也就是说，多方对于下跌是认可的，同时并不认为目前的价格具有吸引力。对于在实战中遇到的高位缩量阴线，不能主观地认为没有成交量价格就跌不动，相反，要理解其中潜藏的危机：多头已经不愿意大举买入了。换个容易理解的说法，就是在目前的价位，多头主力并不愿意大举入场。

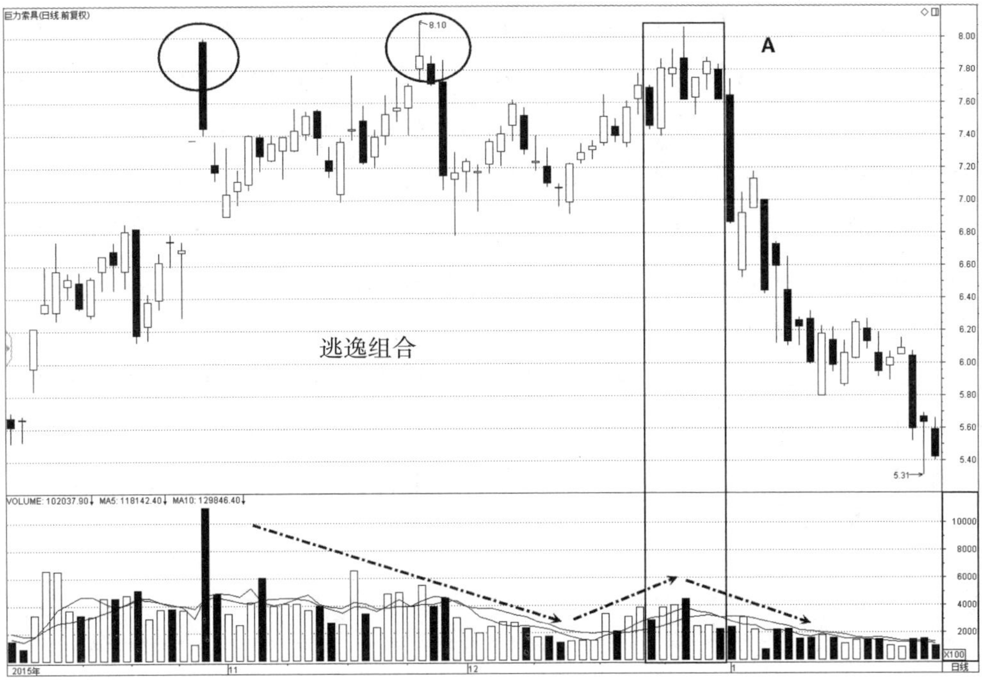

图 4-3

高位缩量阴线出现之后，要么开始进入下跌阶段，要么价格迅速转为上涨。有人可能会问：既然多头主力已经不愿意买入了，价格怎么还会转入上涨？

如果说是空头主力让价格转为上涨的，你会相信吗？事实就是这样！空头主力让价格转为上涨，目的是让更多的市场资金进场，以满足空方主力做空的需要。

现在的多头主力，就是下一刻的空头主力，反之亦然。多空之间并非水火不容，立场鲜明，而是随着时间的推移或实际需要发生转化和位移。

回到图 4-3 中 A 点，第一根缩量阴线后，下一交易日股价低开高走，报收一根多头覆盖线。这根 K 线的出现极为振奋人心，它会让渐渐失去耐心的市场资金再度对股价上涨充满期待，而主力想要的正是这样的效果。

第三根 K 线是具有上下影线的小阳线，这根 K 线的成交量略多于前一根多头覆盖线，但涨幅却远不及多头覆盖线，说明这里应该存在资金出逃的现象。通常来说，在价格关口上出现一定程度的资金出逃是正常现象，所以这根 K 线并不能完全确认 A 点是出逃线组合。

第四根 K 线是 A 点成为出逃线组合的“定海神针”。这根具有较长上影线的阴线，在股价关口（股价关口是指存在重大压力的点位，如图 4–3 中前期的两个股价高点）出现，具有明显的资金出逃特点。

首先，第四根 K 线的成交量是低点上涨以来最大的。其次，较长的上影线显示股价有一个冲高的过程。图 4–4 为 A 点第四根 K 线当日的分时图，图中可见成交最为密集的地方发生在股价上冲高点的时间点。放量过后，股价随之开始一天的回落。

图 4–4

如果说第四根 K 线仍旧不能让你相信资金最后的出逃已经完成，那么 A 点接下来 3 根忽然大幅缩量的 K 线，应该提供了足够的“不祥之兆”。

两根缩量阳线，可以让喜欢幻想的人安下心来。最后一根缩量阴线和第一根缩量阴线的技术意义完全相同。

可能有人会有疑问，A 点的整体量能不大，主力出得了多少货啊？

主力出货绝对不会像散户那样，非得等到火燎眉毛了才知道大事不好。观察图 4-3，可以发现成交量有一个明显的逐步缩减的变化，这就是主力逐步完成减仓的过程。当然，图例不可能显示出主力减仓的全过程，这里所列举的仅是其中一部分。

出逃线组合在股价相对高位出现，是一个较为危险的警示信号，交易行为上保持高度谨慎，就是应该采取的态度。

如果在实战中对于行情细节难以把握，在做多或做空选择上心中颇为矛盾和犹豫，那么不妨把眼光放到更大的层面上。比如从更长周期上俯瞰整个行情的发展趋势，也许会发现所谓的纠结其实完全不必纠结。

任何价格形式的短期波动，终究会回到趋势上来。

（三）出逃形态与回归形态

K 线的出逃形态与回归形态，与前面讲解的 K 线技术图形有很多相互吻合的地方。出逃形态与回归形态更偏重于资金的流动性分析，所以对 K 线技术图形具有一定的验证作用，同时在交易时机选择上也具有提示和参考作用。

图 4-5 中，该股构筑了一个大型双顶形态。前面讲解双顶形态时说过：“右峰顶放量，可能是坐庄主力遇到了问题，导致前期出货并不理想。左侧峰顶形成（拉高）过程中，主力没能完成预定的降低仓位的任务，所以只能通过右侧峰顶继续拉高减仓。这种情况下的双顶形态，右侧峰顶多数会创出价格新高。价格新高在实战中颇具有迷惑性，很多交易者认为股价能够创出新高，就说明主力仍在运作，因此股价还会继续上行。双顶形态

中的双峰顶放量或右峰顶放量，会使这部分交易者被套在峰顶仍不明白，主力为什么创出价格新高后却从此不见了踪影。”

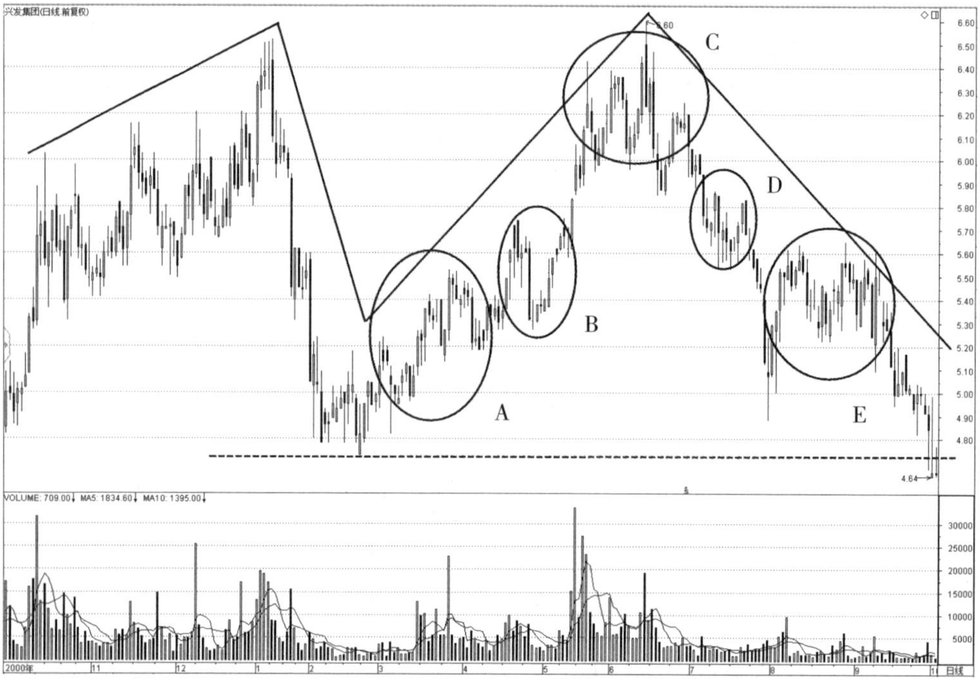

图 4–5

回顾了双顶形态相关的技术解析之后，下面再通过出逃与回归理论，重新认识这个双顶。

图 4–5 中的双顶形态属于右峰顶放量，也就是说这个右峰顶是主导资金出逃的“主战场”。在右峰顶形成过程中，也可以发现有多个出逃组合和回归组合存在。

大家要注意一点，并不是所有的出逃组合出现后，价格必然会转入连续下跌。在股价的不同阶段，出逃组合所代表的出逃资金未必都是主导资金，这些出逃资金抛出筹码后，并不会马上远离。当股价出现出逃组合而不跌反涨且上涨势头良好时，这些出逃资金马上就会变为回归资金重新进场，这也是主导资金希望达到的效果。

其实回归组合也是一样，某些情况下非主导资金的回归，并不会引发价格连续上涨。有些情况虽然是主导资金回归，但价格上涨会延迟，直至大多数人失去耐心。

实战中，辨别出逃组合的性质，除了下面要讲到的分层透视之外，还有一个形态分析法，即出逃组合出现后，价格的运行重心依旧保持向上，并未出现横移或下行的态势。如图 4–5 中的 A 点和 B 点所示，这种情况说明出逃资金至少大部分不是主导资金，否则股价很难一直保持重心向上。

图中 A 点和 B 点后，有一个明显的资金回归过程，股价迅速上涨，至 C 点价格运行重心出现横移。这个区域成交量创下涨升以来的单日最大值，但却没能出现聚量形态，而是呈不规则的变量形态，到了 D 点，更是处于量能消散（相关分析见本章第三节）的态势，至少从成交量分析上，已经发现价格趋空的迹象。

回归和出逃总是相伴而生，缺其一则价格就会成为无波动的一潭死水。分析出逃与回归，就是对比二者孰强孰弱的过程。在一个时间段里显示出逃（回归）现象占据主流，资金回归（出逃）呈抵抗状态时，即使价格尚未开始明显的回落（上涨），也离一波下跌（上涨）不会太远。图中 C 点就是这种情况。

行情运行至 D 点和 E 点时，大势已经明朗。运用出逃与回归分析，不用等到图 4–5 中这个双顶跌破颈线位，就早已明确该股股价的趋向。C 点基本可以指明多头的减仓点和做空者的参与价位。

出逃形态与回归形态由多个出逃线组合和回归线组合以及出逃线与回归线组成，从细微处汇聚起来的形态是大方向。如图 4–5 中股价跌破颈线位后，趋势性下跌开始，即使后面有多次资金回归催生的反弹，但在趋势运行完结前，大的方向很难改变。

二、出逃与回归的时空测量

出现在不同技术环境下的资金出逃与回归，其影响的价格未来运行趋向或趋势的空间和时间也有很大的不同。

图 4–6 是某股由最初构建上升趋势直至下降趋势结束，即一轮涨跌行情的全景图。下面以这张图为例，讲述在不同技术环境下资金出逃与回归对股价的影响，也就是资金出逃或回归后，如何对股价未来运行的时间和空间进行测量。

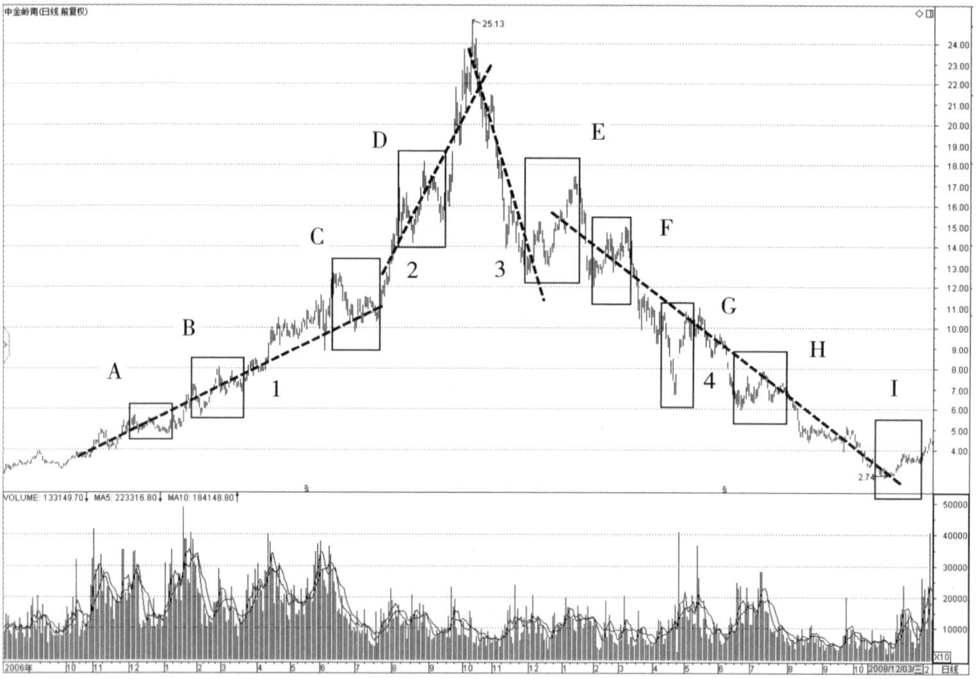

图 4–6

图 4–6 中标明 1、2、3、4 的四条虚线是该股的股价运行重心。关于价格（股价）运行重心的概念和应用，之前也多次提及，即以股价（价格）波动震荡的相对中心位置（或最近高点和低点之间的均价位置）画一条直线，即为股价（价格）运行的重心线。

价格（股价）运行重心线形成后，运行过程中当价格（股价）偏离重心线过远时，一般会出现向重心线靠拢的动作。触及重心线未继续上升（下跌），而是再次下跌（上升）时，则意味着当前运行重心的方向可能会发生改变。

对于价格运行重心和价格之间的乖离关系，可能有人认为通过乖离率指标也可以解决，对此强调一点：乖离率指标在某些情况下可以帮助我们辨别价格的高低点，但却难以替代价格运行重心的作用。

如图 4–7 所示，其下方的指标图即为乖离率指标走势。以图中股价明显起涨的两个高点和低点为基准，画出一条股价运行重心虚线，可以看到股价的升势基本以这条虚线为轴心来运行。下方的乖离率指标仅在股价部分高低点上有反应，并不能给出趋向性的参考。

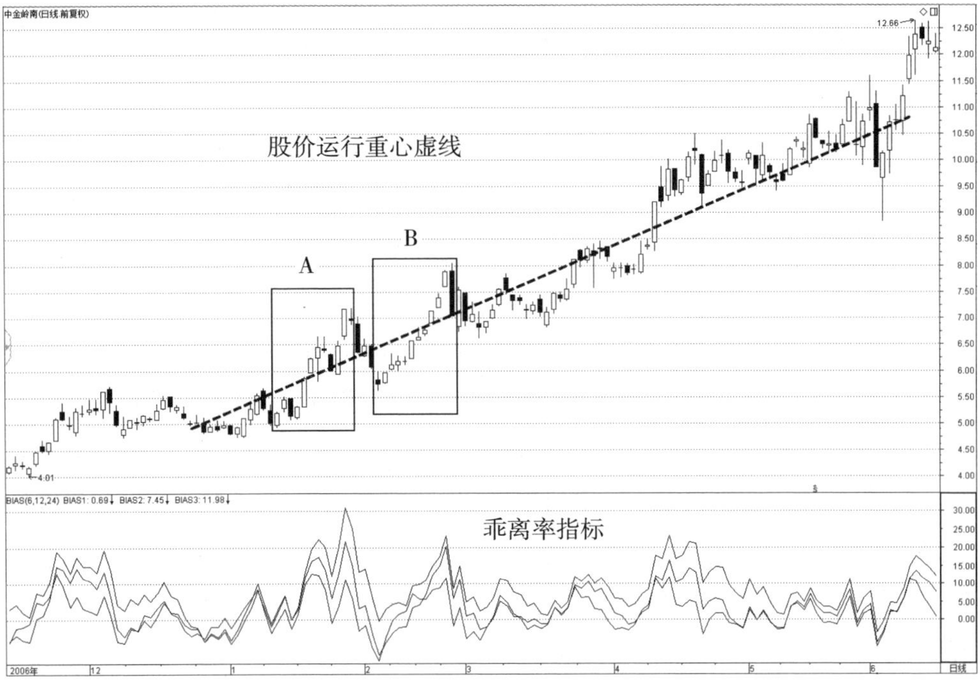

图 4–7

（1）涨势初期。

图 4–6 中的 A 点和 B 点，是该股股价逐步形成上升趋势的初期阶段。在这个阶段，市场资金的出逃与回归非常频繁，原因在于上升趋势并未获得市场普遍认可之前，大部分的参与资金会选择快进快出的短线交易方式，所以这一阶段成交量非常大。

当上升趋势得到市场普遍认可时，大多数交易者已经在价格涨升途中失去了自己的低价筹码，不得不在价格相对高位重新加价买入。此时交易者开始认同中长期持仓才是获得高收益的观念，于是开始减少短线交易频率。这也是大多数趋势性上涨的中后期，成交量会变得越来越小的原因。

在上升趋势形成的初期阶段，并没有多少人认为这是一轮上涨行情的开始，更多的人会将其视为反弹或波段行情。所以这时的价格震荡较为频繁，出逃线、出逃组合远比回归线、回归组合出现的几率高。

前文提到过，出现出逃组合后，价格的运行重心依旧保持向上，并未出现横移或下行的态势，这是从形态上辨别出逃组合性质的方法之一。

如图 4–6 中的 A 点和 B 点，即为出逃组合出现后价格依旧保持向上，并未横移或转为下行的情况。

实战中，可以以 A 点和 B 点最近高点和最近低点之间的均价位置相连画一条延伸的直线，来标示股价运行的重心，见图 4–6 中标号 1 的虚线。这条代表股价运行重心的虚线，对于分析和观察股价的未来变化具有极其重要的参考作用。

涨势初期，当出逃线或出逃组合向下偏离价格运行重心时，多数情况下其回落的时间不长，回落的空间不大，随后不久便会被回归资金重新拉回到重心线以上。但涨势初期的这种回落，较为考验持仓者的定力和判断力。

三种情况下，出逃线或出逃组合向下偏离价格运行重心后，需要较长时间和较大空间的下跌，股价才会再启升势。

其一，非上涨趋势初期，仅为跌势中的短期反弹，弹升结束后仍旧回到下跌趋势。

其二，尚未脱离底部，即底部构筑尚未完成。此类个股最为磨人，交易者往往在其底部的反复揉搓中迷失方向。

这两种情况可以通过分析 K 线形态进行判断。

其三，遭遇升势中级别较大的趋向性回落调整（次级回落）。

通常来说，这种情况较为少见，很少有个股会在涨势初期出现趋向性（次级回落）回落调整，但少见并不等于没有。一些走势特异的个股，就是以缓慢上涨然后缓慢回落的阶梯形走势运行。

（2）涨势中期。

当价格涨势运行一段时间，脱离涨势初期阶段后，部分个股可能会出现级别较大的趋向性回落调整，而另外一部分个股则会强化升势并出现加速的情况。

如图 4–6 中 C 点所示，股价脱离涨势初期阶段后，大部分时间在重心虚线上方运行。其间资金出逃引发的下跌，也多会在重心虚线附近止跌回升。这是股价内在强势的一种表现，这种强势源于主导资金控制市场介入成本并准备加速拉升。涨势中期，这种类型的个股出现出逃线或出逃组合时，其下跌时间和空间都很有限，往往成为难得的介入点。

对于出现较大级别的趋向性回落调整的个股，在分析其下跌时间与空间时，可以参考 K 线形态予以确定。

如图 4–8 所示，该股经过一段时间的上涨后，A 点股价触及重心线未能继续上升，而是再次转跌，这种现象意味着当前股价运行重心的方向极有可能发生改变。对于这种条件下出现的回落调整，后市下跌的时间和空间通常不是短期可以结束的。

图中可见，A 点之后，股价快速下跌并进入到一个级别较大的回落调整阶段。在 B 段，该股构筑了一个长达数月的箱形。该股后期的盘整时间和空间，在这个阶段就可以根据箱形的相关理论进行分析判断。

（3）涨势末期。

当价格经过较长时间的大幅度上涨之后，其价格运行重心必然会发生一次或多次变轨。图 4–6 中标号 2 的重心虚线，即是在标号 1 的原始重心虚线的基础上，因股价加速拉升而出现的变轨。

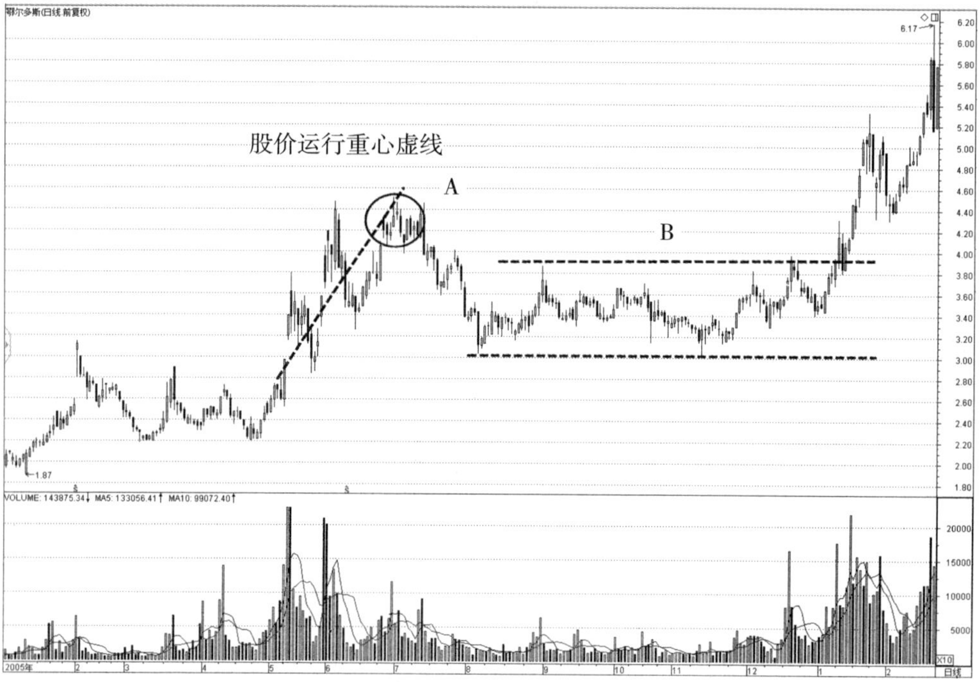

图 4–8

价格运行重心出现变轨，并不意味着价格最终高点（顶部）来临。但是，如果变轨后价格运行角度极为陡峭，那么就要格外注意顶部高点或级别较大的趋向性调整可能即将到来。

图 4–6 中，股价跌落标号 2 的重心虚线后发生急跌暴跌，该股的顶部高点也由此形成。

K 线形态理论可以帮助我们判断趋势拐点，一旦确认顶部成立，趋势发生改变，就要明白一点：出逃的主导资金在较长时期内不会大规模回归，后市下跌的时间和空间都是无法估算和测量的，所以要及时改变做多的惯性思维方式，迅速切换到做空思维上来。

（4）跌势初期。

跌势初期阶段，股价多会发生急跌和暴跌（并不是所有个股都是这样，部分出货困难的主力，会选择在下跌途中逐渐减仓，那么股价在顶部往往表现得相对平静），这时的股价运行重心必然向下，如图 4–6 中标号 3 的重心虚线。

经过一段时间和空间的急跌或暴跌后，即使没有主导资金的参与，价格超跌也会诱使市场资金回归，继而产生反弹。图 4–6 中的 E 点，就是这样一个股价超跌引发的反弹。

类似图 4–6 中 E 点的资金回归，多数情况下是市场资金基于暴跌后必然反弹的抢反弹行为引起的。当然，也存在主力未能全身而退，因而主动引领一波反弹以便于继续减持这种可能。

无论哪种情况，跌势初期反弹的时间和空间都会很有限。极端强势的个股，会冲击顶部颈线位等高点区域，但毕竟属于少数。

对于做空者而言，跌势初期超跌反弹中的回归资金，具有极大的不稳定性，略有风吹草动便容易发生踩踏，通常都是一个可以借反弹出局的点。

（5）跌势中期。

经过初期下跌和超跌反弹后，部分个股的下跌角度和速率会发生改变，价格运行重心也会随之出现变轨。图 4–6 中在 E 点和 F 点画出了标号 4 的重心虚线，这条线与标号 3 的原始下跌重心虚线相比发生变轨。

这种变轨在有些个股上可能会发生多次，实战中可以根据实际情况予以修正，以便更有利于分析和判断。如图 4–9 所示，该股趋势发生改变之后，在整个下跌趋势运行过程中，股价运行重心多次发生变轨。

在画价格运行重心虚线时，要遵循一个原则，即价格运行重心虚线对于价格具有牵引作用。失去这种作用，就说明这条线需要修正，或价格方向发生改变。

图中标号 2 的重心虚线，就失去了对股价的牵引作用，不能提供有用的参考信息。这种情况一方面说明股价正在加速下跌，另一方面反证重心虚线的角度出现偏差。真实的股价重心已经下移，此时有必要重新制作重心虚线。

图 4–9

在漫长的下跌过程中，对于之后还有多少下跌时间和空间，至少在尚未显现构筑底部之前，是难以准确测量和估算的。无论做多还是做空，短期内都不必费心考虑这个问题。

跌势中期，无论做多还是做空，重心虚线都具有重要的参考作用。如图 4–6 中的 G 点和 H 点，当股价短期远离重心虚线，则大多会出现向其靠拢的动作。实战中可借以用重心虚线对价格的牵引作用，判断股价短期涨跌的时间和空间。

（6）跌势末期。

长时间、大幅度的下跌，对于市场做多资金的杀伤力极大。因此，在跌势末期，通常很少能看到大级别的反弹出现，成交量也会长时间处于低迷态势。在市场做多资金万马齐喑之际，其实恰好是主力资金入场布局的时机。

随着主力悄然入场布局，价格的震荡幅度开始加大。不少人认为，主力进场就意味着股价要涨，这个观念最为害人。主力布局需要较长的时间周期，在这个周期内，原本跌不动的个股，可能反而会出现引起恐慌的加速下跌。

跌势末期依然不要乐观估算下跌的时间和空间，跌势何时结束，是由底部构筑完成与否来认定的。

在底部构筑期间，几乎大部分的技术指标都会失去效用，甚至沦为主力实施揉搓手段的反向工具。运用出逃与回归理论分析会发现，出现不少明显的出逃线或出逃组合后，价格并未发生相应的下跌，而是马上出现回归线或回归组合。卖出的筹码很难再以更低的价格买回来，追涨买入的筹码，却在追入以后止住了继续上涨，反而转为下跌。

跌势末期，无论对于做多还是做空的散户来说，都是一个颇受煎熬的阶段。应对这一阶段的方法，一是通过底部构筑的程度来测量趋势可能发生转折的时点，二是价格运行重心的变化。

前面讲过，股价运行重心确定后，运行过程中，当股价偏离重心线过远时，一般会出现向重心线靠拢的动作。触及重心线未继续下跌，而是再次上升时，则意味着当前运行重心的方向可能会发生改变。

如图 4–6 所示，在下跌过程中，股价大部分时间都在标号 4 的重心虚线上下波动，直至 I 点后，股价向上脱离这条重心虚线，才意味着原下跌运行重心已经发生改变。

三、出逃与回归缺口的引力交易

跳空缺口在资金出逃与回归中是较为特殊的一种形式。缺口意味着一段无交易的空白空间。无论是出逃型向下跳空缺口还是回归型向上跳空缺口，这段无交易的空白都会对价格形成较大的引力。缺口和价格之间的吸引与摆脱关系，是引力交易的主要技术原理。

跳空缺口，是指相邻两根K线之间出现没有交易的空白空间。

排除因分红派息、配股或增发等对股价重新计算而形成的除权缺口外，技术性跳空缺口一般可以分为四种类型，即普通缺口、突破缺口、持续缺口和衰竭缺口。

普通缺口：对价格上升或下降的引力并不明显，一般短时间内就会回补。

突破缺口：突破技术关口时出现的缺口，例如脱离成本区、结束盘整或趋势拐点、结束横盘等重要的技术关口。突破缺口通常短时间内不会回补。

持续缺口：突破缺口出现后，在升势或跌势途中出现的跳空缺口就是持续缺口，持续缺口具有助涨助跌的作用。趋势维持过程中，有时会出现多个持续缺口。持续缺口短期内回补与否，有助于我们发现价格强弱度的变化。

衰竭缺口：多出现在一个运行趋势或趋向的末端，出现在价格最后冲刺的过程中。衰竭缺口一般很快会回补，市场原有的趋势或趋向也随之发生改变。

1. 缺口引力与价格摆脱

缺口的空间越大，其引力越强，价格摆脱的可能性越低，缺口被回补可能性越大。反之，则缺口短期内被回补的可能性减小。

如图4–10所示，沪指2002年6月24日形成了一个巨大的跳空缺口，缺口最大空间达140点左右。该缺口当天即被回补50余点，之后在下跌过程中被全部回补。

这个向上跳空缺口由突发性的政策利好引发，最终未能抵挡缺口本身具有的强大引力。当然，缺口全部回补也和当时的技术环境存在一定关系，毕竟此时市场处于长期下跌趋势中。

图 4–10

缺口空白空间的引力，源于价格本身的交易性。

以向上跳空缺口为例。向上跳空缺口越大，持续出现的次数越多，价格必然就会越来越高。同时，持仓者的获利越丰厚，其出逃的欲望越强烈。当这种情况成为市场的潜在共识，具有买入意愿的回归资金，会随着价格的超常上升而变得越来越缺乏。

在累积的缺口引力不断增强（出逃）的情况下，价格摆脱力度不断减弱（回归），回补缺口就成为大概率事件。

当然，在特殊阶段和条件下，市场部分资金热衷于“参赌”式交易，缺口空白空间的引力在短时期内不会发挥作用，而价格的摆脱力量却得以超常增长。

近年新股颇受追捧，上市便连续涨停。即使打开涨停，大多也会在“参赌”资金的参与下继续大涨。如图 4–11 所示，该股上市后，便连续出现一字线涨停板。打开涨停板后经过几日盘整，又在“参赌”资金的蜂拥下继续上涨。其上涨期间的单日换手率基本在 50% 左右，如此高的换手率，足以说明“参赌”资金的疯狂程度。

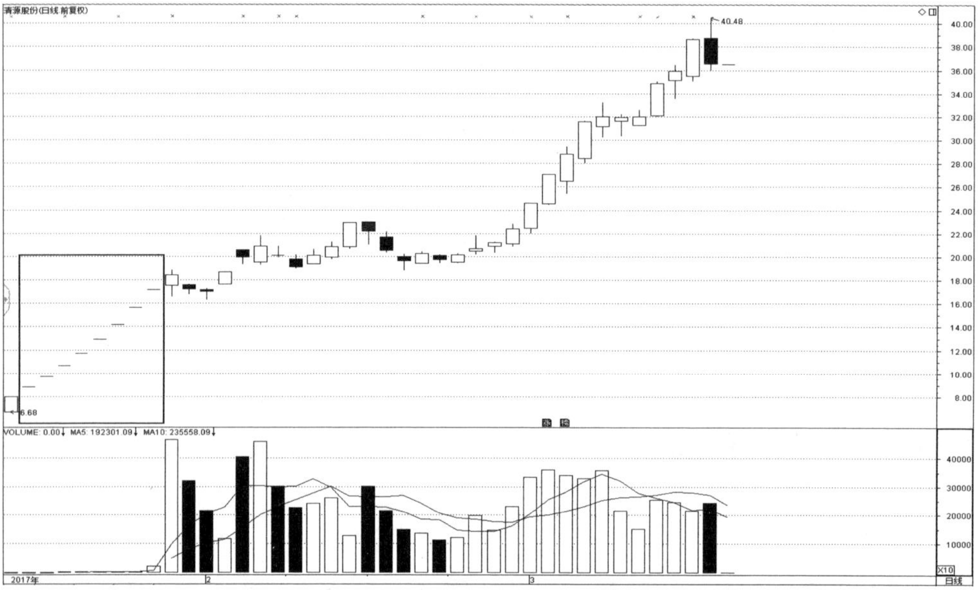

图 4–11

对这种带有疯狂色彩的“参赌”式交易，包括缺口引力在内的大多数技术分析，都不会起到任何作用。对于这种交易，唯一能够起作用的，就是“丛林法则”和愿赌服输。

疯狂不会长久持续地存在，“参赌”的风险在于你不知道风险何时会来。

图 4–12 也是连续一字线涨停的新股，其连续涨停板打开后，股价虽有上冲，但接下来却是长时间、大幅度的回落调整。

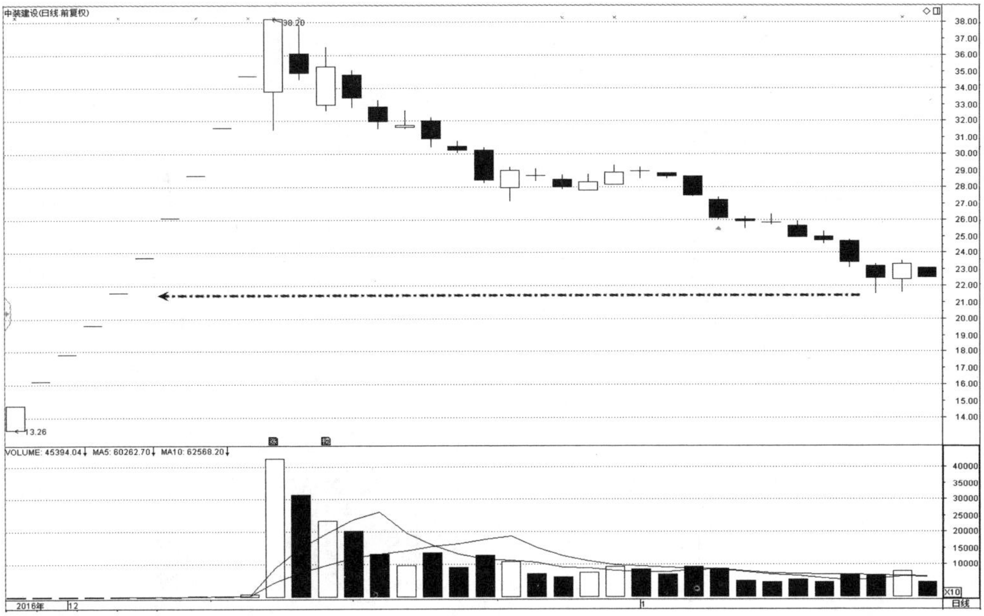

图 4-12

在这种“参赌”模式中，缺口的引力并不是不存在，而是被“参赌”资金的疯狂淡化和掩盖。脱离技术基础的短期资金，终究还是难以经受时间的考验。散户必须明白自己的优劣势，在机构等大资金布局的“赌局”中，想长期获取较大利润，只能是一场游戏一场梦。

跳空缺口对价格带来回补的引力，而价格能否摆脱这种引力，不仅由缺口的数量以及涨跌空间大小所决定，还包括其他多种因素。比如主力控盘程度，个股股本大小，股性以及个股所处的技术环境等，也会在其中起到很重要的作用。

缺口短期内不回补，说明个股在方向上的强势具有一定持续性，但也要注意防范主力借此故意制造空头陷阱和多头陷阱。

在价格长期或大幅上涨后出现向上跳空缺口，同时价格难以继续强势上涨，而是如图 4-13 所示，股价在缺口上沿横盘数日，之后向上虚假突破，此时交易者尤其要警惕这种走势可能是主力制造的多头陷阱。

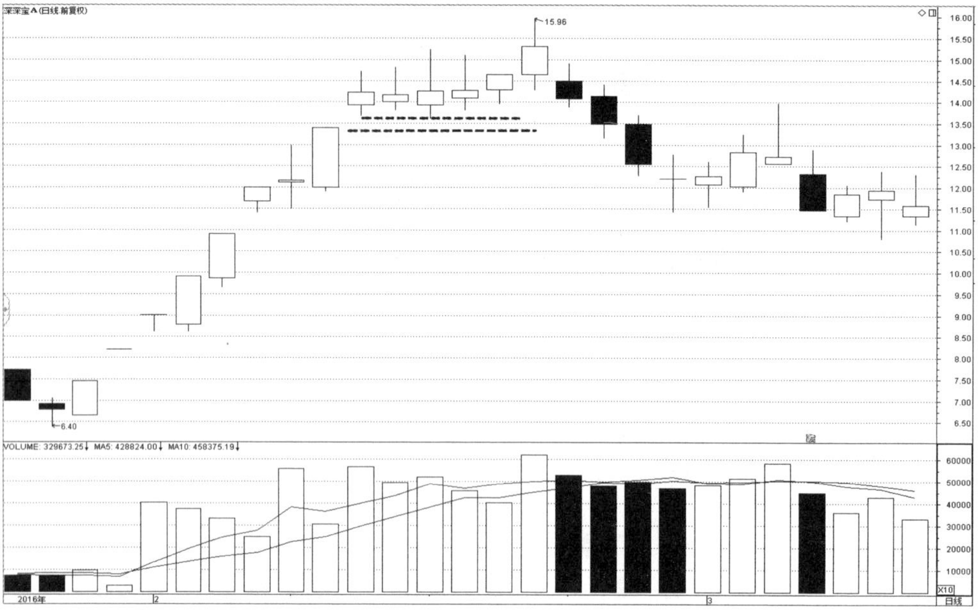

图 4–13

对于做多的交易者来说，图 4–13 中，该股短期暴涨过程中已经出现多个缺口，至图中标识位置，缺口累积的引力已经较大。当股价在缺口上沿横盘运行，重心发生改变时，应该放弃做多。如果仍旧不能确定趋向发生改变，那么当股价回补缺口时，就是该下决心的最后时刻。

在价格长期或大幅下跌后，出现向下跳空缺口时，也要注意这可能是主力制造的空头陷阱。

如图 4–14 所示，该股经过长期下跌后，在图中又出现一轮急速下跌，下跌过程中出现多个向下跳空缺口。在这种极度恐怖的氛围里，该股最终却见到趋势拐点，由此展开新的升势。图中所示即为主力营造的空头陷阱。

2. 引力与摆脱的交易确认点

当价格向上或向下突破时，有时会出现突破性质的跳空缺口。根据前文所述，大家已经知道缺口出现后，有一个摆脱引力的较量过程。在这个过程中，会出现适于交易的机会。

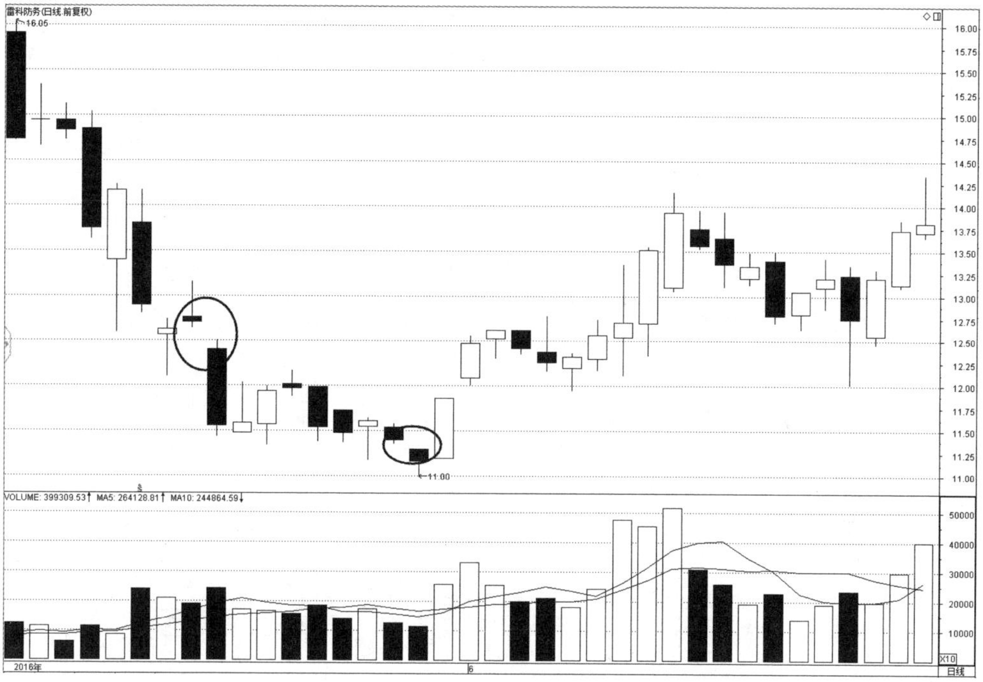

图 4–14

当价格确认至少短时间内缺口已经失去引力作用，却能够体现出支撑或压制，那么这个确认点就是适合介入做多或做空的机会。

图 4–15 中，该股经过长期大幅度下跌后，在图中出现向上突破缺口，次日股价继续跳空，但这个持续性质的缺口当日即被大部分回补。A 段股价回落调整过程中，将第二个缺口即持续缺口完全回补。

图 4–15 中的 A 段，属于股价短期涨升后确认下方支撑的过程，也是在缺口引力下显示股价摆脱力度的过程。股价经过短期急升后，部分资金的出逃欲望开始变得强烈，A 段及之前的股价回落，反映出这部分资金的出逃过程。

出逃资金回补了持续缺口，却难以撼动下方的突破缺口。这一方面说明了出逃行为并不是主导资金的真实意图，另一方面说明至少在短时间内，下方缺口的引力明显小于价格的摆脱力量。股价在资金出逃时显现出支撑，表明主导资金正在默默回归，因此 A 点就是一个较为适合做多的交易确认点。

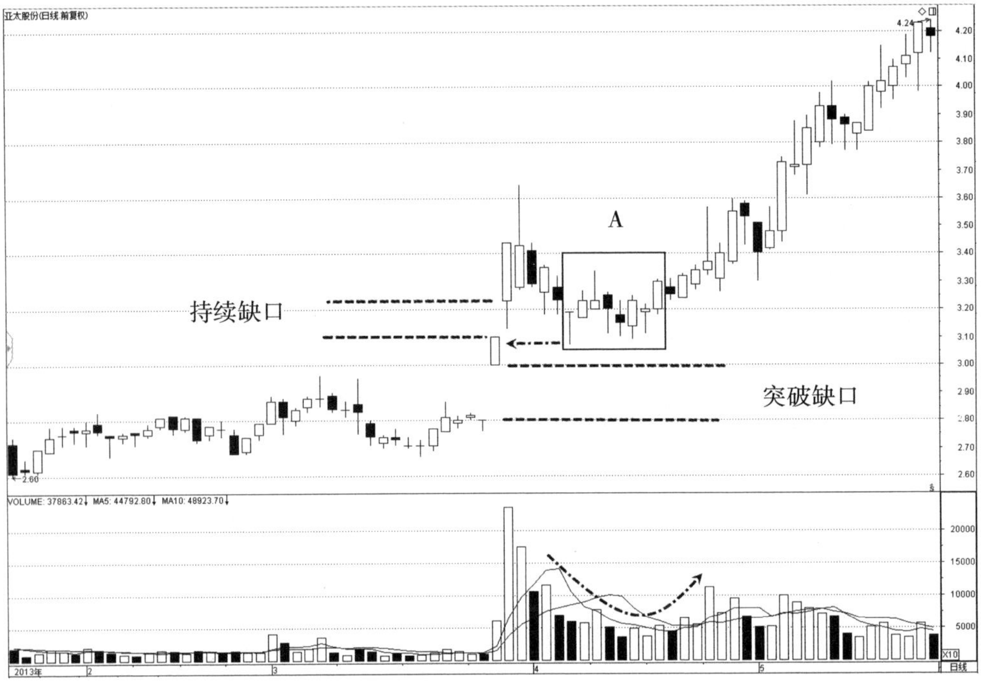

图 4-15

在价格出现向下跳空缺口时，未能回补缺口，市场显示的是价格摆脱力量强于缺口引力。但在某些情况下，即使回补缺口，也并不说明价格的摆脱力量已经消失。

图 4-16 中，该股经过长期大幅上涨后，在图中出现向下突破的缺口，之后在 A 段股价多次尝试向上回补缺口。虽然最终以上影线的形式将缺口回补，但该缺口在引力与摆脱的角力中，显示出对股价具有较强的压制力，也就是股价摆脱力量仍旧很强大。图中 A 段就是一个较为适合做空的交易确认点。

缺口回补与否，并不是决定突破成败的主要因素，缺口只是分析引力与摆脱并发现价格强弱程度的窗口。图 4-15 和图 4-16 中，一个未补缺口，一个回补缺口，但二者的价格都显示出方向突破上的强势，对于确认交易时机具有重要参考价值。

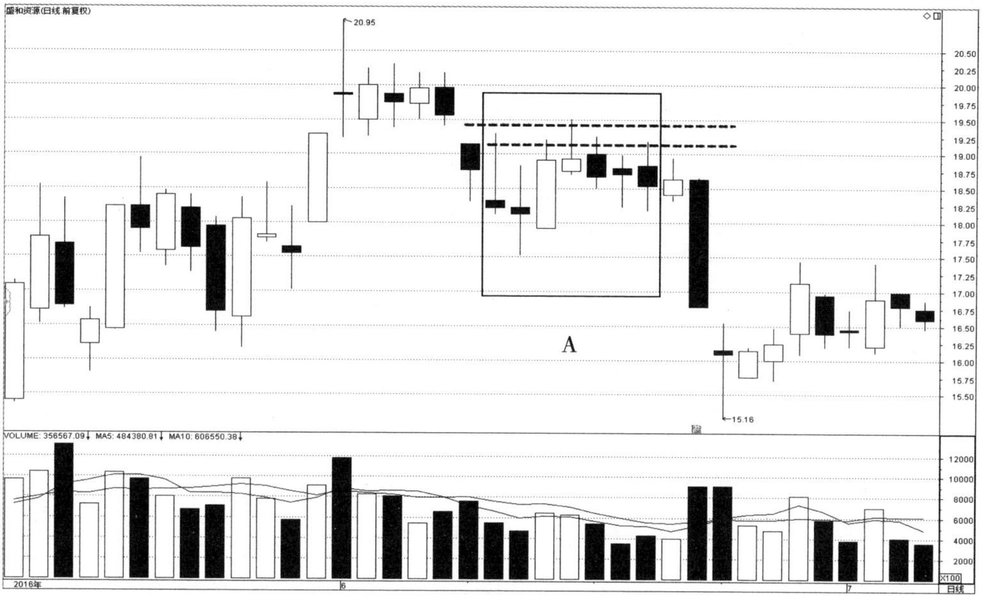

图 4–16

3. 价格摆脱力的转化

缺口回补引力消失，价格的摆脱力量有两种转化方式。

其一，之前有方向性突破的，价格的摆脱力量会转化为顺势的上涨或下跌。如图 4–16 所举案例，补完缺口后继续下跌。向下跳空缺口的回补，并不影响向下突破的有效性。向上跳空缺口的回补，同样并不影响向上突破的有效性。

其二，非方向性突破的，价格的摆脱力量有时会转化为顺势的上涨或下跌，但有时也会反向运行。如图 4–17 所示，该股运行于上升趋势中，图中标示处出现向上跳空缺口。缺口被回补后，股价略有冲高便开始回落，并一直回落到缺口下方才止跌回升。

对于图 4–17 中运行于上升趋势中的个股，回补缺口后发生回落，其回落的低点有一个技术上的参考范围，即起涨点附近的那条均线，往往会成为回补缺口后的回落低点。如图中 A 点为起涨点，B 点为回落低点。

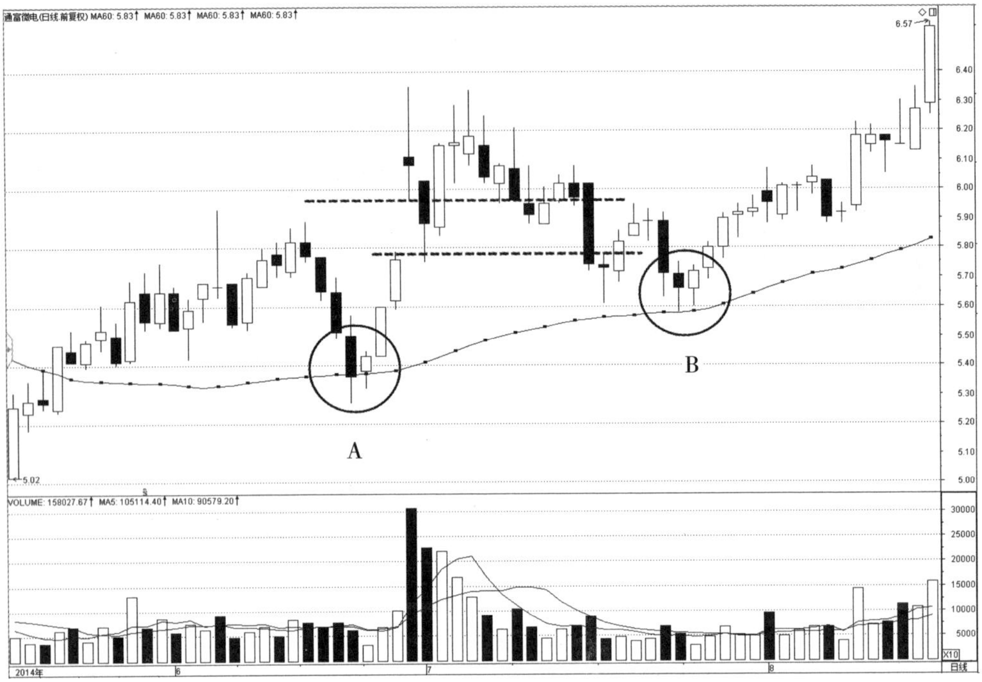

图 4-17

第二节　K 线出逃与回归的分层透视

资金的出逃与回归没有真假之分，一根阴线必然有资金的出逃，一根阳线也必然有资金的回归，但这些都不是关键，也不能决定价格后期的走势。决定价格后期走势的关键因素是，必须界定出逃与回归资金的性质，只有主导资金才能决定行情的走向。

一、分层透视的基础

交易过程就是资金出逃和回归的过程，实战中主要分析以下两点。

其一，哪些出逃或回归行为是主导资金的，即出逃或回归性质的认定。

其二，出逃或回归的资金达到何种程度。

确认出逃或回归资金的性质和程度，对于判断价格后期的运行趋势、趋向具有决定性作用。

资金出逃或回归的性质认定并不复杂，但必须明确一点，主导资金才是价格涨跌的主要动力，市场资金（包括但不限于散户）处于跟随地位。

不能否认某一阶段市场资金处于疯狂状态时，散户迸发的能量也很惊人，但在大多数正常情况下，一盘散沙的散户资金难以形成合力，也难以对价格的涨跌带来方向性的影响。交易过程是资金出逃和回归的过程，也是博弈双方或多方斗智斗勇的过程。真实和虚假总是相伴相生，恐惧和兴奋时常在瞬间变换。

认定出逃或回归资金的性质，可以利用前面讲过的内容，比如逻辑关系、形态分析法等，但最接近资金运作真实性的，就是本节讲到的分层透视。

所谓分层透视，就是从不同时间周期的系统上层层剖析某一K线或某一组合、某一形态的细节构成或反推之，力求从细微处或更大层面上侦测主导资金的真实动向。

从常用的系统设置上来说，月线是较为适宜的长期系统（另有更长期的季线、年线等），周线为中长期系统，大家最常用的日线应为中短期系统，还有多个以分钟为时间周期的短期系统。

（1）月线系统。月线是指每根K线的时间周期为一个月。月线系统的优异之处在于其稳定性，不易受短期价格波动的影响，能够反映行情的基本趋势。月线系统的优异处也是其缺憾处，即不能及时反映行情的最新变化。

月线系统的每根K线是一个月的行情变化，也就是说，包括四个星期（周）和大致20个交易日。这是分层透视的长期系统。

（2）周线系统。周线是指每根K线的时间周期为一周。周线系统包括5个交易日，是分层透视的中长期系统。

（3）日线系统。日线是指每根K线的时间周期为一个交易日。日线系统最为常用，能及时反映出行情的最新变化，但也因此最容易出现骗线。

日线为分层透视的中短期系统。

（4）分钟系统。分钟系统是指每根 K 线的时间周期为若干分钟，如 1 分钟等。最常用的包括 1 分钟、5 分钟、15 分钟、30 分钟、60 分钟等，交易者可以按照自己的交易习惯自行设定。这些分钟系统对于分析细微处 K 线出逃与回归的真实性，具有重要的作用。分钟系统为分层透视的短期系统。

二、分层透视的方法

分层透视有层层而下和反推两种分析法。

（一）层层而下

层层而下即从日线、分钟系统，以时间周期的次序，层层分析某一交易时段出逃与回归的真实性和趋向性。层层而下是分层透视最基本的分析方法，这种方法从不同层次对 K 线进行分解，有利于对比和发现 K 线构成中资金流动的实际情况。但这种方法也有其缺点，即交易者容易被细节的波动所迷惑，纠结于细微处，忽视趋向或趋势性的变化。

大多数交易者都习惯从日线系统观测盘面，发现交易目标后，也是先通过日线系统进行分析和判断。当日线系统分析中出现疑点，或需要进一步验证分析结论时，就需要分钟系统来辅助分析。

图 4–18 中，该股短期内有一个急速上涨的过程，至图中 A 点报收一根具有上下影线的小阴线。虽然 K 线实体是阴线，但股价当日仍有超过 4% 的涨幅，同时出现了几乎超过上涨过程中平均换手率一倍的换手率。

如何看待这根 K 线的性质，是主导资金开始减仓，还是上涨途中的正常震荡？

从图 4–18 中的日线系统上，能够得到的技术信息包括：该股已经出现 5 个向上跳空缺口，结合 A 点 K 线收阴和成交明显放大的情况分析，缺口的引力已经开始发挥作用，有资金出逃是不争的事实。缺口当日并未完全回补，同时股价还保持着超过 4% 的涨幅，这是强势仍旧未完全失去的表现。

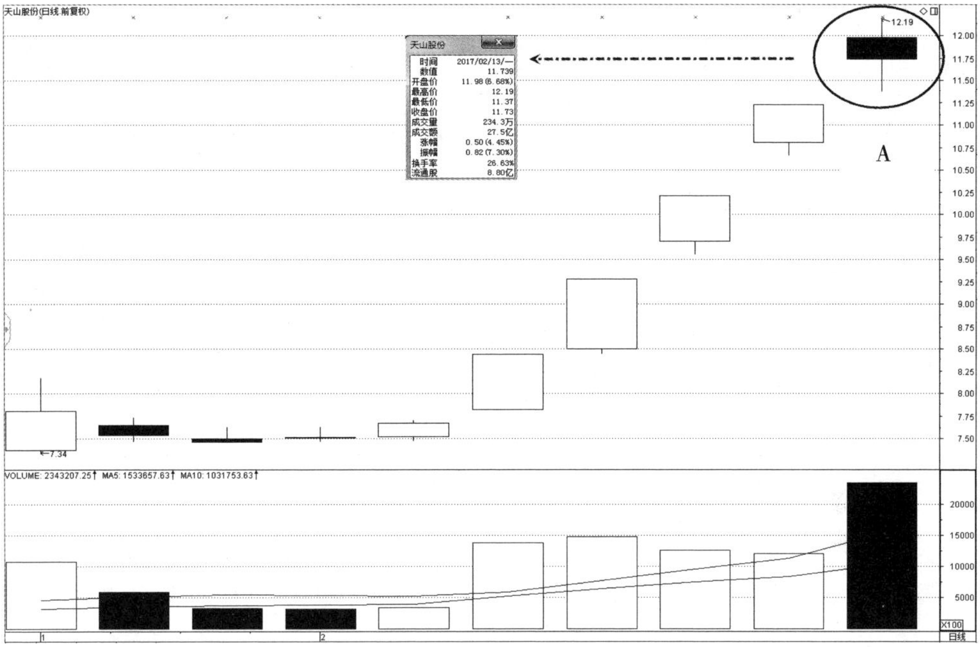

图 4–18

图 4–19 是 A 点当日的分时走势图，从图中可以看到，该股成交密集区在早盘两次冲高过程中，这也是股价震荡幅度最大的阶段。之后的交易时段股价表现相对平稳，仅出现 4 次小幅下探，股价尾盘微幅上抬，形成了下影线。

有很多强势个股在上升过程中，对于下方累积的缺口是不予回补的，直至一波升势完结，才开始漫长的回补过程。强势个股回补缺口，大多意味着价格的摆脱力量不足以抵抗缺口引力，是股价开始失去强势的迹象。在主力故意诱空的前提下，即使价格回补了缺口，也会很快拉升，不留给市场太多的低价吃进机会，除非主力有意展开大级别的回落调整。

图 4–18 中，该股股价接下来能否摆脱下方累积的缺口引力，关键是分析清楚 A 点出逃资金的性质。如果主导资金并未大幅出逃，那么即使缺口被回补，也只是主导资金的诱空行为。如果主导资金开始出逃，那么即使价格暂时稳定在缺口上方，也是做多者逃生的机会。

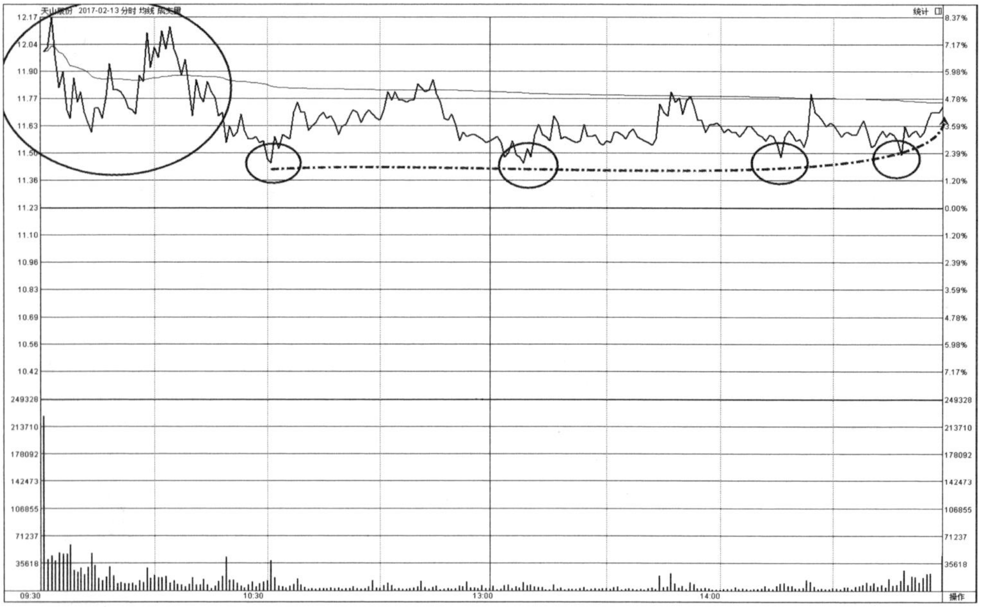

图 4–19

通过图 4–19 的分时走势可以看出，当日资金在早盘最为活跃，股价振幅也较大，这个时间段应是重点关注和分析的内容。

图 4–20 是 A 点的 60 分钟 K 线图，图中标示处即为 A 点全天 4 个小时交易的情况。图中可见，第一小时报收一根放量的中大阴线，这根 K 线的实体和成交量都远远超过接下来的 3 根 K 线。也就是说当天资金出逃主要在第一小时，之后 3 小时股价能够维持不回补缺口并在日线系统上收出下影线，说明至少有部分资金回归。

图 4–20 中还可以观察到，前几个交易日的第一小时，也都存在放量的情况，只不过当时都是报收涨停阳线。A 点报收中大阴线，但和之前几日的开盘一小时成交量相差不大。

图4–18 中，A 点换手率之所以超过上涨过程中平均换手一倍，从图 4–20 中 A 点后的 3 根 K 线可以找到原因：这 3 根 K 线的成交量虽然明显小于第一根 K 线，但却远大于前几个交易日涨停板后零星的成交量。

图 4-20

也就是说，图 4-18 中 A 点换手率之所以高，基本可以确定就高在图 4-20 中 A 点这 3 根盘整状态的 K 线上。这 3 根不起眼的 K 线，让我们对该股的后期走势至少有了那么一点倾向性。

在分析主要代表当天资金出逃的第一根 K 线之前，还不能过分乐观，更不能马上决定交易。分析图 4-20 中的第一根 K 线，还需要继续分层解析 K 线。

图 4-21 是该股的 30 分钟 K 线图，图中标示处即为图 4-20 中 A 点第一根 K 线的分解。在 30 分钟 K 线图中分解为两根 K 线，第一根带较长下影线的十字线成交量最大，当然就是分析的主要对象。这根十字线的上影线空间为 0.20 元，下影线空间为 0.40 元，实体空间为 0.06 元，换手率为 11.22%。

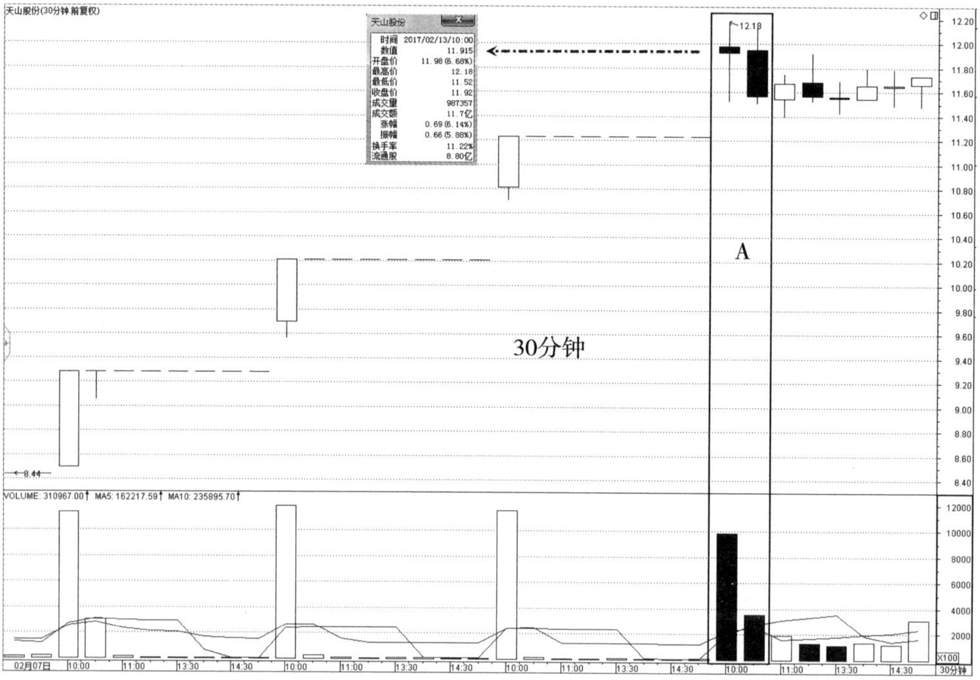

图 4–21

看到这根十字线的详细数据，是不是可以这样来推理：如果这根 K 线的成交量全部为主导资金出逃，那么市场资金还能够收复 0.40 元的下影线吗？假设市场资金有这种能量，主导资金又是意在出逃，为什么这么好的机会不借机出逃更多的筹码？

结合当日后面的走势，认定这根十字线为主导资金出逃是讲不通的。比如，图 4–21 中 A 点，第二根 K 线实体虽大，但成交量明显缩小，主导资金的仓位难道这么容易就出完了？如果没出完，那么把股价打下来制造一场恐慌，再想轻松出逃就难了。要知道下方有 5 个上跳缺口，累积了非常惊人的引力。同时，接下来几个小时的交易时间里，明显有资金回归，主导资金的脑壳难道坏掉了？

合乎逻辑的推断应该是：图 4–21 中 A 点这根十字线的成交量中，确实有部分主导资金出逃，但所占比例并不大，否则的话，近在咫尺的缺口不可能不完全回补，后面的走势也不会那么平稳。

为了证明这个推断，可以继续分层。图 4–22 为该股 5 分钟 K 线图，图中 A 点即为第一小时的第一个 5 分钟交易情况的 K 线，是一根具有较长上影线的放量阴线。这根 K 线应该就是主导资金主要的出逃部位，但并不代表出逃资金全部为主导资金。这根 K 线的换手率为 4.53%。

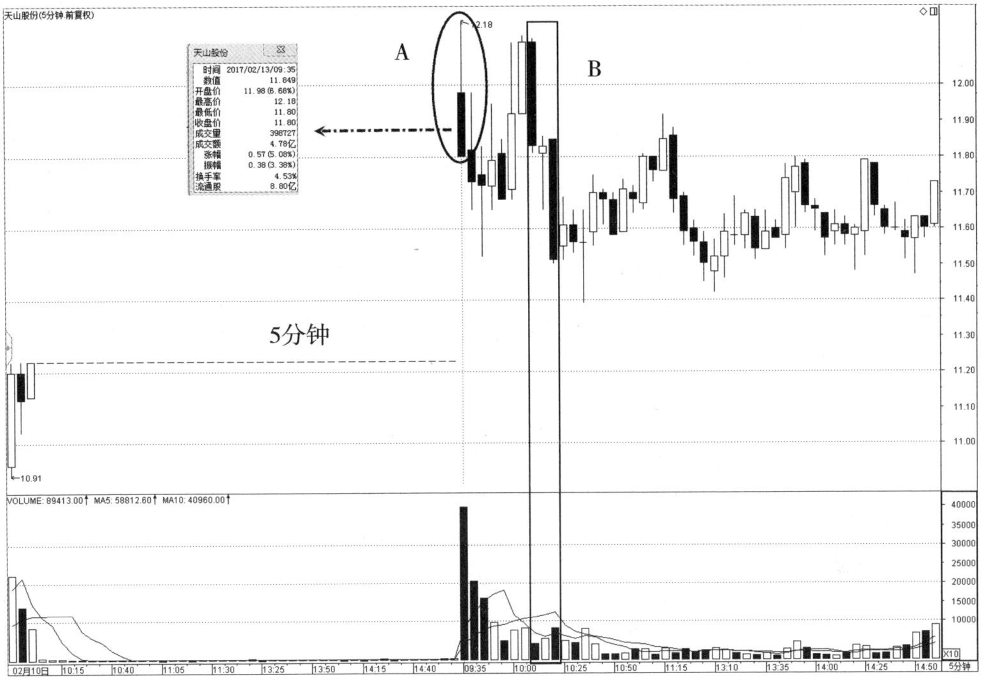

图 4–22

主导资金的出逃量只能小于这个换手率，否则 5 分钟的出逃足够将股价打到下方缺口甚至更深，而且照样还会有市场资金进场托盘。图 4–22 中 A 点，只不过是主导资金引导性抛盘，目的在于降低成本，吸引锁仓盘进场。

图 4–22 中 B 点，两根较大的阴线将股价快速打低，但成交量已经大幅缩小，结合之后股价相对平稳的走势，可以看出 B 点制造恐慌的意图还是比较明显的。

通过上述分析可以看出，主导资金的出逃量，相对于该股当天的总换手来说是微小的，这样分析，基本上能够确定当天出逃资金的性质并不是主导资金。至于总的资金回归量，经过图 4–20 中的分析，还是占据了不小的比例。

这些分析数据让我们对该股后市走势有了一个相对清晰的思路，无论是持仓还是介入做多，都多了一份把握。

（二）反推

当日线和分钟系统在分析和判断上较为模糊，不能给出有力的技术依据时，向上反推周线和月线，力求从更大的层面、更宽广的视角上，重新审视价格的形成和逻辑关系， 往往能够取得很好的效果。

如图 4–23 所示，该股在升势中运行至 A 点时，走出一个疑似构筑中的头肩顶形态，这让持仓者颇为焦虑，是继续持仓还是在右肩下跌之前卖出？

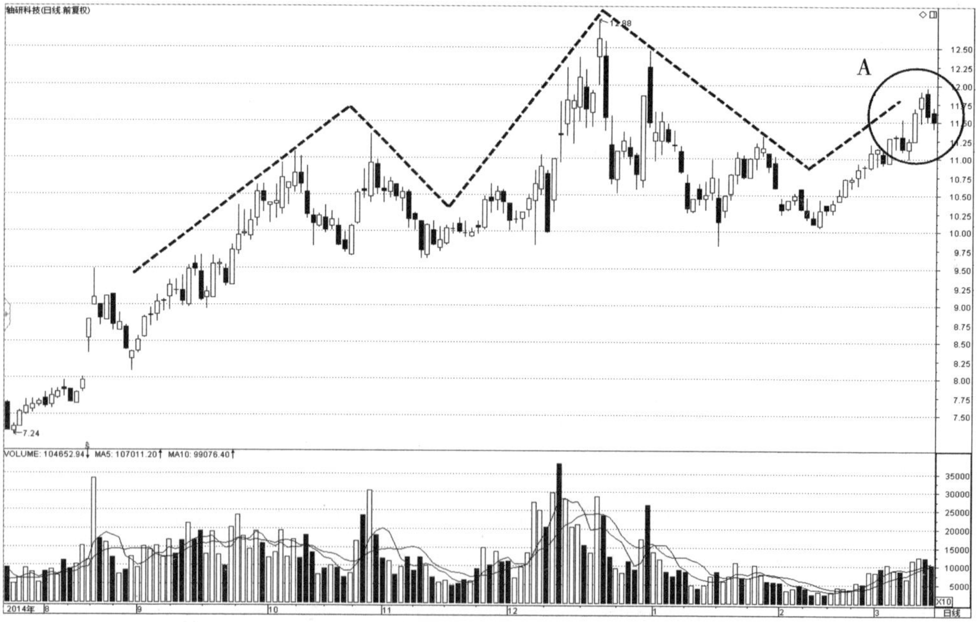

图 4–23

对于形态上的识别和判断，层层而下的分层解析不能给与理想的答案，这时就需要向上反推，在更高的层次，更大的层面，更宽广的视角，审视价格所处的阶段。

图 4–24 是该股的周线系统，图中可见股价从 5 元多升至 A 点的 11 元多，总体升幅并不算小。但分析整个 K 线形态构成可以发现，其实该股只是刚刚脱离底部区域，而 A 点在日线图中的疑似头肩顶形态，更像是股价突破底部区域后的一个确认过程。

图 4–24

还可以再通过月线系统，进一步确认是否具有底部突破的存在。图 4–25 即为该股的月线系统，图中每一根 K 线为一个月。合并后的 K 线淡化了头肩顶的存在，更为清晰地展示了股价底部突破后横盘震荡确认的过程。

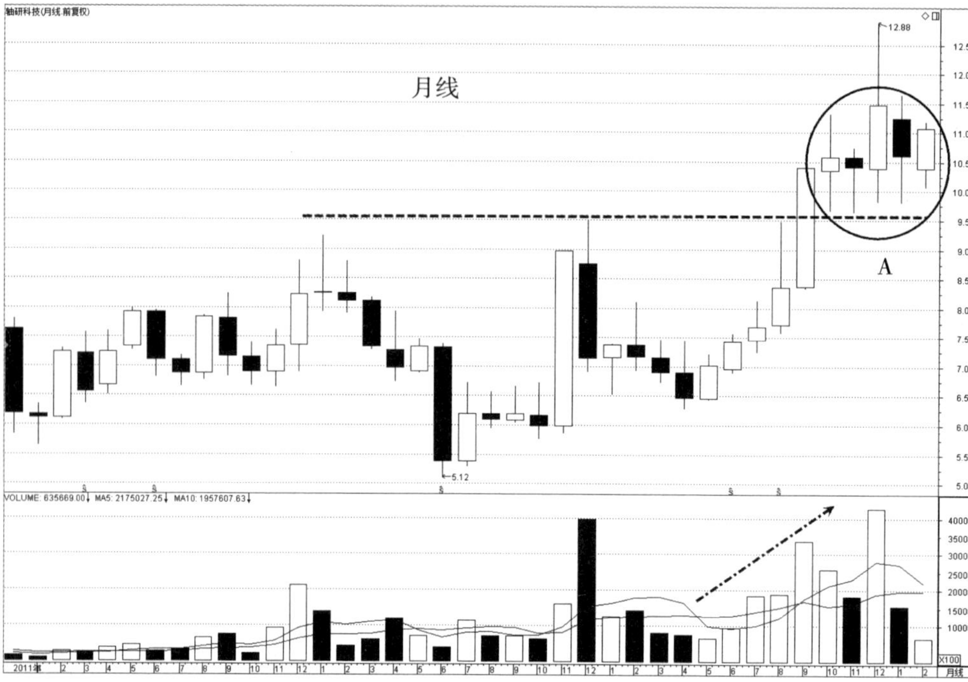

图 4–25

周线图和月线图上，都可以看到成交量呈聚量攻击的完美形态。一般来说，在月线图上显现出聚量攻击形态，那么该股从底部回归的资金，绝不可能是小规模的。这些资金进场，就预示着该股后期必然会有较大的发展空间。

由此可见，图 4–23 中疑似构筑中的头肩顶，只是股价突破底部区域后正常的震荡确认过程。通过这个反推分析过程，交易者可以有效地解决关于价格形态认定以及细节上的疑问。

出逃与回归分层透视，其实是采用不同视角进行观察的过程。将 K 线进行合并或分解到一定程度后，某些原先并不显著的特征就会被发现，而这些被隐藏起来的技术分析点，往往就是揭开价格走势的密码。

第三节　出逃线与回归线的量能分析

在交易过程中，资金的出逃和回归是以量能的形式表现出来的，所以量能分析的重要性不言而喻。

一、量能的四种表述方式

（一）成交量

成交量是指股票市场多空双方在某个时间单位内对某项交易成交的数量，计算单位为股和手，1 手等于 100 股。如图 4–26 所示，在常用软件中，通常以成交量柱状图来表示成交量及其变化的情况。

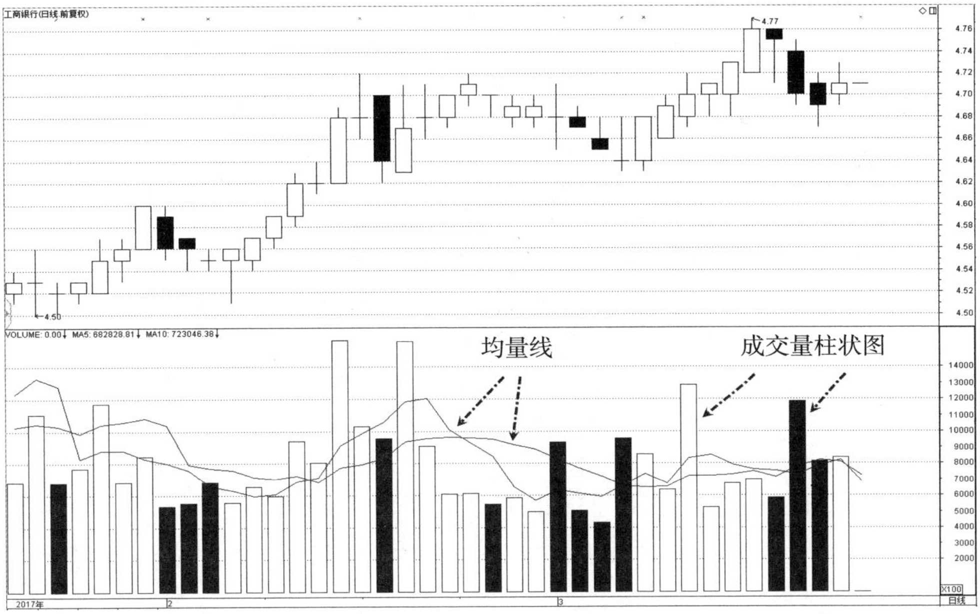

图 4–26

成交量能够直观地反映市场当前的状况：成交量稀疏，则交易者屈指可数，市场必然萎靡不振，前景不明；成交量高涨，则交易市场人头攒动，市场必然高歌猛进，趋势明确。

成交量分析的技术意义在于，对于价格趋势运行中的压力与支撑，成交量分析有着极为重要的价值，某些技术关口上成交量的变化，将会直接影响到价格趋势的变化。同时，成交量在趋势延续的各个阶段都有自己特定的表现，超出这一范畴的成交量，意味着价格即将发生骤变。

（二）换手率

换手率，是指在一定时间内市场中股票转手买卖的频率，是反映股票流通性强弱的指标之一。见图 4-27 中标示处。

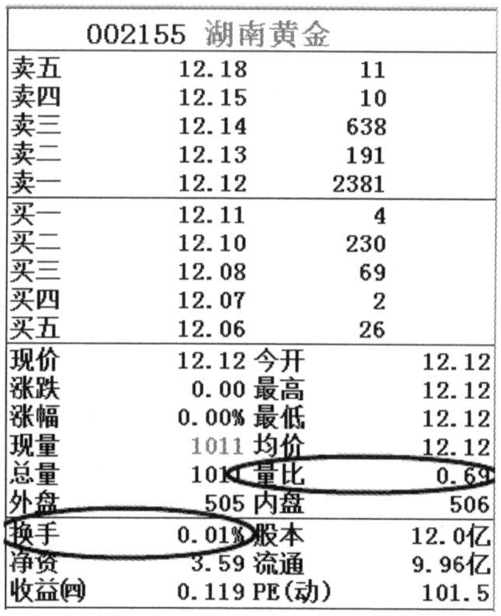

002155 湖南黄金			
卖五	12.18	11	
卖四	12.15	10	
卖三	12.14	638	
卖二	12.13	191	
卖一	12.12	2381	
买一	12.11	4	
买二	12.10	230	
买三	12.08	69	
买四	12.07	2	
买五	12.06	26	
现价	12.12	今开	12.12
涨跌	0.00	最高	12.12
涨幅	0.00%	最低	12.12
现量	1011	均价	12.12
总量	1011	量比	0.69
外盘	505	内盘	506
换手	0.01%	股本	12.0亿
净资	3.59	流通	9.96亿
收益(四)	0.119	PE(动)	101.5

图 4-27

换手率可以看成是成交量的细节分析和个性化分析，不同个股的换手率，其蕴含的技术意义有较大的区别。相同的换手率，在股本较小的股票上，股价往往表现得不温不火，而在股本较大的股票上，却代表着股价表现较为活跃的情况。

过低或过高以及极端情况下的换手率，在多数情况下是个股趋向转换的信号，常规换手率一般不具有这种市场意义。换手率有助于较好地把握买进和卖出的时机，测量买入对象的获利幅度。

成交量和换手率都是反映量能变化的指标，但是在实战应用中，二者所起到的作用还是有所不同的。成交量分析更有利于对个股行情趋向或趋势性的研判，而换手率的优势在于对个股活跃程度分析。

（三）量比

量比是以成交量为衡量对象的指标，是指开市后每分钟的平均成交量与过去 5 个交易日每分钟平均成交量之比。见图 4–27 中标示处。

在解读盘面走势中，量比最为突出的作用，就是能够及时发现哪些个股在成交量上出现了突变的情况。成交量突变，意味着交投活跃度增加，虽然并不一定代表有获利的机会，但无论怎样都比交投稀疏的个股存在更多获利的可能性。量比是解读盘面、解读股价不可或缺的一项数据。

量比的计算公式为：

量比 = 现成交总手 /[过去 5 日平均每分钟成交量 × 当日累计开市时间（分）]

1. 量比法则

（1）量比大于 1 时，说明当日每分钟的平均成交量大于过去 5 日的平均数值，交易量比过去 5 日稍强。量比小于 1 时，说明现在的成交量比不上过去 5 日的平均水平。

（2）量比在 1.5 ~ 2.5 倍之间，为温和放量，表明现在的股价运行趋势仍将维持。

（3）量比在 2.5 ~ 5 倍之间，为明显放量，表明股价趋势得以加强。

（4）量比在 5 ~ 10 倍之间，为剧烈放量。如股价在低位，是关注的信号。股价在高位，则是回调的信号。

（5）量比达到 10 ~ 20 倍或以上时，表明现在运行的趋势可能会发生逆转。

2. 量比应用

（1）股价反弹，量比保持较低数值。

股价开始反弹时，如果量比仍旧保持在 1 倍以下时，说明当前资金主动性交易的意愿较低。与其说是资金主动性买入带来的上涨，不如说是更多的人不愿意卖出造成的上涨。交易者对于量比低迷时股价的微弱上涨，不可抱有过多的幻想。

（2）股价反弹，量比出现突发性增长。

当股价处于大幅下跌之后或者是低位蓄势已久，量比大增预示着股价重新获得资金的青睐，发力上涨的可能性较大。如果股价处于一波短期反弹或次级反弹的相对高位区域，那么这个时候量比突增，则极有可能是反弹行情结束的信号。

（3）股价下跌，量比表现低迷或激增。

股价下跌，量比低迷，这种情况说明对于当前的下跌，市场各方并无太大的争议，股价缺乏吸引力，下跌仍将继续。如果经过大幅下跌之后，股价略作盘整再次下跌时，量比开始激增，交易者可以适当关注。这是股价下跌加速的特征，在恐慌性抛盘告一段落之后，股价将迎来一次极佳的反弹或反转行情。

一般来说，下跌途中量比激增的个股，已经在孕育机会，但是这个机会也同时隐藏着风险。对于介入的时点，实战中存在较大的难度，过早介入，可能会遭受股价继续下跌带来的亏损。过晚介入，很容易落入主力布置的诱空陷阱。

稍显保守的做法是，等待这类个股的量比恢复到一个相对稳定的数值，不再激增也不再继续萎缩，整体强于之前的低迷期间。当量比随着股价的上升而再度放大时，则可适量介入。

（四）均量线

均量线是指将一定时期内的成交量（值）相加后平均，在成交量（值）的柱状图中形成的较为平滑的曲线。见图 4–26。

均量线的参数可以设为 5 日、10 日等，其中 5 日均量线代表短期量能态势，10 日均量线则代表中长期量能态势。

常用软件 K 线图下方即为成交量柱状图，均量线在成交量柱状图之间波动，代表着不同时间段量能的变化情况。

升势初期均量线连续走高，显示市场资金处于不断回归的过程。当升势进入狂热阶段时，均量线却已走平或回落，与升势形成背离，这说明入场资金已经处于顶端并开始出逃，需要提防价格高点的出现。

跌势初期均量线持续下跌，显示市场资金处在不断出逃的过程。当跌势进入末期时，均量线已经走平或回升，与跌势形成背离，说明资金已经开始回归，此时不应跟风杀跌，而应寻机介入。

二、K 线与量能的综合分析

出逃与回归理论中的量能，在实战中具有五种不同的形态，存在于行情运行的各个阶段。这些量能形态单独分析毫无技术意义，必须与 K 线进行综合分析，才能够对价格的运行趋向有一个相对全面的判断。

（一）常量

常量即一段时间内成交量维持在平均值，地量通常是指某一交易标的历史成交中的最小值。地量持续一段时间，则可以称为常量，而常量并不一定就是地量。见图 4–28 中标示。

常量并非静态的，而是动态的。随着行情的不断变化，某一时期的聚量、变量会逐渐转化为新的常量，所以常量的值并不恒定，而是不断得以增大或者不断缩小。

常量攻击极其常见，在构筑价格顶底形态过程中具有一定作用，但大多数独立的常量攻击并不具有太大的分析价值。唯一的例外是控盘庄股，这类个股处于常量，是因为主力的高控盘使然。

常量在技术分析中的地位很一般，通常都是被忽略的对象，但是在某些特定的技术环境下，常量却能够对分析判断起到决定性的作用。

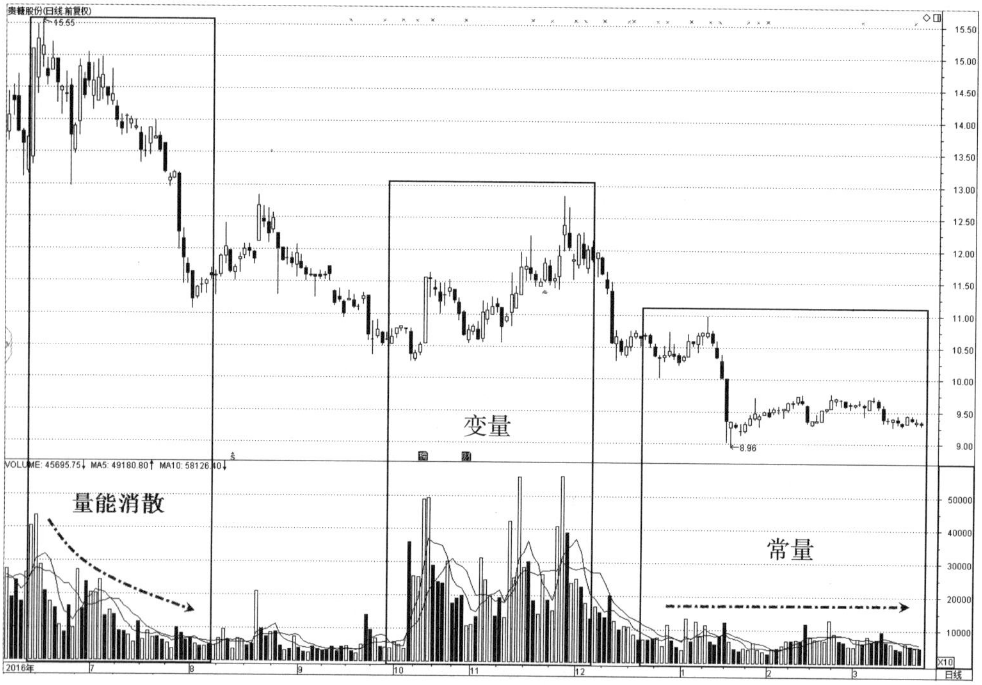

图 4–28

（二）变量

变量是指成交量出现不规则的忽大忽小的技术形态，价格也相应地出现较大起伏。见图 4–28 中的标示。

变量是阶段性的，随着行情的发展，量能不断演变，变量也有可能演化成为常量或聚量。变量的出现，通常预示着多空双方正处于激烈的争斗之中，价格将会出现较大的变化。

（三）聚量

聚量是指成交量由小到大逐渐集聚的现象。聚量也是动态概念，随着行情的发展，会转化为新常量或变量，也会随着价格的连续高涨，出现更大级别的聚量。

聚量是价格最容易出现向上攻击的一种量能形态，所以也将价格和相应的量能统称为聚量攻击。

各个级别的聚量形态，所引发的聚量攻击存在较大的差异。能够在行情发展过程中接连出现更大级别的聚量形态，即聚量攻击升级，那么说明该股是深受资金青睐的热门股或龙头股。

如图 4–29 所示，该股在上涨趋势运行中多次出现聚量攻击，股价也由此走出一轮轰轰烈烈的牛市行情。

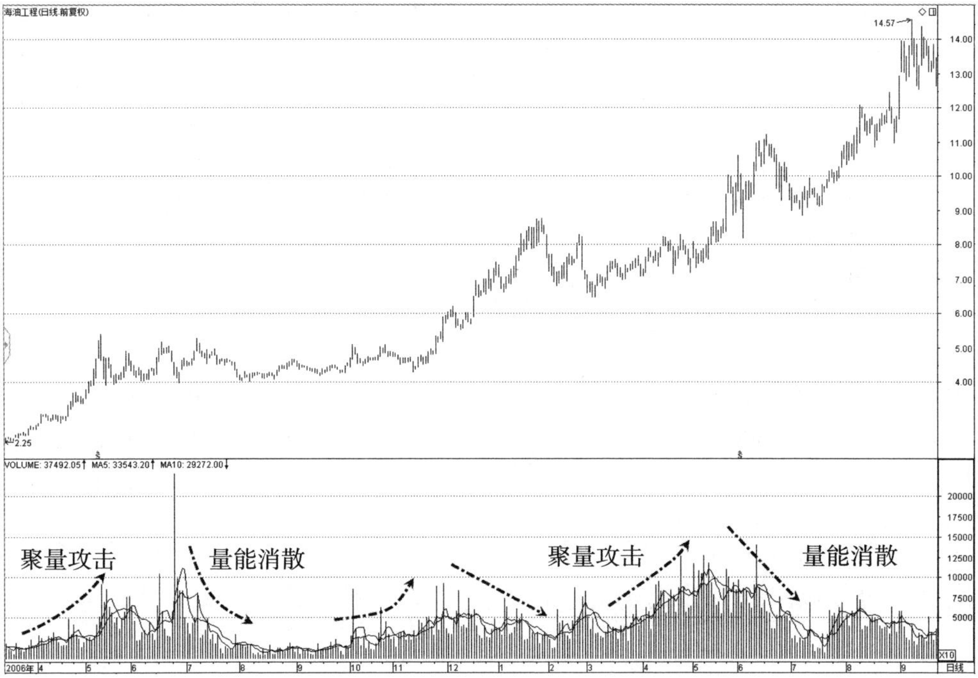

图 4–29

在不同系统上出现的聚量形态，攻击强度也存在极大的差异。比如，1 分钟系统上显示出的聚量攻击，有时候在其他分钟系统尤其是日线系统上，可能只是常量攻击的级别。这种情况说明存在资金攻击，但攻击层次和级别较低，可以关注，但并未达到交易的标准。

不同系统上的聚量攻击，因攻击的层次不同，攻击级别也会有较大的变化，相应地，价格能够达到的高度也会有极大的不同。

（四）量能消散

量能消散是指成交量由大到小逐渐减少的现象。量能消散经常出现在聚量攻击之后，也就是一波价量高涨之后的回落调整过程中。见图 4–28、图 4–29 中的标示处。

量能消散是一种调整性质的量能形态，它的出现说明涨势至少暂告一段落，行情正处于回落调整之中。量能消散之后，如果聚量攻击形态不再出现，那么成交量将由此呈常量的态势。

（五）量能凹口

量能凹口是指价格回落过程中，短期量能形成像凹口一样的形状。量能凹口在分钟系统上的应用效果较为理想，日线系统上很容易出现骗线。时间单位越小的分钟系统，出现的量能凹口准确性越好。

量能凹口形态，很形象地显示出资金从出逃到回归的过程。交易中不管是主导资金还是市场资金，出逃之后必有回归，只不过因等级、层次的不同，从出逃到回归的时间周期上有很大的差异。这里的量能凹口专指短期行为。

如图 4–30 所示，A 点股价大跌中，放出大成交量之后，开始盘整走势，至 B 点再度放出较大的成交量，和 A 点成交量形成了一个凹口形状。

图 4–30 中，B 点在量能形态上没有问题，该股后市也出现了上涨，但在技术的确定性上存在些许瑕疵。问题主要出在 B 点的 K 线上，放量的 K 线下影线如果没有创出新低，而是保持小阴线形态，走势更为完美。

有人可能会说：B 点那根放量 K 线收出一个较长的下影线，不是更能显示出资金的回归吗？

问题就出在下影线上！因为下影线太过明显，暴露出了资金回归的意图。基于交易的诡诈性，主力会刻意隐藏自身的行为轨迹，就像《孙子兵法》中所说：“兵者，诡道也。故能而示之不能，用而示之不用，近而示之远，远而示之近。”

B 点那根放量 K 线的次一交易日，股价对前一交易日的下影线予以填充，以驱赶跟风的市场资金。

图 4–30

量能凹口形态中，类似于图 4–30 中 B 点的位置，既不能是中大阴线，也不能是中大阳线，它们都不符合本形态的要求。小阴线是比较理想的 K 线形式，尤其是和 A 点位置的股价相比，保持重心不下沉更佳。在成交量上，

B点在价位上至少应接近A点，不能有较大的差异，否则也难以构成合格的量能凹口形态。

三、量能催化

如果把价格比喻成航行中的船，那么成交量就是信风和潮汐。

有时候突如其来的量能，会使处于纠结中的局面变得明朗起来，有时则会让本来明朗的局面横生变故。但是因此就认为量能决定价格运行趋向，则会犯下本末倒置的错误。正如适宜的温度可以帮助鸡雏破壳而出，却不能决定一枚鸡蛋必然会孵化出鸡雏。

量能不是价格运行趋势的决定因素，但是它能够起到加速或延缓的催化作用。量能适度增加或减少，会使原趋势运行得更长久。而量能的激变，往往预示着价格面临方向性的选择。

上涨过程中出现较大的量能，但是并未带来价格相应的大涨，则意味着量能可能反而会催化跌势的到来。在下跌过程中出现较大的量能，但并未使价格大幅下跌，则意味着量能可能会催化涨势的发生。这就是量能催化的概念。

如图4–31所示，A点放出巨量但股价未能保住应有的升幅，之后开始一波回落调整。放大的量能并未使股价加速上涨，那么可能就会催化股价滑向相反的方向。

其实图中A点的K线，无论从出逃线理论还是传统K线理论，都可以判断其中的空头信号。但有些时候，依靠单根K线容易出现误判。如果量能等多项技术指标同时出现共振，准确率就会非常高。

量能催化的量究竟达到何种程度，才会具有催化作用。

这个问题和个股股本大小、是否热门股、股价所处技术环境等有关，很难给出一个统一的答案。实战中，大幅上涨之后的个股，即使出现略小于最高成交量的情况，也会有催化反应。其他个股，当出现近几个月未有过的大成交量时，就需要格外警惕催化反应的发生。

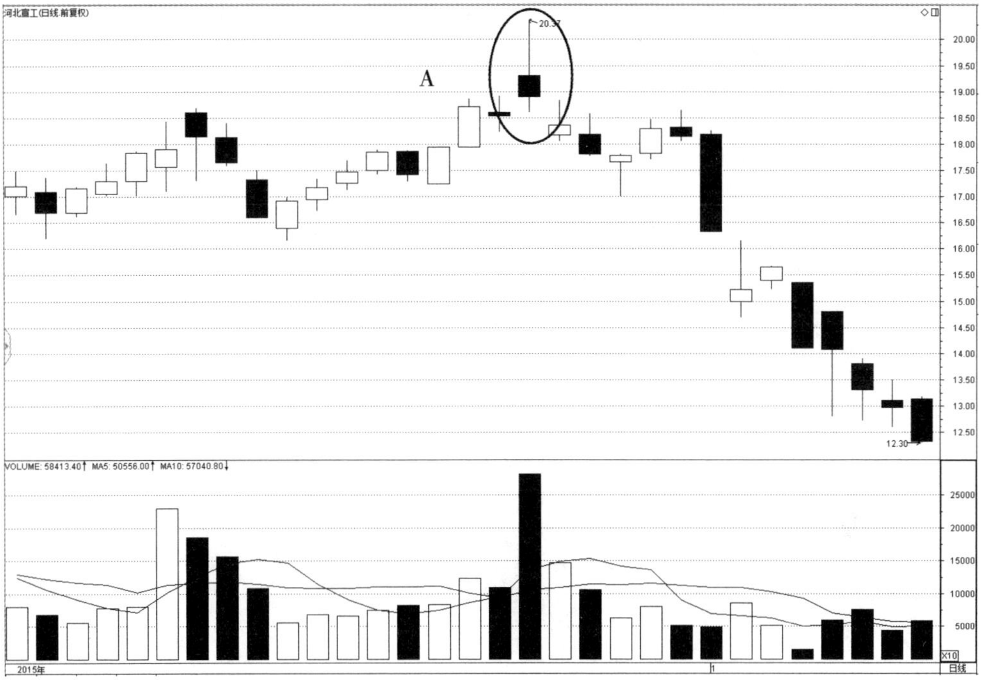
河北富工(日线 前复权)
20.37
A
20.00
19.50
19.00
18.50
18.00
17.50
17.00
16.50
16.00
15.50
15.00
14.50
14.00
13.50
13.00
12.50
12.30
VOLUME: 58413.40 MA5: 50556.00 MA10: 57040.80
25000
20000
15000
10000
5000
X10
2015年
1
日线

图 4-31

第五章　K 线进阶策略

K 线交易是一门艺术，也是一门哲学。不加思考，亦步亦趋地跟随 K 线的脚步行走，永远也看不到市场的真实面目，就像苏轼诗中所言，“不识庐山真面目，只缘身在此山中”。只有辩证地看待 K 线和市场，辩证地理解价格的涨跌，才能从时间周期和历史变迁中领略盈与亏的多重含义。只有放弃追逐 K 线的游戏，才有时间和机会思考并赢得未来。

第一节　K线的“涅槃”

经过实战的淬炼后，K线繁琐的技术规则在你眼里逐渐变得简单明了之时，也就是最接近本质的时刻。这时候需要做的就是成为一个守护心灵的高手，因为心态若是出现问题，技术就是云烟。

一、独立交易者

独立交易者这个称谓是笔者的创造，意指不靠内幕消息，不轻信任何方面的言论，没有大资金背景，所有的交易都是基于自己的独立思考与技术判断，并以此为生的散户。

独立交易者面对的首要问题是生存，生存下来才能谈到独立交易。

牛市生存不需要多讲，那是连傻子都能赚到钱的好光景。熊市则完全不同，因为市场进入熊市后，大多数人的账户都会持续亏损。要想在熊市里活得像牛市一样有滋有味，说明你是个梦想家！梦想家在股票市场上长期存活的几率，比一只飞不动的苍蝇高不了多少。

在熊市中，相信技术分析的人很少，原因在于很多人夸大了技术分析的概率性和局限性，在实战中屡屡碰壁。其实，作为一名既无内幕消息又无资金优势的散户，你不信技术分析还能相信什么！

学习技术分析有若干境界，至少笔者经历过从笃信到不信再到重新理解的过程。

初入股市，对技术分析充满好奇，如牛饮般不加选择地吸纳所有相关知识。然而，知识的积累并未给实战带来实质性的变化，甚至会因技术分析的误判造成重大损失。

2001年开启的大熊市教育了很多人，也包括笔者！悲愤之中，笔者对技术分析弃之如敝履。时过境迁，从传统哲学的角度重新认识技术分析，忽然发现“世上没有不管用的工具，只有不会使用的人”。

勤于思考，对每个期望在股市上获利的人都是最重要的。

技术分析就是一件工具，你必须清楚它用在什么地方。用一把菜刀去拧螺丝，还说菜刀不好使，这是菜刀的错，还是你的错?

无论技术分析是谁发明的，交易者都必须把它变成自己的。无论发明者为某种技术分析工具设定了什么样的交易规则，你都必须用自己的方法重新诠释，即使结果与发明者的规则相悖。实战证明能够盈利的规则就是最好的，没有其他。

作为独立交易者，仅仅懂得技术分析是远远不够的，还需要充分理解交易心理的枝枝蔓蔓。

交易心理不够强大，那么交易行为必然孱弱。

二、投机者的心理训练课

如果你是一名长线投资者，那么价格的短期波动和你没什么关系，你只需要选一家好公司的股票，然后像巴菲特一样活那么久就好了。

如果你不是长线投资者，而且喜欢在价格的波动中寻求机会，那么关于交易心理的枝枝蔓蔓就很有必要了解和把握。

（1）恐惧、贪婪的放大和麻木疗法。

恐惧和贪婪这两个词，都被做股票的人说烂了，很多人也听烂了。本来不想再趟这浑水，可实在是绕不过去。

克服恐惧和贪婪，说说容易，做到极难。做了这么多年股票交易，这两个“幽魂”还会时不时地出来侵袭一下。每逢此时，笔者都会给“幽魂”5 秒钟的时间，让它们充分放大，肆虐，这 5 秒钟时间里不做任何和交易有关的决定。5 秒钟后，往往理性就会主动驱赶“幽魂”。

如果这个方法不起效，那么试试下一个。

在每一次重大交易前，根据技术分析做好买进和卖出的计划，并做好发生意外时的应对措施，交易中严格执行。

行情聚变之际，恐惧或贪婪总会在第一时间占据头脑，此时千万别被头脑中突然涌现的念头左右，努力摆脱它，并按照原定的交易计划行事。

藐视恐惧，只有在大部分人都恐惧时才有作用。藐视恐惧，必须具有按部就班操作的底气！

当恐惧或贪婪占据头脑时，很多人可能会说：暴跌之下，计划有什么用！如果暴跌前你的计划里有应对准备，意外的暴跌发生时，你已经知道该怎么办！至少选择不会是最差的那一种。

看起来很容易的一件事，很多人不愿意做。真正需要做的时候，却很少有人能做到最好。

暴跌暴涨见得多了，慢慢地人们就会对此麻木。有些人麻木到甚至忘记了还有股票账户，多年后不经意间打开账户，不是惊喜万分就是继续麻木。麻木，不见得是个好疗法，但对不愿意费力为每个交易提前做好计划的人来说，也只能如此。

（2）求救 = 崩溃 = 退出。

遇到突发的股灾，求救是本能的反应。但在股票交易中，这是交易者心理崩溃的信号！你若发现自己首次出现这一信号，那么退出所有交易并保持短时间内不再染指，绝对是最佳选择。

你若是发现自己多次出现这一信号，但还是忍不住继续交易，然后继续求救，那么你现在的心理状态已经和股票交易无关，那是赌博。

有一首歌叫《可可西里》，歌中唱道：“有谁来保佑我，让她生生不息”。歌好听，可乞求保佑的词，却让人有些沮丧。确实有很多人对于自己没有信心，对于前途感到茫然，于是乞求神灵的保佑就成了内心的一种安慰。

如果神灵来保佑你，那么谁来保佑神灵？如果说神灵不需要保佑才称为神灵，那么你为什么不能成为自己的“神灵”！

（3）绝望，就再忍一会儿。

事情糟糕到了一定程度，用不着外部提醒，多数人会主动寻找最不利的因素，然后怨天尤人或自怨自艾。其实这些最不利因素之所以能让你发现，是因为它们已经到了逆转的时刻！

理性的做法是迎着溃败向前，只不过逆势的脚步不容易迈！莽撞拔刀，全仓出击的，很可能会死在黎明前的最后黑暗。分批建仓，逢大跌低吸，才是交易的王道！

（4）孤岛情绪。

每一次行情的暴跌，都会让市场中一部分人产生一种被抛弃、孤立无援、束手无策的绝望情绪中，这种情绪笔者将其定义为“孤岛情绪”。

这种“孤岛情绪”在《鲁滨逊漂流记》中描写得很到位，有兴趣的朋友可以找这本书翻一翻，同时也可以学习鲁滨逊是怎样克服重重困难并成为荒岛的主人的。

“孤岛情绪”在交易中很致命，它能使一个人失去正常的思维判断，继而做出以幻觉为依据的行为。很多人往往事后拍头：“我怎么会这么做？”

“孤岛情绪”是恐惧心理的结果，而恐惧心理来自于未知和无知，所以高明的恐怖片都不会让人过早看到怪物的模样。

熊市是“孤岛情绪”肥沃的土壤。可以把道氏理论有关熊市三个阶段的划分，当成酝酿“孤岛情绪”的三部曲。

通常人们会认为在某一趋势的末期，事情会变得比较缓和。就像古人说过的那样，“强弩之末，势不能穿鲁镐”，但是熊市的末期却往往表现得更为狰狞。

你若在熊市末期放开戒备，之后因亏损产生的“孤岛情绪”，必然疯狂吞噬你所有的信心。倘若你不是一个守护心灵的高手，没有智慧的斗笠帮你遮风避雨，那么熊市末期那不太长的夜路，会让你因恐惧而撕碎自己！

（5）牛市里，绝不可以学赵构。

赵构是宋徽宗的第九子，本来皇位对他来说是“浮云”，但金兵南侵，北宋灭亡，给了他一个难得的历史机遇。

宋王朝只有太祖赵匡胤创立并保持了一个明显的主要上升趋势。宋太宗赵匡义虽然几度攻辽，寻求突破（收复幽云十六州）并延续主要的上升趋势，但却损兵折将，以阴线收盘。此后多任皇帝使得宋王朝走势趋于横向盘整。

徽钦二帝被金人俘虏，使得宋王朝在盘面上大阴破位，跌穿横盘区域，似有崩盘之势，局面岌岌可危。幸有赵构在大幅暴跌和节节败退之际，受众人拥戴而建仓托盘，保得宋王朝偏安一隅，南宋由此而来。

南宋的盘面上并非乏善可陈，中兴四将，尤其是岳家军的崛起，使得恓惶的王朝有了翻盘的机会。宋高宗赵构之所以为后世诟病，就在于他在操作理念上的缺失，这也是他成不了唐宗宋祖的原因——胸无大志，鼠目寸光！

宋高宗赵构的操作理念，使他成了一个心态脆弱的大散户。即便是岳家军连续的涨停板走势，也无法让赵构雄起。

赵构总是担心好不容易赚回来的那点盈利再赔出去，他不想像父兄那样输个精光，更不想被俘的父兄有朝一日还家……皇家的院落里没栽亲情树，只有权力斗争的烽火台！

赵构在大趋势稳健上升的时候，没有放手让资金自己去翻倍，而是选择了兑现盈利，离场观望。

中原王朝驱除鞑虏的梦想，就这样被葬送。

放弃向上突破的机会，并不意味着可以安全地等到底部到来，通常另一个选择是向下突破。在股市上混久了的人都知道这个规则，赵构没玩过股票，可以原谅。但是玩股票的却绝不可以学赵构。

（6）定力为王——石达开的命运。

自天京事变之后，远走高飞的翼王石达开转战江西、浙江、广西等地，数次获得大捷。曾国藩曾说，“查贼渠以石为最悍，其诳煽莠民，张大声势，亦以石为最谲”。但是骁勇的翼王却未能逃脱最终失败的命运。

史家评价翼王石达开的失败命运，有人认为翼王不善攻坚，习惯避强攻弱四处游击。这样虽在一定程度上保存了现有的实力，但是却无法建立牢固的根据地，使得自己一直处于流寇的状态。历代农民起义军失败，根源大抵在此。

失败就在一个人的心态与理念上。不敢攻坚，就不可能收获最大的利益。一味地投机取巧，固然可暂时保存实力，不必经受残酷的心理煎熬与折磨。但凡开疆拓土者，无不需要经此炼狱的考验，才能拥有自己的天下。

交易者持仓亦与此类似，不能忍受艰苦时刻的考验，面对不利局面时缺乏攻坚的勇气、耐心、恒心，一触即溃或只见蝇头小利，很难收获大的荣耀与成功。沃伦·巴菲特、彼得·林奇等人，莫不由此成就了投资大师的财富与盛名。

（7）神浮气躁，未战先败——当令狐冲遇上郭靖。

天下武功，唯快不破！令狐冲先生的快剑天下无敌。

一日令狐冲闲极无聊，忽然想起练降龙十八掌的大侠郭靖。遂挟剑东行，抵东海之滨，弃马登舟，寻上桃花岛来。

郭靖先生久练降龙十八掌，练到最高境界，忽然发现世间无龙可降。这才顿悟：师傅所传降龙十八掌，所谓降龙即是扯淡的意思，而扯淡可能是随心所欲的意思。

顿悟之后，看淡世间恩怨情仇，心如大海。看到令狐冲款款而来，面对嚣张的令狐冲，郭靖想起许多死去很久的人……

遥望木讷的郭靖，令狐冲想：这熊孩子是不是沽名钓誉？

下面是二人的世纪对话，G 代表郭靖，L 代表令狐冲。

G：你的剑有多快？

L：动如脱兔！

G：兔子并不快。

L：脱逃的兔子很快。

G：那它是怎么被抓住的！

L：靠！你试试！

G：你已经输了……

L：我不服！

G：心有不平，神浮气躁，决战在即，你凭什么赢？

令狐冲下蹲、捂面、嚎啕痛哭：太欺负人，不带这样玩的，比武还用攻心！

郭靖施施然道：武功的最高境界就是攻心。玩股票也是，放眼世间万物，但有博弈在，何事不攻心？

令狐冲万念俱灰——我不如你啊！

（8）熊市，学会做流寇。

流寇主义，是熊市里散户生存的最佳方式。有机会吃大户，赚上一把就走，别惦记着再寻个压寨夫人什么的。没机会，就躲在深山老林里静悄悄地晒太阳，顺便考虑点儿哲学问题……

熊市里最重要的任务，就是如何把资金安全带到牛市初期的相对低点。对于半路上遭遇的厮杀，刀快、腿快的不妨劫富济自己的贫。稳健的，此时正是选股追踪时。毕竟浪战过多，必有折损，牛市行情一旦启动，手里如果仅剩残兵败将，何谈还我山河？

（9）别迷失在赌性井喷里。

股灾最大的后遗症，就是股票市场参与者的赌性井喷！长线投资在股灾过后的 A 股市场里死无葬身之地。

你若像巴菲特那样持有 30 年、50 年，也许结局会很另类（记住，这里说的是另类）！当然，前提是你能活那么久，才能有机会看到结局。

总是在市场参与者赌性暗淡时，长阳井喷再燃起一把火，让赌性灿烂如烟花，然后一艳而绝！

每次长阳井喷，总是会有人说：这次和以前不一样了！

现在比较信服吴敬琏老先生当年说的，A 股市场就是赌场。股灾后，这个赌场豪华装修，更胜以前！参赌者从机构、游资到散户。

股灾让投资这个词碎了一地，然后让投机格外丰满，凸凹有致！

没人知道什么时候千古跌停翩翩而来，然后席卷你的希望，用恐惧给你洗个冷水澡。那么，不想放弃的参与者只能选择赌！

总有人不会放弃这个市场，从机构、游资到散户。

适逢赌季，散户如果不想放弃，那么参赌时至少要学会给自己留条后路，别迷失在井喷的赌性里。

每逢长阳，赌场依旧是老套路，发现有人离桌三缺一时，管得住手的最好旁观，管不住的别赌上身家性命就好！

（10）趋势不可逆。

趋势就像一列狂暴的火车，所有主动或被动的阻挡者都会被碾碎！直至自身动力消耗殆尽，趋势才会停歇并逐步转向。

就像自然规律不可战胜一样，经济规律所形成的趋势，同样不因某个人或某个团体的意志而迅速扭转。某个人或某个团体的意志，所能起到的作用最多只是延缓趋势，但不能逆转趋势！

（11）学会空仓。

暴跌的噩梦总是以不期而遇的方式出现，你无法回避。但你可以在清醒的时候选择快乐，前提是你得让自己有个清醒的时候！

空仓，在跌势中无疑是快乐的方式之一，问题在于很多人不敢空仓！损失30%下不了决心；损失60%可能反而会咬牙、跺脚、泪奔……

故事总是那样俗套，却总是这样周转轮回！熊市的短期波动中，所有能让你开心微笑的阳线，都是逃出生天的机会。

涨跌之间看淡点儿，你会发现财富聚集的速度更快。别去追现在牛哄哄的股票，很快你就会发现，现在不被人待见的股票，一夜之间就会长出犄角来！

三、交易的50条规则

（1）看不懂，没把握时坚决不进场。毕竟持币时自己说了算，持股时则是市场说了算。当你对市场没有把握时，还是算了吧。

（2）悲观和乐观总会过头，恰如其分才是博弈的精髓！

（3）如果牛市中都害怕股票下跌，说明你不适合玩这股票了。

（4）天天猜顶部的人，往往会在真正见顶的那一刻义无反顾地买进去。

（5）所有的价格波动，最终都会回到趋势中来。

（6）被动等待解套并获利，有两条途径：一是时间，等待牛市重来；二是做梦，梦醒之前总是快乐的。

（7）心态若是出现问题，技术就是云烟。

（8）股市如世事一样无常，唯有当你不信某种可能会发生时，这个可能就会成为现实。

（9）大部分人学的是分析技术，这个相对容易掌握，操作技术就不那么简单了。举例而言：你眼神挺好，别人没看见对面有块金子，你看到了，这是分析技术；看到了和走过去拿到金子是两回事。拿到了，叫操作技术。

（10）在股市中，无论测量高点还是低点，实际点位总是和测量点位有差距。如果用哲学来替代数学，也许精确度会更理想。

（11）当思想不能自由飞翔的时候，困境就会不期而遇！

（12）交易中，追求准确性和成功率，就必须牺牲盈利幅度。鱼与熊掌兼得的人，不知世间有没有，如果有，那么他应该比巴菲特还富有！

（13）“世上本没有熊市，只是亏钱的人多了，便成了熊市。”一句调侃语，满把辛酸泪。

（14）觉得比市场更聪明的时候，犯错就在眼前。

（15）价格就像飞翔的风筝，即便线牵在某个人的手里，轨迹却不是他所能掌控的。

（16）涨时重势，跌时重质。

（17）当股评的观点一边倒时，大胆地反向操作。

（18）耐心是制胜的关键，信心是成功的保障，频繁换股是二者都不具备的表现。

（19）龙头板块是中级以上行情的特征，没有龙头，说明行情不会太大。

（20）不论什么股票都有让您赚钱的机会，关键是看介入的时机是否恰当。

（21）价格的涨和跌互相依存，没有空头，多头何以独活？

（22）趋势不明不要轻易满仓，这样有利于保持心态平稳、理性分析。

（23）连续盈利时，切忌得意忘形，过度放大自信。

（24）连续失利时，退出休整，将心态调整平稳后再决定是否入场。

（25）涨势不停歇，守仓不猜顶。一旦有变，放弃幻想，落袋为安。

（26）赚容易赚到的钱，不求买到最低和卖到最高，只做趋势明确的行情。

（27）不怕错，就怕拖。切忌小亏拖成大亏。

（28）股市里的钱赚不完，却可以亏完。

（29）最大的利好是超跌、超卖，最大的利空是超涨、超买。

（30）强者恒强，弱者恒弱，择强汰弱是明智的选择。

（31）该跌不跌，理应看涨；该涨不涨，则坚决看跌。

（32）市场大跌是测试个股股价支撑力度的好时机，不要放弃这个难得的选股时机。

（33）大势不明时，有赚就比亏好，不要等到亏损时才想着要斩仓。

（34）连出利好不大涨的股票，要小心下跌；连出利空不大跌的股票，将会上涨。

（35）忍耐是制胜的关键，离场是避免手痒的最好方法。

（36）不要挑战市场，切忌和行情赌气，因为输的一定是你。

（37）做交易，资金少点儿没关系，智慧少点儿关系很大。

（38）错误并不可耻，承认错误是件值得骄傲的事情；可耻的是错误已经显而易见了却还不去修正。

（39）用心精挑细选的股票，不要轻易放弃。

（40）不能指望长胜，只要对的时候比错的时间多就是成功者。

（41）善用兵者，不轻言。

（42）股市是离金钱最近也离金钱最远的地方。

（43）只要行情一有苗头，热钱便会不请自来。

（44）不在大涨之后买进，不在大跌之后卖出。

（45）大家都知道的利空或利好，发布日就是过期日。

（46）每天都想赚钱的人，最后一定亏钱。

（47）分析行情用自己的脑子，不要用软件代替，因为软件都是“傻瓜”软件。

（48）神浮气躁，身体带病，饮酒之后，不做任何交易决定。

（49）最忌在急需用钱时进场赌一把。

（50）不能承受目标股最差的那种意外发生的，不要买入。

第二节　看不懂的 K 线

正如世上没有无所不知的人，也总有一些 K 线是我们看不懂的。看不懂不要去钻牛角尖。钻了，就很可能看错、犯错，这恰恰是主力最希望看到的。

记住一点：价格所有的波动，最终都会回到趋势中来。看不懂 K 线，就跟着趋势走，这时候就会发现不少庄家的尾巴露了出来。

一、主力的狐狸尾巴

说主力，谁是主力？很有必要厘清一下这个概念。

（一）主力的概念与分类

主力，是指能够影响股票价格涨跌、走势的泛实力资金。庄家一词出自赌博术语，意指能够掌控全局的实力资金。现在的股票市场上，庄家一般专指对股票高度控盘的资金。主力相比庄家的称谓有更为广泛的意义，其包括但不限于庄家。

随着市场整体市值日益庞大，早年个别庄家启动指标股遥控大盘指数的现象已经难以出现。在股票市场的博弈中，传统意义上的庄家，最主要的博弈对象是散户。如今的股票市场，则形成了多方博弈的局面，不但是主力和散户之间在博弈，主力之间也同样面临着生死存亡的血肉搏杀。

主力之间既存在竞争，也存在合作。多方实力资金同时进驻一只股票的情况，也是现在主力资金生存和发展的模式之一。这些主力之间总是具有这样或那样的千丝万缕的联系，不但有合作也有斗争。比较常见的是同一体系的机构在某一只股票上的合作关系。

这种主力之间的合作，与狼群在捕猎时的合作关系十分相似。狼是一种既聪明又狡诈的动物，在捕猎时有明确的分工，有的负责驱赶猎物，有的分离对方的群体，有的则处于潜伏状态，任务是发起最后的攻击，在关键时刻给猎物致命的一击。

按照资金来源方面的标准，主力大致可划分为以下几种。

（1）公募基金。公募基金的投资目标和投资方式，以及市场调研、市场研判、研发能力，具有其他主力无可比拟的优势。

公募基金因其投资目标多为蓝筹股、绩优股等质地较好的品种，在大多数市场阶段都不是市场热钱追逐的热门，所以短期内或阶段性的表现给人以呆滞和缺乏灵活性的印象。

公募基金有资产仓位的限制，如股票型基金，要求其 60% 或以上的基金资产投资于股票。如果遇到单边下跌行情，减仓也只能减到持仓的 60% 为止。受制于契约，股票型基金也不能空仓，所以只能忍耐基金净值不断亏损。

市场甚至将公募基金仓位的高低作为大盘涨跌的参考信号，而且具有一定的准确性。例如“88 魔咒”，即公募基金平均仓位达到 88% 时，市场可能面临大幅回调。

（2）私募基金。私募基金是指非公开向特定投资人募集资金的一种投资集合。

私募基金有两种方式，一是以合同进行约束的契约型投资基金，二是以参股公司的形式设立的公司型投资基金。

私募基金在募集对象上，只面对少数特定的投资者。圈子虽小，门槛却不低，往往是富人的游戏场。一般的私募基金在市场调研、市场研判、研发能力上无法与公募基金相提并论，但其在投资的隐蔽性、灵活性上好于公募基金。

（3）保险资金。1995 年以前，保险资金只能存银行。1999 年 10 月，保险公司允许以购买证券投资基金的方式间接进入资本市场，但比例不得超过总资产的 10%。2004 年 10 月，保险资金获准直接入市。

曾经默默无闻的保险资金，在 2016 年可谓“大放异彩”，也让市场大跌眼镜。很多业内的潜规则被某些保险资金肆无忌惮地暴露在前台，让同业者尴尬的同时，也让保监会不得不出手“监管”！

如图 5–1 和图 5–2 所示，这两只股票都是某保险资金“快进快出”操作的“明星妖股”。图中可见这两只股票短期内都出现了暴涨和大幅度震荡的情况。

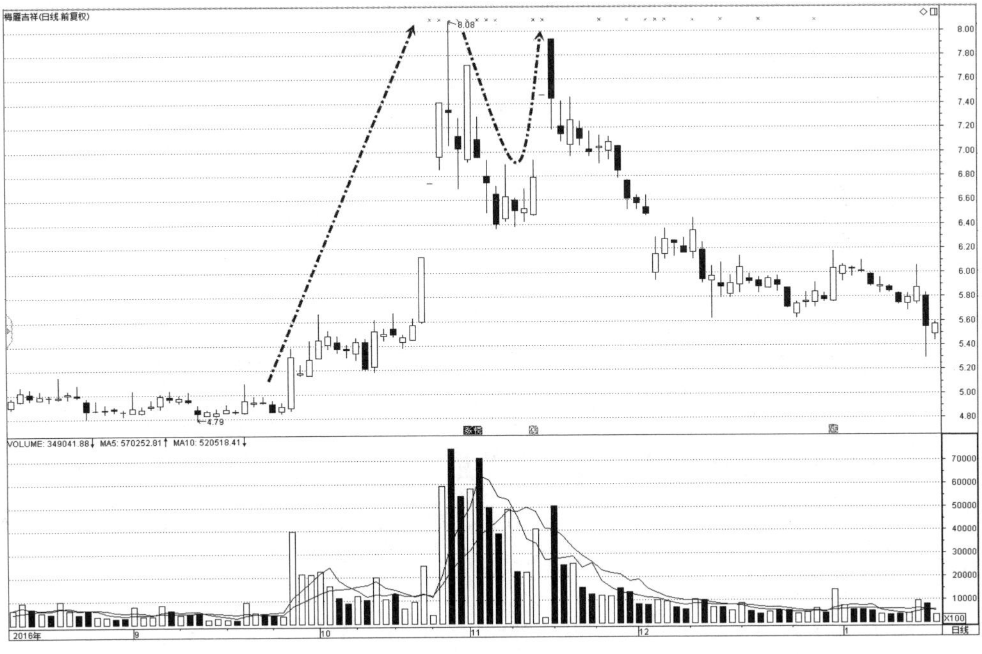

图 5–1

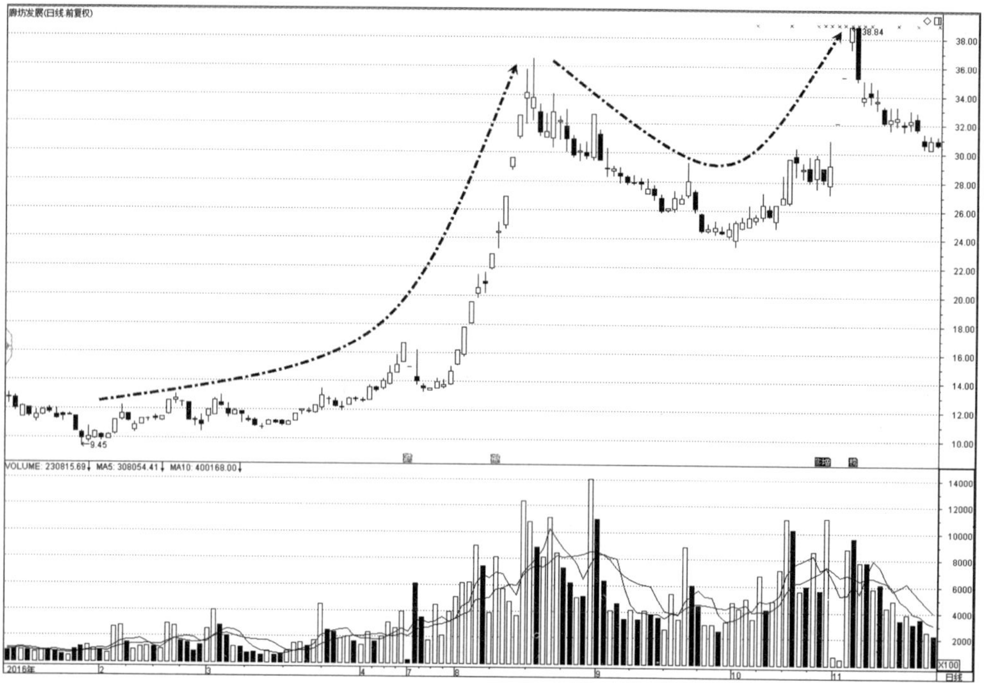

图 5-2

一向以稳健投资和投资蓝筹股见长的保险资金，忽然学会了“庄家”式的疯狂，颇让人大开眼界。这也说明市场上不论哪个品种的主力，一旦疯狂起来，都能掀起滔天巨浪。

（4）券商自营资金。券商自营资金是指证券公司以自己的名义用于买卖证券从而获取利润的自有资金。券商自营资金买卖的证券产品包括在证券交易所挂牌交易的 A 股、基金、认股权证、国债、企业债券等。

（5）QFII（合格的境外机构投资者）。根据中国证监会发布的《QFII 名录》显示，截至 2016 年底，QFII 家数已达 308 家，已经成为中国内地股票市场上实力不可小觑的资本力量。

QFII 的投资具有相对一贯的风格，其往往关注具有突出的比较优势或中国特色的上市公司，因为这些公司的股票是独一无二的，在世界其他市场是无法买到的。另外，QFII 还倾向于投资能在一定程度上抵御宏观经济大幅波动所带来的冲击的消费、资源、物流业，以及行业地位突出的龙头上市公司。

QFII 的这一择股思路，在一定程度上体现了其对新兴市场经济起伏较大而采取相对稳健的投资策略。

（6）灰色资金。灰色资金是那种资金来源不明，操纵者不明，高深莫测的一类市场资金，其运作特点以“快、短、狠、准”著称。

快，是指其建仓、拉升、出货，几乎一气呵成，绝不拖泥带水。短，是指其整个运作过程一般都在 10 天至 3 个月内即告完成。狠，是指其建仓、拉升、出货阶段，往往会出现连续的涨停板或跌停板。准，是指其选择的炒作对象，都精准切中市场的炒作热点。灰色资金很像是市场中的独狼，发起进攻时竭尽全力，凶狠异常，撤退时疾如闪电，瞬间消亡。

之所以称其为灰色资金，是因为其具有神秘性，也因为这类资金多数呈潜水状态，逐利而来掀巨浪，随风归去不留痕。比如，某某敢死队等就是这个类型。

主力还可以按照持仓时间的长短分为短线主力、中线主力、长线主力。按照其目的和风格划分为任务型主力、投资型主力、套利型主力、游击型主力。

（1）任务型主力。任务型主力是指出于某种特殊目的而入场操作的资金。比如，在发生股灾时，汇金等国家队资金出手买入股票以保证流动性的救市行为等。这个类型的主力，都是专为某一项任务而来，任务完成后，会通过转让股份或其他方式结束交易。

（2）投资型主力。投资型主力是指以价值评估为主导，寻找低估值高成长的个股低位吸筹，长期持有。通过辅导、辅助上市公司获得持续性增长，获得长线投资利润。这种主力的运作风格较为温和，同时持续性较好，是主流资金推崇的类型。

（3）波段套利型主力。波段套利型主力是指以中短期获取超额利润为目标的主力资金。波段套利型主力经常围绕股本扩张、资产重组、热点题材、投资盲点迅速掀动市场炒作热潮，并从中获取超额利润。例如，某上市公司为增发成功而调动资金拉抬股价的行为。这类主力多以小盘股、次新股、亏损股、题材股等为炒作目标，极少涉及大盘股。

（4）游资。游资是指以短期炒作攫取暴利为主要目标的主力资金，包括但不限于上述的灰色资金。这类主力通常都具备灵敏的嗅觉，反应迅捷，能够及时发现和挖掘市场的炒作动向和即将兴起的热点板块。通过快速建仓，及时进入阵地，在市场尚未作出反应时，短时间内迅猛拉升股价并寻机获利撤退。

（二）主力的狐狸尾巴

散户进入股票市场，就好比懒羊羊来到了灰太狼的领地。如果散户天真地认为能够和狼和平相处，共享青青草原，那么这份天真将使其成为狼的美食。

博弈中不要对对手心存幻想。无论哪个类型的主力，都不会因为你软弱而生怜悯之心。在股市中要处处设防，警惕主力为你布下的局。

关于主力的花招，前面多有提及，比如多头陷阱、空头陷阱、隐形买卖盘等，这里再介绍一些主力常用的招数以及炒作特点。

（1）虚假挂单。虚假挂单是指主力在买盘或卖盘上故意挂上较大的买卖单，其用意并不是让这些大单成交，而是通过这些大单影响交易者心理，使其做出错误的判断，以达到自己出货或吸筹的目的。主力可以通过虚假挂单、非理性交易等手法，调控股价的涨跌幅度和频率，让股价走势符合自己的操作意图，以达到自己的操盘目的。

（2）对倒。所谓对倒，是指不转移股票所有权而自买自卖的一种虚假交易行为。主力通过对倒，可以造成成交活跃的假象，吸引市场资金跟风炒作。对倒的种类分为单账户对倒和多账户之间的对倒。单账户的对倒行为容易被监管部门发现，主力一般都采用多账户交易。这些同属于一个主力的账户之间的对倒，其隐蔽性相对较高。

（3）诡异的运行节奏。

A. 逆市。大盘大跌，主力股横盘；大盘小跌，其上涨；大盘企稳，其率先上涨或反之。

B. 突发性利空打击下，主力股往往当日波幅极大，收盘时多能平盘或逆市红盘报收。

C. 主力股上涨时气势恢宏，高举高打。遇到重要的阻力位等关口绝不拖泥带水，往往一蹴而就。

D. 主力股洗盘手法凶悍，但其调整时间一般不会太久（中级调整除外），K 线上往往收出大阴大阳，看上去很恐怖，但其股价重心却在逐步上移。

主力调控下的股价震荡非常难熬，这一刻看上去要涨，但下一刻却返身下跌。这边你刚减完仓，那边股价却以笔直的角度上拉。其实主力重要的目的不是震荡，而是把散户震出去或震进来。

作为散户，当行情在主力的调控下走势诡异时，要么退出观望，要么持股不动。

实战中，可以从以下几个方面分析主力的行为特征。

（1）分时图。主力运作股票价格的时候，在 K 线图上也许可以做出骗线，但在分时图上往往会露出马脚，从而暴露主力的真实意图。这需要交易者有时间盯盘。

（2）看挂单。主力操控股价，在买入和卖出的挂单上往往会精心布局。读懂主力买卖单挂单和撤销的意义，有助于更进一步了解主力的意图。

（3）看大单。股票的每一笔成交，电脑交易软件上都会有显示，但只有市场上出现大单，才对于分析主力的意图有重要意义。

（4）看 K 线组合。通过 K 线组合的历史分析，能够发现主力较长时间内的运行思路。

（5）看成交。通过跟踪盘中交易过程，仔细观察主力资金对成交的态度。比如，股价到达阻力位置时，买入资金是否积极，从中可以判断主力处于哪种操盘阶段。

最后讲一下高控盘庄股。

理论上来说，主力的控盘程度越高，其在拉升中遇到的阻力越小，拉升的高度越理想。但在实际操作中，如果主力控盘程度过高，市场上的流动筹码太少，反而会使股价表现呆滞、怪异，孤立无群，使主力套利的目的难以顺利实现。

其实大多数所谓的高控盘，只是适度控盘或庄家通过高抛低吸等手法运作，使个股保持活跃，拥有较高的市场号召力，以便今后低成本拉升能够顺利实现。

高控盘庄股的特点如下。

（1）走势怪异。独立于大盘，很少受到大盘走势的影响。大盘大涨时，其下跌；大盘大跌时，其涨停；大盘连续上涨，个股竞相涨停时，其涨幅一般；大盘连续下跌，个股纷纷跌停时，其跌幅偏小；大盘盘整，交投清淡时，其时常出现在涨跌幅榜上。

（2）缩量。高度控盘的庄股不论是上涨还是下跌，换手率一般不会超过 3%。偶有单日放量，但很快成交量又会归于沉寂。

（3）单笔成交量。大多数时间内，单笔成交量一般不会超过十位数（单位为手），个位数买卖单居多。偶尔有三位数、四位数的成交单，但较为罕见。

（4）买卖盘的挂单。买盘几个价位的挂单和卖盘挂单都很小，似乎没有支撑，但价格却很稳定。有时相邻的买卖盘上，价格差距相当大。比如买一为 11 元，买二为 10.8 元等。

（5）K 线图上时常会出现十字线、十字星或带长下影、长上影的 K 线。

二、浪战与惧战

浪战，汉语词条的解释是轻率作战或无取胜可能的战斗。唐代大诗人杜牧在《罪言》中写道：“不计地势，不审攻守，为浪战，最下策也。”

在交易中，不少人仅仅看到某股上冲便跟风追高，既没有操作计划，也没有长时间追踪观察，且不考虑任何技术性因素，这种赌博式的交易即为浪战。

浪战还有一种情况，即事前有过分析研究，也有相应的计划和追踪观察以及熟悉股性的过程，但在交易目标尚未满足计划要求时，自己却被价格的激烈波动扰乱了心态，于是放弃所有的分析结论和计划，临时决定买入或卖出。

第一种情况的浪战，是新手或性情急躁的人常犯的错误。第二种情况则是具有一定的技术分析能力，但在心态掌控和计划执行力上尚有欠缺的交易者容易出现的错误。

放纵和率性而为，是交易中的大忌，也会给散户带来难以承受的损失。关键之处在于，放纵和率性而为的浪战，并不是每一次都会带来损失，有些时候甚至还会获取极大的盈利。就像在赌博中，不是每一次都输，才能让人有继续赌下去的念头。

作为以游戏心态偶尔为之的人来说，怎么做都没关系。但若是一名独立交易者如此操作，那么用不了太久就会告别这个市场！

力戒浪战，避免浪战，并不是太难做到。你只需要在决定参与浪战的那一瞬间，提醒自己回忆一下最惨痛的失败交易所带来的损失和教训，往往就能让你止住手。

和浪战恰恰相反，却也是交易者最容易犯下的错误是惧战！

惧战，多为性格谨慎的或是刚刚遭遇了重大损失的交易者容易出现的心理状态。

交易大师乔治·索罗斯曾说：“当有机会获利时，千万不要畏缩不前。当你对一笔交易有把握时，给对方致命一击，即做对还不够，要尽可能多地获取利益。”

1992 年狙击英镑战役打响前的资金部署阶段，索罗斯的副手只是想建一个 30 ~ 40 亿美元的放空英镑的仓位，索罗斯的建议是将整个仓位建在 100 亿美元左右。这是当时量子基金全部资本的一倍多，这意味着索罗斯要借 30 亿美元来一场大赌博。

索罗斯拿出 10 亿美元作抵押，借来了 30 亿美元，建立了 100 亿美元做空英镑的仓位。最终索罗斯从英镑空头交易中获利接近 10 亿美元。加上在英国、法国和德国的利率期货上的多头和意大利里拉上的空头交易，他的总利润高达 20 亿美元。

一些交易者能准确地预测市场走向，但总是担心判断错误而遭受损失，所以不敢重仓投入。当市场行情确实如自己判断的那样持续看好时，又后悔自己当初太保守，坐失赚钱良机。

交易中，经过精心选择和分析研究，进行了技术测量。当确信自己的分析结论和制定的交易计划符合实际情况并且无可指责时，就要对这个分析结论充满自信。在情况达到和满足计划要求时，要敢于重仓操作。

当然，重仓操作不但需要有超人的胆略和勇气，还需要对可能遇到的复杂、严峻情况有充分的心理准备，否则，届时凌乱的心态将无法承受由此带来的巨大压力。即使行情一切都如你所料，还是很有可能在交易过程中作出错误的交易行为，继而错失即将到手的高额盈利。

当浪战和惧战不再成为主要的问题之后，操作上就会顺风顺水。

在具有明确趋势的行情中，技术与心态配合的问题相对容易解决，但在行情大体处于震荡阶段时，却还是容易犯下这样或那样的错误。

不要轻视震荡行情。一个横向或角度不明显的震荡行情中，你不知道何时行情会发生向上或向下的转折。

当震荡中出现一个急跌时，极有可能会被认为是一个向下转折的开始。当你选择卖出或做空之后，却发现行情正在止跌企稳并在随后迅速上涨，这就是震荡行情的特点。不少人在指数震幅不大的震荡行情中，反而会出现大幅亏损，原因就在于跟在震荡行情的后面追高或杀跌。

震荡行情很快就会把你的心态连带技术摧毁。心态被搞坏了，技术上更是连连出错。恶性循环中，最终必然走向死胡同。

解决这个问题的关键，在于抓住震荡行情的节奏，控制介入的时机。大涨时，敢于卖出；大跌时，敢于买进。绝不能跟在行情的后面涨时买涨，跌时卖跌。

如果觉得做起来太难、太累，那么不如休息，等待行情趋势明确时再入场交易。

对于一个独立交易者来说，应建立几个不同操作风格的股票池。

对股票多梯次进行分类，热点活跃的适合做短线，那么主要在震荡行情中操作。质地上佳，但目前没有出现买点的，长期追踪观察。一些经过大跌，走势沉闷，但安全性较好的个股，适合做市值博中期反弹和配新股等。

有了这些股票池，经过长时间的跟踪观察，熟悉个股股性之后，按照不同的市场行情阶段分别选择交易。同时也可以较早、较容易地发现某些个股出现的异动，在相对低点介入，获取价格优势。

本书写到这里已至结尾，相信认真阅读的朋友至少对 K 线有了一个相对全面的了解和认识。所有的 K 线技术规则、技巧，最终都要服务于实战，而实战是检验 K 线技术的唯一标准。忘记形式上的生搬硬套，忘记技巧上的刻舟求剑，忘记人云亦云和按图索骥，从实战中提炼属于自己的“功夫”，你的交易水平就会得到大幅提升。

投资理财类书目

书名	作者	定价
缠中说禅：教你炒股票：解盘答问篇（上、下）	培　峰	108.00
趋势交易实战——象限四度交易法	张文义	42.00
孝寒点位交易法	邢孝寒	38.00
新股民炒股全攻略	黄　金	58.00
涨停盘口定式	曹明成　谭　文	38.00
短线炒股必杀技	曹明成　谭　文	38.00
成交量分析入门与实战精解	刘振清	35.00
分时图分析入门与实战精解	刘振清	35.00
均线指标入门与实战精解	刘振清	35.00
宝塔线指标入门与实战精解	刘振清	35.00
筹码分布技术入门与实战精解	刘振清	35.00
现货石油交易实战宝典	张耿豪　饶　斌	38.00
股市晴雨表	汪雪鹏	36.00
农产品期货	付上金	58.00
教你炒股票：缠论与K线分析技术	培　峰	48.00
短线炒股全攻略	付　刚	49.00
磁区理论点评升级版	江南小隐	38.00
分时图必杀技	曹明成　谭　文	38.00
龙头股必杀技	曹明成　谭　文	38.00
三步掌握波段买卖	曹明成　谭　文	38.00
黑马捕捉术	曹明成　谭　文	36.00
阴阳K线的奥秘	曹明成　谭　文	38.00
相对波浪理论	唐桂华	42.00
波段操盘秘法	何瑞东	38.00
布林线指标入门与实战精解	刘振清	35.00
MACD指标入门与实战精解	刘振清	35.00
KDJ指标入门与实战精解	刘振清	35.00
一本书读懂互联网投资理财	蔡余杰	38.00
玩转技术指标：九种技术指标精讲	金　铁	45.00
新手炒股快速入门与技巧	刘振清	38.00

续表

银行理财产品全攻略	薄志红	35.00
决战牛熊：股市获利之道	曹明成　谭　文	35.00
短线出击：股市快速获利战术	麻道明	49.00
聚沙成塔：T+0交易绝杀技	江南小隐	35.00
短线实战操盘技巧	伟　晴	42.00
一买就涨：买在底部的101个起涨信号	付　刚	38.00
一卖就赚：卖在顶部的123个卖出信号	刘　平	38.00
短线追涨与低吸技术	金　铁	38.00
实战交易密码之走向盈利	陈志文	45.00
量价关系精要	徐子城	28.00
股票画线技术入门与实战	刘振清	38.00
股价结构：趋势与轨道	华　强	35.00
K线操盘学	麻道明	58.00
如何做股票交易	杰西·利弗莫尔	20.00
从零开始炒股票	徐子城	35.00
江恩理论入门、精通与实战	景生辉	28.00
缠中说禅：教你炒股票	王培峰	48.00
如何看懂技术指标	麻道明	38.00
个股期权投资指南	付上金	32.00
索罗斯32个投机信条	孙恩棣	28.00
巴菲特76条投资准则	孙恩棣	28.00
波浪时空体系	王军凯	32.00
超级牛股操盘术	李　闻	48.00
股价结构：压力与支撑	华　强	35.00
趋势定位	付上金	35.00
量价精研	邢孝寒	32.80
K线阳线战法	麻道明	39.00
K线阴线战法	麻道明	39.00
零起点期货投资一本通	黄　金	28.00
零起点基金投资一本通	黄　金	29.80
零起点股票投资一本通	黄　金	35.00

续表

股市交易特技	时空老人	38.00
如何看懂分时图	江南小隐	28.00
易经演股法之个股攻略	第六感觉	35.00
艾略特波浪理论入门、精通与实战	景生辉	28.00
趋势与拐点交易法	戈　岩	35.00
家庭投资理财规划一本通	雷　冰	35.00
实战擒庄	张　文	35.00
筹码实战分析	刘晓杰	28.00
趋势技术分析	邱立波	36.00
专业操盘原理	景生辉	38.00
背离技术分析	江南小隐	29.80
小女人理财锦囊	游凌燕	28.00
理财产品全攻略	罗显良	38.00
股票投资资金管理与止损止盈技巧	雷　冰	32.00
春林涨停战法	张春林	29.80
龙头股实战技巧	张　文　赵振国	35.00
均线技术分析	邱立波	38.00
易经演股法	第六感觉	35.00
现货黄金投资技巧	邢孝寒	28.00
缠论解析：缠中说禅技术理论图解	江南小隐	23.00
实战交易密码	陈志文	35.00
股票投资的24个关键财务指标	雷　冰	35.00
K线技术分析	邱立波	38.00
破译K线图中的密码	江南小隐	38.00
四维操盘：基于价量时空分析的实战操盘技术	邢孝寒	29.80
波段操作实战精解	雷　冰	35.00
崩溃点战术：基于市场心理分析的交易技术	铸剑先生	39.80
K线综合实战分析	雷　冰	48.00
告别亏损：从持续亏损到稳健盈利的修炼法则	冼　剑	38.00